一个人的藏地

唐韵·著

青海人民出版社

图书在版编目(CIP)数据

一个人的藏地/唐韵著. --西宁:青海人民出版社,
2007.7(2019.11重印)
ISBN 978-7-225-02975-7

Ⅰ. 一… Ⅱ. 唐… Ⅲ. 游记—西藏 Ⅳ. K928.975

中国版本图书馆CIP数据核字(2007)第102576号

一个人的藏地

唐 韵 著

出 版 人 樊原成
出版发行 青海人民出版社有限责任公司
西宁市五四西路71号 邮政编码:810023 电话:(0971)6143426(总编室)
发行热线 (0971)6143516/6137730
网 址 http://www.qhrmcbs.com
印 刷 青海西宁印刷厂
经 销 新华书店
开 本 720mm×960mm 1/16
印 张 20.25
字 数 220千
版 次 2007年7月第1版 2019年11月第8次印刷
书 号 ISBN 978-7-225-02975-7
定 价 68.00元

那一刻
我念诵真言
不为修行
只为幻想你的双眼

那一天
我摇动经筒
不为祈愿
只为触摸你的指尖

那一年
我长跪圣殿
不为超度
只为体贴你的温暖

那一世
我转遍神山
不为轮回
只为途中与你相见

——题记·《那一天》

目　录

青南高原。玉树位于青南高原腹地，所谓“腹地”，就是从哪里走都不容易到达。

O 引子　七步莲花与玉树

这个夏天，我决定去玉树。

玉树在青海。地图上，青海像一只蜷身腾跃的兔子，青海湖是它的眼睛。青海省一共有八个行政区，以青海湖为坐标，环绕周围的是海东地区、海西蒙古族藏族自治州、海南藏族自治州和海北藏族自治州，以及西宁市。海南州东面和南边，是黄南藏族自治州和果洛藏族自治州。果洛州的西南为玉树藏族自治州。有人给这“六州一区”起了一个简称，叫“东、西、南、北、黄、果、树”。

对于不熟悉青海的人，这样的说法倒也好记。

之前，我来过青海六次，玉树是青海六州一区里我惟一没有到过的州。

玉树位于青南高原腹地。所谓“腹地”，就是从哪里走都不容易到达。玉树是整个青藏高原的地理中心，州府结古镇在青藏高原东北向最大城市西宁和西南向最大城市拉萨的连线中点上，它也几乎是青藏高原最西北坐标点格尔木和最东南坐标点云南中甸的中分点。

如果把整个藏区比作一个人形，西藏无疑是这个人的头脑和躯干，拉萨是他的心脏；青海***安多***藏区、甘南藏区、川西北藏区和滇西南藏区，分别是这个人的四肢；而玉树呢，就是他肚脐的地方，正儿八经的“腹地”。

安　多:

历史上，藏地分为卫藏、康巴和安多三大区域。“卫藏”指现在西藏自治区除那曲和昌都以外的大部分地区；“康巴”包括西藏昌都、青海玉树、四川甘孜和云南迪庆四个州；“安多”是青海除玉树以外的其余部分，以及西藏那曲、四川阿坝、甘肃甘南等藏族聚集地。这三个地方在自然地理、风俗习惯、方言服饰上都有不同。

然而，腹地并不就是低洼之地。玉树是青海地势最高的地方，平均海拔4 500米。州内超过5 000米的山峰有2 000多座，可谓“群山绵延、终年雪冠”。玉树境内有两座著名的山脉：巴颜喀拉山和唐古拉山。中华民族的母亲河黄河和长江，就分别发源于这两座山脉。

中国最大的国际河流澜沧江也源出玉树，玉树地区因此又被称为“三江源”。

玉树虽然地处高原腹地，历史上却曾是出入西藏的交通要道，著名的***唐蕃古道***即穿行其中。藏语里，“结古”就是“族众兴旺”和“物资集散地”的意思。

唐蕃古道:

起于唐朝都城长安，西行经甘肃临津关、凤林关过黄河，到青海乐都、西宁，向南翻越日月山，过海南草原、温泉，渡黄河上游和长江上游进入玉树地区。从玉树向西南，越过当拉山口进入藏北草原，最终经那曲抵达吐蕃都城逻些（今拉萨），全长3 000余公里。

公元7世纪初，一代藏王松赞干布统一了西藏高原，建立起强大的吐蕃王朝。634年，松赞干布遣使入唐，首开“唐蕃古道”。之后的二百多年里，唐蕃古道成了连接青藏高原和中原内地的一条“天路”。

盛唐年间，松赞干布渴慕大唐繁荣，向唐朝请求联姻。公元641年，唐皇李世民以宗室女文成公主许嫁松赞干布。文成公主率庞大的和亲队伍沿唐蕃古道进藏，一路留下众多美丽传说。

藏传佛教历史上，人们通常把松赞干布的两位王妃尼泊尔尺尊公主和汉唐文成公主进藏时分别带来的两尊释迦牟尼等身像，作为佛教正式传入藏地的标志，唐蕃古道因而又被藏族人恭敬地称作“迎佛路”。在玉树通天河畔的勒巴沟，文成公主亲自设计并命随行工匠修建了一座佛塔；在更深处的贝纳沟，文成公主又主持在一面摩崖岩壁上凿刻了气势恢宏的大日如来佛等九尊石刻佛像。

佛教的传统仪轨中，佛像和佛塔是最重要的法物标志，文成公主留在玉树的佛塔和佛像群，可算是藏地本土最早修建的佛教神圣法物了。

因为历史和地理的原因，玉树是整个藏区佛教最有传统、也最兴盛的地区之一，甚至比西藏的很多地方都保留有更纯正完整的宗教体系。

宗教强烈地构成了藏族人的生活，与他们的生命水乳交融。

藏传佛教目前主要有四大教派，分别是宁玛派、噶举派、萨迦派和由噶当派衍生而来的格鲁派。不少人以为藏地的藏传佛教就只是宗喀巴大师创立的格鲁派，即以达赖和班禅为领袖的“黄教”,这其实是一个误解。青海现有藏传佛教寺院670余座，玉树一个州就占了三分之一，且较多的是更有历史传承的古老的派别。

宁玛派是藏传佛教最古老的一个教派，它的创始人是印度密宗大师莲花生。藏地第一座佛教寺院桑耶寺即属于宁玛派，它的建立标志着佛教正式植根雪域高原。宁玛派在青海的全部寺院大部集中在玉树州和与其毗邻的果洛州境内，且都建在山林深处交通不容易到达的地方。

藏传佛教最为神秘和玄妙的部分，是它独有的活佛转世系统。活佛转世最早起源于藏传佛教噶举派，后为其他教派仿效，在藏地普遍实行。噶举派是藏传佛教中分支最多的一个教派，体系庞大，曾经长时间在藏地掌握统治政权。噶举派在青海共有寺院105座，其中103座在玉树。

“政教合一”曾经是藏地一种特殊的社会结构体制，起始于藏传佛教萨迦派。公元13世纪，萨迦派在西藏建立“政教合一”的统治权力，使之前分裂了数百年的青藏高原重新走向统一，并最终归入中国版图。萨迦派在青海现共有28座寺院，全部都在玉树地区。

在玉树，寺院星罗棋布。它们像一部浓缩奇幻的藏传佛教史，让你只在山水之间步换身移，便能将藏传佛教千年的历史重溯，仿佛时光倒流、轮回从前。

这也是我之前一直没有来玉树，和今夏将要启程去那里的原因。朝佛和拜谒圣地是需要深厚缘分的，我之前自觉福德不够，一直“不敢”来。这个夏天，心思忽然动了。而这一“动”，竟像一桶打翻的牛乳洒在草地上，满心满意荡漾起热切的向往与冲动。

是时候我上路了。当初，佛陀降生时行走七步，步步莲花；后来，圣者在菩提树下冥想，七日成佛。

如此，我这第七次的青海之旅，应该交给玉树。

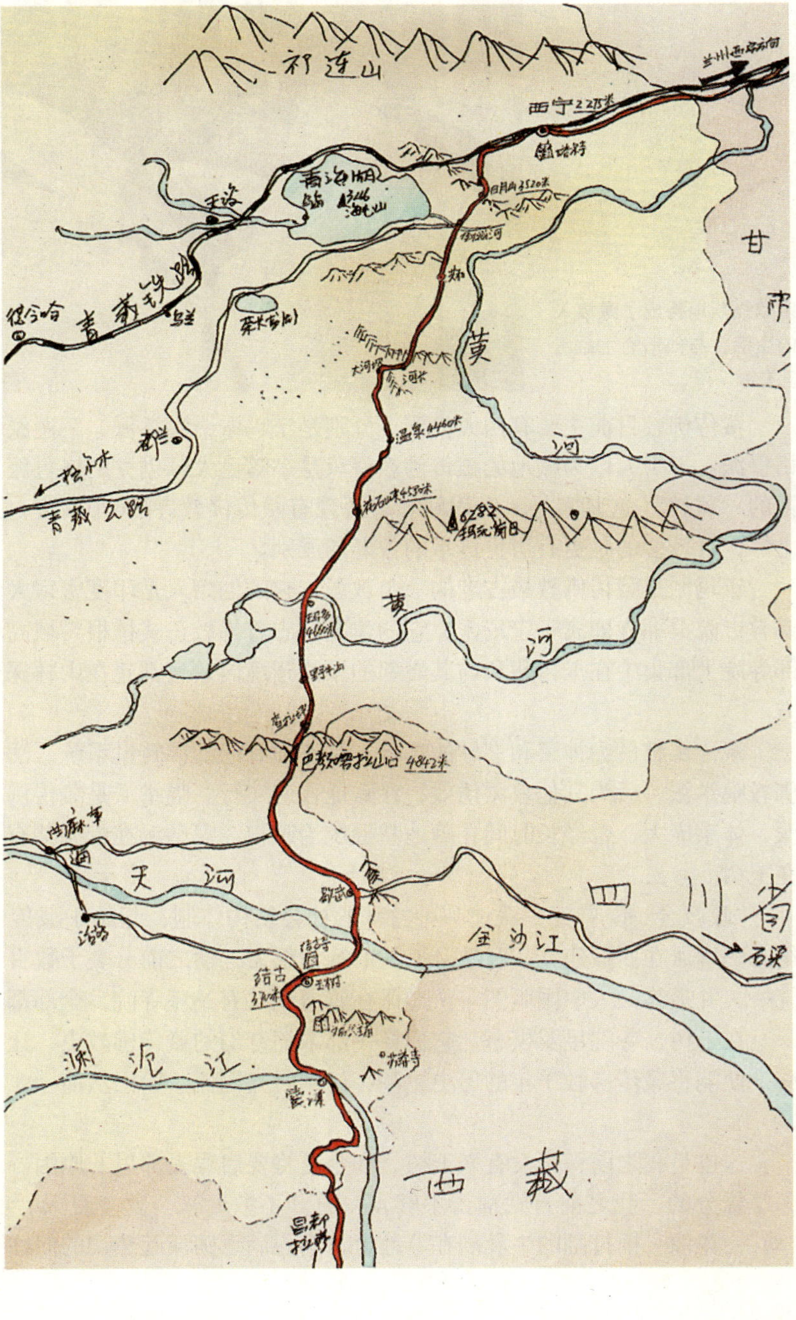

唐蕃古道（西宁一玉树）示意图。

01 走去青海湖

我准备了行囊，一个人上路了。

这些年里，我几乎走遍了所有藏地：青海、西藏、川西北、滇西北、甘南，——为了寻访我深爱的六世达赖仓央嘉措的足迹，我甚至从宁夏翻越贺兰山，去到内蒙古的阿拉善旗。相传，那里是这位至情至圣的达赖喇嘛的圆寂地。

但我总是一个人。

去藏地，我总是一个人。当然，我会尽量寻求当地朋友的帮助，也找机会搭顺风车；但心情上我是独立的，甚至是孤独的。

就一个人。

从北京到了青海。

我北京的朋友何雷帮我联系到青海省旅游局的一位官员李华庆，他份内正巧有一个工作组将去玉树，说可以随车捎上我。

我十分高兴，一桩心事有了着落。

因为等别人的日程，我需要在西宁呆上两天。西宁海拔2 275米，它周围的河湟谷地是青藏高原上地势最低的地方，对于从内地初到青藏高原的人，这里是一个合适的缓冲地。

我去附近农贸市场买回一些类似山药状的红景天根茎，据说这东西泡水喝可以预防高原反应。街上药店里有红景天胶囊，相比之

在藏地旅行，我通常有两种方式：一种像风；另一种像虫草。

下我还是喜欢未经加工的原始药材。

这不只因为成药制作过程中药效多少会有减损，还因为红景天那东西很苦，苦得不得了——我离开青海后十个月，口杯里还能闻到它顽固的苦味。这样反令我对它信赖，心里感到安慰和服帖。

以前数次来西宁，多把这里当作中转站和补给站，由此去藏地的其他地方。这一次，我反而有机会好好走一走西宁和其周边的地方。

这些地方，有的是第一次去；有的就不止一次，反复去过。

在藏地旅行，我通常有两种方式。一种像风。就走马观花，就赶脚程、累公里数，相信所有经过的都不会白过，它们都会在心田埋下种子，在或长或短的将来破土而出，

青海湖。在藏族人眼里，藏地的许多湖都是有神性的，能够使万物生长、人类繁衍，是可贵的生命之源。

粲然开花，结果。

另一种，就是像虫草。找准一个地方，在那里深钻下去，占领它，然后再被它占领，相互交融，期待变成一种新的心情，拿来入药。

青海湖是我的“虫草”，每一次都要去。

青海湖是中国海拔最高、面积最大的内陆湖。它是大陆上升、海水退却时遗留下的女儿，它所以有着大海的辽阔与恬静，气质非凡。

藏语里，青海湖叫“雍措赤雪嘉姆”，意思是“碧玉湖赤雪女王”。它与西藏阿里的玛旁雍措、山南的羊卓雍措、藏北草原的拉姆纳木措湖共称藏区的“四大圣湖”。

相传，很久很久以前，青海湖附近是一片茫茫草原。草原上有一眼神泉，神泉的神奇在于只要取完水后用一块石片盖住泉眼，泉水就永远不会枯竭。神泉滋养了整个草原，让这一片土地水草肥美、牛羊成群，人们过着天堂般的生活。

居住在祁连山上的赤雪女王嫉妒人们的幸福生活，偷偷取走了石片，致使神泉水涌形成大海，淹没了好大一片草原。藏地民众请莲花生大师降妖，莲花生大师从印度搬来玛哈代瓦山，压住泉眼制止了灾难，这就是如今矗立在青海湖中的海心山。大师又施法降伏了赤雪女王，使其皈依佛教，成为青海湖区的保护神。

据说，为了护佑草原众生，赤雪女王从祁连山迁居下来，就住在青海湖里。

我第一次去青海湖是很久以前的事了。那时候我才刚刚恋爱，也才刚刚失恋。

失恋原本没有什么，问题是它是我的初恋。任何事情的第一次都是致命的，这是一个真理。我于是在那个夏天一个人去了西部。

出发之前，我对将要开始的旅程没有任何打算。我只是想去一趟敦煌，到那个传说中远离纷繁嘈杂尘世、被脉脉黄沙湮灭了的、曾经演绎过无数情爱故事的迷幻之地，去看上一看。

我买了一张去兰州的票。一夜醒来，却发现自己到了一个陌生的城市——西宁。

那是我第一次来青海，也是第一次到藏地。

在车站售票室排队等买回兰州的票时，我无意中瞄了一下旁边一个人手里的地图，一眼就看到了青海湖。我说过的，地图上青海像一只兔子，青海湖就是这只兔子的眼睛，碧蓝碧蓝的，异常清澈。我同时注意到，一条红色的代表火车轨道的细线，贴着青海湖北面由东向西延展，离湖岸最近的地方不过二三毫米。

我忽然就有了一个想法：决定去一趟青海湖。

然而，我疏忽了一个重要细节，我目测的是一张比例尺1：6 000 000的地图！

我在一个叫刚察的小站下了车。车站很小，只是一个土台和几间土房子而已。远处，地平线呈现出弧形的曼妙轮廓，一条蓝色的带子静静地横陈在那里。

我知道，那就是“传说中的”青海湖了。

我一个人默默地走着，像一个爱护舌头的苦行僧；而我要去的那条“蓝带”，隔着许多种彩色的帏幔，与我不即不离。

起初，我以为离“蓝带”特别近，走过眼前的油菜地就是了，于是很高兴。可是，穿过油菜地，另有一片绿草地横在我与那条“蓝带”之间。待绿草地之后，又冒出一片紫色的苜蓿地。穿过苜蓿地，接着是一片艳红的罂粟地。走过罂粟地，眼前又被一片青稞地阻挡。

高原仿佛无边无际，走过青稞地，一块块粉红色、深蓝色、七彩色的草地依次冒出，而那条我要去到的“蓝带”，隔着这许多种颜色的帏幔，仿佛一个谜，与我不即不离，朦胧而神秘。

我默默地走着，像一个爱护舌头的苦行僧。中间，我远远看到一个牧羊人。我欣喜地朝他走过去，可还离得远，他的牧羊犬就喝住了我。我站在原地，冲陌生的牧羊人不舍地看了又看，希望他能招呼我过去。

但是他没有。他任凭他的狗警觉地维护着他孤独的疆域，不欢迎我的靠近。我只好放弃和牧人的交流，朝我的“蓝带”独自走去了。

我越走越远，离开我熟悉的城市、人群、车站，甚至那个牧羊人。陪伴我的只有大地，还有它上面的绿草、鲜花、蜂蝶、土坷垃和间或跑过的一只土拨鼠。

因为青藏高原的辽阔和缺乏参照物，也许我走歪了，走错了，走的不是一条最好的路，我不知道。我只不停地走着，这让我心安。

“在路上”不只是物理的位移，它是一种生活策略，因而是一种心情。我后来又许多次到过青海湖，但再也没有机会独自一个人穿越广袤的草原，在完全没有路的大地上体验“在路上”的感觉了。

那感觉仿佛一杯混合了轻灵、自由、缥缈、孤独以及绝望的鸡尾酒，在辽阔得呈现出弧形轮廓的大地上，一个人慢慢地品尝。

那是很壮观的。隆重、高贵、骄傲，有着宗教般的宁静与丰沛。

当情绪在高原强烈的日光辐射下开始有些疲倦的时候，那条我一度以为几乎遥不可及的“蓝带”，伴着一阵咸腥的气息，“唰”地铺开成无边的海洋，展现在我的面前。

我停下来，深深吸一口气，让突跳的心稍微平静，继而甩掉鞋子，向着那一片蔚蓝的颜色奔跑过去。

青海湖像一位睡梦中温柔恬静的少女。午后的阳光从叠障得很有立体感的云缝间，将几束清凉的辉光投射到湖面上。一些鸟儿在湖面飞翔，清脆的鸣叫声如珍珠溅浪，激起点点的粼光，碎钻一样撒在少女酥软裸露的胸脯上，闪烁不止。

我一个人在湖边走，湖水打湿了我的裤角。我蹲下来，拾起一根树枝，一下一下敲打着水面。湖水被树枝划开时，像被剑刺入的伤口，翻卷着破开。可转眼，它们又合拢到一起，平展、爽滑，仿佛从来不曾被伤过。

我看着湖水，忽然悲伤。我多么希望自己的心情也能像这湖水，抽刀断水、复又弥合，不留一点动过的痕迹啊……。

回到内地后，我的一位精通野外生存的军官朋友几乎训斥了我。他说我在没有任何定位仪器、没有通讯设施、没有野外过夜装备及足够饮水和食物的前提下，一个人走去青海湖，

从此，藏地成了我的“宗教”。

是一个绝对错误的做法，无异于自杀。

我后来也后怕，想想真是“无知者无畏”。不过，那一次完全没有预案的青海之行，却真的疗治了我心中的创伤，差不多让我完好如初了。从此，藏地成了我的“宗教”。我像力士安泰，找到了获得力量的方式。只要我的双脚踏实地落在青藏高原的冻土上，我就能感觉源源不断的力量注入进我的身体。它们像血液一样温存、柔韧，让人幸福。

我因为身处幸福之中，触摸着它们，像触摸绿松石曲折隐秘的纹路，而感到难以言说的幸福。

02 像一件行李被打包

说好了这一天出发，险些我就没走成。

清晨，我比约定时间早到了一小时。因为怕迟到，我打了提前量，但是打多了。工作组的人又晚到了半小时，等我等到他们，几乎望眼欲穿，曹处却说不能带我了。

曹处是这次去玉树工作组的负责人，他是一个处长，所以同事们都叫他曹处。

工作组原本要派一辆商务别克，前一天晚上从玉树回来一辆车，司机说上面下雨，路很不好，别克底盘低可能过不去。工作组临时换车，弄了一辆越野吉普。越野吉普只有五个座位，工作组也刚巧五个人，这样一来便没有多余的座位让我坐了。曹处把我叫到车后面，打开后备盖让我看里面塞得满满当当的行李，意思是真的再没有地方塞我了。

我的脑袋“嗡”地一下。我想，天哪，我去不成玉树了！之前，因为已经约定了省旅游局这边，我谢绝了省文化厅曹萍厅长帮忙联系去玉树的车，人家都已经走啦。

绝望了两秒钟，不甘之心又转回来。我哀求曹处，请求他允许我坐在后备箱里的折叠座上。曹处连连摇头，说那样不行，去玉树要十几个小时，路特别不好，那样会把人颠坏的。

我看着周围逐渐苏醒却依然沉静的城市，痛彻地对曹处说：

细雨中一个牧归的少年。他怡然自得的样子，仿佛丝毫不被什么打扰。

“可是，我要是不去玉树，你让我去哪儿呢?”

曹处是一个周全的人，而且也善良，他看我难过的样子，想了想，冲其余几位同事一挥手，说:“那就往下搬东西吧，来！重新摆一摆!”

我激动得不得了，简直感恩戴德。我帮忙往车下搬行李，又跑过去拿来我的背囊。之前，西宁一位朋友送给我一个枕头式的氧气袋要我路上备用，为了表示感激和合作态度，我拔去氧气袋的塞子，试图放掉里面的氧气。

那边，后备箱里已经腾出一块地方，曹处看我手脚并用在这儿忙活，终于恻隐，说:“算了，那点儿氧气留着吧，也不占多少地方，到山上说不定还能用上。”

听到这话，我眼睛一热，差点掉下泪来。我想掩饰，急忙猫腰钻进后备箱。我先打开折叠座坐上，再接过我的背囊抱在怀里。工作组的人再把其他行李严严实实码到我的周围，一直顶到车的顶棚。我最终变成了一件行李，车厢后盖关了四次才关上。

我们就这样上路了。

这是我所有旅行中路途上最辛苦的一次。

我不知道后备座是那样的没有减震效果，前方任何一点微小的颠簸，传到车尾至少放大五十倍。路又是那样的破，非常非常破。我坐在车子里，就像骑在一匹最桀骜不驯的西班牙奔牛背上，它全部的意志就是要把我从它身上颠下去。一路上，我坐在后备座上始终一个姿势：双手把住前排不好把住的宽厚椅背，眼睛时刻盯着前方司机，只要他稍有减速的意思，我就得抢先从座位上起身自行减震。

最先感到不适的是我的双臂，频繁的起坐很快让它们酸胀、疼痛。再有就是大腿部位的肌肉。骑马蹲裆式是很辛苦的一个姿势，而我差不多在十六个小时里一直半维持着这个状态。

还有，就是不能睡觉。人在封闭、颠簸、氧气不足的环境里是很容易瞌睡的，可我偏偏不能睡。困倦上来时，我想尽办法抵御驱逐。我不停地揪自己耳朵、掐手指、掐胳膊和大腿，还咬手指、手背、咬嘴唇。

可这一切都无济于事，我还是困得要死。真的困得要死。

剥夺睡眠是很残酷的一种精神摧残，前苏联克格勃给人洗脑常用这一招，效果特别好。说起来，人的精神应该比肉体更坚强和有意志力，实际上它却不如皮肉之苦让人能够忍受。中间有两次，我实在撑不住悄悄睡着了。但只一小会儿，我立即受到惩罚，汽车急速刹车，我整个人被抛起，脑袋重重撞到车棚顶的铁杠上。一瞬间里我都蒙了，魂飞天外。

紧接着，疼痛便占据了我。颅骨像被撞开了缝疼痛欲裂，脑袋天旋地转。我担心颈椎和腰椎受到挫伤，会令我高位截瘫。我终于了解了曹处他们为什么不想带我，如果事先知道坐后备座这么难过，我一定会放弃的。

当晚十一点多抵达结古镇时，尽管已是深夜，我还是询问州旅游局迎候工作组的人哪里有按摩的地方。我浑身上下像散了架，椎骨像一根嚼过的甘蔗一样疼。结果我被误会了，旅游局阿宝局长策略地拒绝我，说玉树是一个小地方，一般没有“夜生活”。

我没法解释，只好到宾馆房间找出随身带来的虎骨浸润膏贴在脖子后面，自己给自己按摩了很久。

颈椎的疼痛在我到达玉树三四天之后才逐渐消失。来时的遭遇给我的心理打击之大，以致那几天我整天抱着地图琢磨，想从玉树接着往四川走，或者干脆去西藏，到拉萨坐飞机回内地。

总之，就是不想再走回头路了。

草原上两个放牧的藏族姑娘。

日月山。自然地理在很大程度上决定了居住其上的人们的生活，替人们勾勒出他们的文化可以抵达和能够守候的疆域。

03 站在日月山上

从西宁到玉树的唐蕃古道，现在叫 214 国道，沿途路站和海拔高度如下：

西宁(2 275米)—日月山(3 520米)—倒淌河—共和—河卡—鄂拉山(4 490米)—大河坝—温泉（4 460米）—花石峡（4 580米）—玛多(4 660)—大野马滩（4 330米)—小野马滩—野牛沟—查拉坪—巴颜喀拉山口(4 842米)—清水河—歇武镇—通天河—结古镇(3 700米)，全程825公里。

从西宁出发，最先到达的是日月山。

日月山是西宁和青海湖之间的一道口隘，距西宁90公里，属祁连山支脉拉脊山的一部分，垭口海拔3 580米。山的南北各有一个乳

藏族人对生活地区的海拔高度“喜爱”到“偏执”的地步，青藏高原是上天赐给他们的宝贵家园。

峰，藏语称“尼玛·达哇”，即“太阳”和“月亮”的意思，日月山因而得名。又因为日月山山顶有红色的砂岩裸露，古代汉地人也称之为“赤岭”。

关于日月山，汉藏两地都流传着一个以文成公主为主角的传说。

相传，当年文成公主远嫁吐蕃，唐皇太宗赐赠一柄可以显见愿望的神奇宝鉴，嘱她到了雪域如若想家可以拿来一照。

这一天，送亲队伍来到日月山，文成公主登高远望、思绪万千，便拿出唐太宗所赐的镜子观看故土长安。宝镜上现出“八水绕长安”的美景和皇宫中富丽堂皇的舞榭歌台。公主不禁珠泪涟涟、柔肠欲断。

护送大臣李道宗见公主悲戚忧伤，力劝她以国家社稷为重，不要儿女情长。公主听从劝告，为斩断情丝，毅然将宝镜掷于山下。宝镜落地分为两半，分别化作现在的日月二峰。

公主继续西行，仍不止泪流，泪水汇聚成河，晶莹透明、涓涓绵长，由东向西流入青海湖。大地上所有的河流都是由西向东走向，惟独这条河反向而行，故取名“倒淌河”。

美丽传说终究有着虚构的成分，但有一点我们可以从中体会，即日月山是一个标志性的地方，山两边的风物与景致一定迥异，才使得汉家公主如此触景伤情。

实际上，日月山是我国自然地理上一条非常重要的分界线。它是我国外流区域与内流区域的分水岭，也是季风区域与非季风区域、黄土高原与青藏高原，以及青海东部农业区和西部牧业区的自然界限。站在山顶你会有一个神奇的发现，山麓东侧是村落点点麦浪滚滚梯田阡陌的农区，西侧是广袤苍茫一望无际天高云低的草原，中间就像有一条连绵不断的线，沿山脊将两边截然划开。

自然之神对大地有着奇妙的主宰力，它在不同的地域呈现出不一样的物产和景致，以此为笔墨色彩，描画出神奇壮美的大地之卷。自然地理也在很大程度上决定了居住其上的人们的生活，替人们勾勒出他们的文化可以抵达和能够守候的疆域。

藏文明是世界多元文明中最神奇的一种，它有着深邃而丰富的内涵，繁复而神秘的形式，它的自足与强韧的生命力，它的包容与难以被更改，它的兀自存在和兀自神圣，无不给人以强烈的吸引，令人着迷。这其中，藏文明特殊的地域性和独特的民族性，是最醒目的两个特点。

藏族人对生活地区的海拔高度“喜爱”到“偏执”的地步。千年多前，强大的吐蕃王朝曾经从西藏高原发轫，以武力征服了包括整个青藏高原和周围的大片土地。但最终，藏族人还是把他们民族家园的藩篱界限在了青藏高原之上。就像你驻足日月山上可以看到的，以西宁为中心的海东地区因海拔在3 000米以下，算青藏高原东麓一个稍浅一点的“盆地”，传统的藏族人便“不愿”呆在这里种麦子，而是将它们“大方地”让给从蒙古和西域迁居过来的蒙古族、回族、撒拉族，自己到日月山西边去放牧。

13世纪，蒙古人入主中原建立大元帝国后，他们逐渐接受了藏传佛教思想，定其为国教。17世纪，满清入关以后，也给予藏传佛教很大支持。另外，青海海东地区的土族，也是一个全民信奉藏传佛教的民族。虽然这些民族与地区跟青藏高原上的藏族人有着相同的信仰，他们表现出来的民族性格、风土人情、宗教情怀，跟真正的藏文化还是很不一样。

——甚至，在青藏高原边缘、海拔低一些的藏族地区，那里的藏族人和他们的文化，也不似高原上面的藏族人所拥有的那样纯粹和完整，那样令人感动呢。

这真是一件奇妙的事情。

在藏族传说中，吐蕃最早的赞普都是从天上来的，是神的儿子。

04 神猴变人的传说

关于藏族人的起源，藏地流传着一个“神猴变人”的传说。

相传，远古时代，一只猕猴在观音菩萨处受了戒，去到西藏山南贡布山的一个山洞中修行。

一天，一名罗刹女（魔女）进洞来诱惑猕猴，希望与他交合。猕猴拒绝，说自己不能破戒。魔女很伤心，说：“我前生注定降为妖魔，你若不同我结合，日后我必定成为妖魔的妻子，生下无数魔子魔孙。到那时，雪域高原将成为魔鬼的世界，万千生灵将遭残害。”

猕猴很矛盾，不知该怎么办，便去请示它的上师观世音。观音菩萨说：“你与她结合，在雪域高原繁衍后代，是莫大的善事。作为菩萨，理当见善而勇为！”

猕猴得到上师的开示，遂回到山南与罗刹女结合，完成了她的心愿。

之后，猕猴继续去山洞中修行。不久，罗刹女在这边生下六只小猴子。它们分别由六道轮回的生灵投胎而来，性情各有不同：由地狱界投生的猴崽，面色暗黑，能耐苦；由饿鬼界处投生的猴崽，面貌丑陋，贪吃饮食；由畜牲界投生的猴崽，粗笨懒惰，性情顽固；由人间投生的猴崽，见多识广，细心小气；由非天投生的猴崽，身体强壮，容易嫉妒；由天神界投生的猴崽，深谋远虑，性情善良。

藏地壁画：猕猴变人的传说。

须弥山：

"须弥"是梵文，意为"妙高"，又称"金刚山"。原始古印度神话中的山名，后被佛教采用为世界之中心圣地。佛教认为，须弥山居于世界中央，由金、银、琉璃、水晶四宝组成，故曰"妙"，乃众山最高者。周围有七香海、七金山，在第七金山外有咸海。咸海四周为东胜身洲、南瞻部洲、西牛货洲、北俱卢洲四大部洲，其外由铁围山环绕。一个须弥山即是一个小世界，有九山八海、一日月、四洲、六欲天、上覆以初禅三天。集一千小世界，上覆以二禅三天，为一小千世界。如此，集一千小千世界，为一中千世界。集一千中千世界，为一大千世界。由于这中间有三个千的倍数，故大千世界又称三千大千世界。

三年后，猕猴结束修行离开山洞。它想起三年前的那一段不了情，便前去罗刹女居住的地方探视，却发现猴崽已增至五百只，树上的果实都被吃完了，猴子们饥饿呼号，模样十分凄惨。父猴见状心里非常难过，想这怎是雪域藏地应得的福报呢，是自己造下了罪孽啊。

猕猴又去向观音菩萨求救，观世音从***须弥山***的缝隙中取来青稞、小麦、豆类、荞麦、大麦撒到地上，大地顷刻间长出不种自收的五谷。猴子们饱食五谷，心情愉快，一代代欢乐地生活下去。

后来，猴子由于经常蹲在地上采收粮食，尾巴与地面摩擦逐渐变短，体毛也渐渐退去，又慢慢会说话，遂变成了人。

我非常喜欢这个神话，它听上去是那样的生动和浪漫。"猕猴变人"是世界上最早描述人由猴子进化而来的传说。身处高寒辽远、环境艰苦封闭的青藏高原的藏族先民，何以创造出几千年以后才被西方科学家证实的这个神话我们不得而知，这或许是上天神灵的旨意，专门挑选一些心地纯洁、心性智慧的子民，传承宇宙自然的秘密也说不定。

值得注意的是，现在传世的"神猴变人"这个版本，是佛教传入藏地以后，被重新修改和表述了的，将猕猴改为受戒的神猴，又加入了观世音的角色，带有明显的佛教正源色彩。

我另外感兴趣的，是传说中观世音教导猕猴要"见善而勇为"。

这固然是佛教历来的思想，却突出反映了藏传佛教独特的气质风格。藏传佛教是佛教几大支派中最热衷于教理思辨和繁复戒规的；同时，它也最不拘泥和善于变通。追求“方便”与“智慧”的结合是藏传佛教的一大特质，从这个传说中恰可以清晰窥见。

想象观世音向猕猴讲说“行大义不拘小节”，要它为利益雪域与魔女结合的情形，竟很有些令人感动和敬仰呢。

“神猴变人”的神话传说还概括了人性的复杂。西方圣经文化将人比喻成“天使与魔鬼”的复合体，以示人心难测。长久以来，东方儒家文化也一直在争论人性“本善”还是“本恶”。这些观点跟藏地文化比较，都显得简单和单薄。

藏地“神猴变人”的传说清楚表明人类身体的血液中，原本就蕴藏着传自父母的一半神性和一半魔性的基因，它更解释了人的无限丰富性和一切可能性。按照藏传佛教的生命观，每一个人在今生生而为人之前，都经过了无数次的生死轮回。在有的轮回中，我们或许曾经到过天界，离脱度只有一步；而在另一道轮回中，我们也许曾因罪下过地狱，备受煎熬。每一个人在这个趣道中有过几代转世，在那个趣道中有过十几代转世，彼此的经历不一样，积

藏族人对天空有着无限崇拜，这与他们所处的雪域高原有关，也与他们充满神性和幻想的文化背景密不可分。

累的业力和福报也不一样，所以我们的人性中会有善有恶、时善时恶，各各不同、在在相异。

人类是好奇而固执的，一味要追求自己的本质，就现有得到的各种解释，藏族人的理论倒是最为入情入理的一个。

在藏族人的传说中，他们的祖先吐蕃国王是从天上下凡到人间的神子。

相传，这一天，神子来到雅拉香保神山顶上，举目远望，只见雅砻河谷犹如天堂一样美好。神子心中喜悦，便沿一道天梯下到地面。

这一幕恰巧被草原上十二个牧童看见，牧童问王子："你是谁？"王子回答："赞普。" "赞"是住在天域的一种神，"普"是大丈夫的意思。牧童惊奇地说：

"啊！这人是从天上来的赞普，可以当我们的王。"

他们于是将王子放在一个木头座位上，用他们的脖颈将他抬回了部落中。王子因此得名聂赤赞普，意思是"颈座之王"。

是时，大约公元前4世纪。

吐蕃最早的赞普都是从天上来的，他们下凡到人间后，那一根天梯便幻化成一道七彩绳子，连接在赞普的发辫上，成为他们与天界的媒介。赞普在人间的生命结束时，他们的身躯虹化飞升，又顺着神绳回到天界。

可是，到了第八代赞普，发生了一件意外。

吐蕃第八代赞普降生后，人们请他的祖母达吉拉姆噶莫为王子起名字。祖母问道："吉地方的扎玛岩峰坍塌了没有？登玛地方的止邦草原被火烧了没有？达来维湖干涸了没有？"

仆人回答："岩峰没有塌，草原没有被烧，湖水没有干涸。"

老祖母年老耳背，把询问的一系列天兆全都搞反了，听成是"岩峰塌了，草原烧了，湖水干了！"祖母以为是不吉之兆，说：

"这孩子不死于水中，便亡于刀下，就叫'止贡'吧。"藏语里，"止贡"是"死于刀下"的意思。

止贡赞普长大后，生性暴虐、好恶喜斗，常常逼着周围族亲和属下跟他比武。一次，止贡赞普强迫大臣罗昂达孜和自己比试。过程中，赞普将他的朗波那古司宝刀像轮子一样在头顶挥舞，斩断了连接天界的那根七彩绳子，自己也被罗昂所杀。

从此，吐蕃的赞普们失去了上天的护佑，再也回不到天上了。

05 巴颜喀拉的风马

“花石峡不吃饭，玛多不住店。”

这是常年行走在唐蕃古道上的人总结出的一句至理名言，意思是人到花石峡和玛多会非常不舒服，最好不要停留。

省旅游局工作组的司机康师傅是一位刚从部队转业的干部，临时过来帮一下忙。康师傅之前不是开车的，又第一次走这条线，不像专业司机比较“迷信”。原本大家想在温泉吃午饭，因为出发得晚了，康师傅着急赶路，就一口气开到了花石峡。长途旅行司机的情绪很重要，没有大的问题最好顺着他。康师傅是一个负责和好脾气的人，好脾气的人常常有一股温柔的韧劲儿，让你不忍心违拗于他，我们于是便在花石峡停车吃了饭。

于是，再上车之后大家都开始了头疼。这是后来的事了。

工作组里有一位青海省文联副主席马有义先生是回族，所以曹处选了一家比较干净的清真餐馆，一人要了一碗牛肉面片。之前在海南州的路上，我们买了两袋牧民孩子采的蘑菇，这会儿马主席和曹处钻进餐馆后厨，兴致勃勃地做起蘑菇烧肉来，味道非常好。

后来到了玉树，还剩一袋蘑菇，我们在镇上餐馆吃饭，马主席又技痒跃跃，结果人家没同意。

离开花石峡80公里，便到了“黄河第一镇”玛多。黄河从玉树

高原的河流流淌在高原之巅、旷野之外，它们亲近着呈弧形的地平线，有一种不受地心控制的张力，烘托起它们超凡脱俗、旁若无人的怡然与神圣。

曲麻莱县麻多乡发源，最初是三个很小的泉眼，一路集水成河、不择细流，到玛多已经十分可观。玛多的黄河河面铺陈平展，河流从容宁静，有些不像是水而像青稞酒，清亮中带着一层温润绵长的柔韧。

从玛多往前，路边旷野上相继出现连缀成片的湖泊、沼泽和滩地，这里被称为“星星海”。星星海原本是一个巨大的高原湖泊，就在214国道边不远的地方，现在用它作为附近整个湿地区域的总称。

青海是中国仅次于西藏的第二大湿地省份。世界范围内，湿地与森林和海洋并称为地球“三大生态系统”，湿地生态系统在水源涵养、减缓径流、蓄洪防旱、降解污染、调节气候、维持生物多样性方面，有着其他生态系统无法替代的作用，被誉为“地球之肾”。以青海玉树为中心的三江源地区，有河流、湖泊、沼泽、雪山、冰川等多种湿地类型，它们形成了黄河总水量的49%、长江总水量的25%、澜沧江总水量的15%，是名副其实的“中华水塔”。

路上遇到的一群藏野驴。藏野驴在藏语称为“将”，又叫“野马”，所谓“野马滩”就是藏野驴生活的地方。

星星海之后的两个地方，依次叫野马滩和野牛沟。单听这些名字，你不难想象这块土地上曾经有着怎样生命欢腾的景象。青藏高原长久以来远离人类，保存着许多珍稀的高原野生动物资源。这里有世界上生活海拔最高的动物野牦牛，它被称为青藏高原的活化石，还有白唇鹿、藏羚羊、岩羚、野驴、雪豹、梅花鹿、麝、猞猁、天鹅、黑颈鹤等等。

这里野生植物也十分丰富，远远望去，青藏高原仿佛一望无际。但你只要仔细观察每一块冻土，便会惊喜地发现顽强而蓬勃的生命。

214国道在查拉坪乡之前坡形缓慢，海拔

升高得也不快。过了查拉坪乡之后，上山的坡度陡然增加。之前晴空万里的天气，忽而变得阴沉，紧接着下起了雨。等到我们的汽车开始爬巴颜喀拉山，细雨干脆变成了湿雪，纷纷扬扬，弥漫了整个世界。

最先出现高原反应的是工作组里惟一的女性赵萍。曹处拿出红景天胶囊给赵萍救急，赵萍服下了，但知道不会立竿见影。我把之前剩下不多的氧气袋给她，赵萍好心地拒绝了，说留着也许我一会儿会用。

接着，车里另外几个人也开始有了症状。曹处回身问我怎样，我说挺好的，没事儿。曹处他们很羡慕，夸奖我身体好，言语间都有了钦佩之意。其实，我的感觉并不像我说的那么好。我的头也有些疼，胸口紧紧的；但我觉得这是到高原必然的反应，是我应得的，所以不必要说。

外面，雪越下越大。汽车费力地往山上爬，同样因为缺氧，它也像患了高原反应，病病歪歪地，跑起来没有力气。车里开了暖气，车窗蒙上了一层浓雾。我用手擦出一块透亮的地方，从那里张望着外面风雪交加的世界，心里像祈祷的藏族人一样，等待着高原反应的如期而至。

每次到藏地，我都等待着高原反应。

青藏高原是地球上最高的一块高原大陆。这里高寒缺氧、空气稀薄，气压不足海平面的2/3，含氧量只有内地的60%。我第一次去西藏时，在唐古拉山口被高原反应折磨得大哭，头痛欲裂，恨不能死。

可是，我还是喜欢藏地，喜欢它冷峻孤傲、遗世独立的气质。在我看，青藏高原的好恰在于它的超拔高绝、远离尘世，在于它要你时不时被胸闷、气短折磨，时不时被咚咚乱跳、呼之欲出的心脏警告，要你由此记得对自然敬畏，小心翼翼。

在我看，青藏高原的好恰在于它的超拔高绝、远离尘世。

经过巴颜喀拉山口时，公路边矗立着一杆标杆，上面悬挂一块牌子，写着：

巴颜喀拉山　海拔4 842米

山口的空地上，迎面是一座高大的经幡塔，经幡旗向四周远远地扯开，形成一个巨大的华盖，每一片旗子都被风满满地鼓起，凌空翻飞。经幡旁边有一座玛尼石堆，再旁边是一坐白色的佛塔和一间绛红颜色的经堂。几位途经路过的藏族信徒正在给玛尼堆上石头，向经幡塔献哈达。

一位年长的藏族人专门下到山坡下，好不容易找来一块白石头。藏族人有着强烈的***白色崇拜***，白石在他们看来是最神圣的。他过去将白石放到玛尼堆顶上，合掌深拜，绕着它转了一圈，再又拜过，才放心地离开。

我站在不远处看那些藏族信徒，内心被一种强有力的神圣感充盈，不禁眼眶有些潮湿。

白色崇拜：

藏地地处高原，四周雪冠群山，茫茫大地经常被白雪覆盖，白色成为藏族人生活中最主要的色彩。在藏地古老传说中，许多山神都被描绘成白颜色。在原始宗教本教时代，藏族人将白石供奉到山口和路边，表达对上天与山神的祭拜和敬意。人们还将白石砌进家里的门楣或屋顶，这个传统流传至今。

巴颜喀拉山口的经幡和白石。

06 神牛奶水之河

几年前，我曾在一篇游记中将青海与西藏、甘南、四川和云南藏区做了一番比较。青海是这其中自然条件最贫瘠的，我所以把它比作佛祖刻意留在人间的“苦修场”；我同时也说，这里是“通往天堂的驿站”。

来过玉树，我想我必须要修正之前的说法了。我也许不会更改大的结论，不要说青海，人生哪里不是“苦修场”、不是“驿站”呢？但因为有了玉树，青海的土地可以不绝然说是贫瘠和荒凉了。

玉树处在中国大陆重要的自然地理标志线“400毫米降水线”上，这里气候相对温润，境内有金沙江、澜沧江、雅砻江等多条河流，水草丰盈土地肥沃，宜牧宜耕物产丰厚，实在是青海的一块物华天宝之地。

长江发源自唐古拉山深处格拉丹东峰西南的姜古迪如冰川。之后，冰峰雪水汇聚成沱沱河，又在玉树曲麻莱境内接纳楚玛尔河形成通天河。通天河是玉树的“母亲河”。它滋养了这块高原腹地，带给它富饶和秀丽，带给世代居住在这里的民众绵延不绝的生活。

藏语里，通天河叫做“珠曲”，意思是“神牛奶之水”。相传，远古时候，玉树草原是一个牧草肥美、牛羊遍地的地方，人们在这里过着天堂般的幸福生活。这情景被天上的玉皇大帝看见了，十分妒忌，便派一头神牛下凡，限它三天内啃光草原上的牧草、踏平苍绿的青山，把玉树变为一个不毛之地。

神牛从天上来到玉树，受到热情好客的康巴人的款待。神牛深受感动，非但不破坏草原，还替草原人耕地拉犁，自己也不愿再回到天庭。玉帝听闻大怒，降天火于玉树。神牛为了拯救草原生灵，爬到一座雪山上，大吼三声，从鼻孔中喷出两股洁白的奶水。奶水浇灭了天火，使草原重现绿色，变得更加美丽。玉皇大帝愤然做法，将神牛变为石头。

神牛从此就呆在了玉树，成为保佑玉树的一座神山。神山石缝中有清澈晶莹的泉水涌出，日夜不断，汇聚成现在的通天河。

这个神话让人有几点联想：一，通天河地势高拔险峻，犹如从高耸入云的山巅自天而降；二，藏系野牦牛是生活在青藏高原海拔最高的动物，这一点藏族人很早就注意到了；三，玉树地区历史上曾发生过巨大的自燃山火或草原火，在当时造成灾难；四，神牛留在人间的故事折射了古代高原先民驯化野生动物的曲折经历；五，牦牛在藏族人生活中扮演着重要的角色，他们敬拜这些给他们带来鲜奶和肉的动物，故而编织神话加以赞颂。

在藏地，我特别喜欢听他们的神话故事。神话是一个民族童年时期创造的珍贵精神产品，它们是这个民族历史的“元文化”。藏族又是一个极富想象力和神性崇拜的民族，他们把无数智慧和热情都用在了创造神话上。

了解藏族神话传说，是走进这个民族神奇历史文化的“秘密法门”。

按照通常说法，通天河进入四川后始称金沙江；傲慢而自爱的玉树人却认为，这自天上而来的神牛之奶水河一流过直门渡转弯，就落入凡尘改名叫金沙江了。转弯处的河水也是一边清澈、一边混黄，仿佛时空中阴阳二界神秘的结点，不知它们如何进行这不可思议的转换和交融的。

藏地有一句俗语：“卫藏的法域，安多的马域，康巴的人域”，意思说卫藏地区是佛法最兴盛的地方，安多地区出产宝马良驹，而康巴人则是藏族人中最好的。

藏系野牦牛是生活在青藏高原海拔最高的动物，它们在藏族人的生活中扮演着重要角色，受到世代敬拜。

玉树地区古代是西羌的“牦牛种地”。隋代前后，玉树为苏毗和多弥二国所属，唐朝时为松赞干布征服，并入吐蕃王国。玉树最早的世居先民是羌人，后与苏毗、党项、吐蕃藏族等部族融合，形成了现在的康巴藏族。

关于康巴藏族的来历，在玉树还有另一个传说。相传，公元前326年，马其顿亚历山大大帝征服印度时留下了一支队伍，他们是纯种的雅利安人，其中的一支后来迁徙到康巴地区，与当地藏族混血，形成了后来的康巴人。

传说或许有待考证，但康巴汉子英俊潇洒的气质，豪放强壮的外型，坚韧不拔、桀骜不驯的性格，以及勇敢尚武、生猛骠悍的作风，的确在藏族人中独树一帜、令人赞叹。

最能体现康巴人风采的，是藏族著名的长篇吟唱英雄史诗***《格萨尔王传》***。

相传，格萨尔出生在四川德格的阿须乡，早年曾到青海黄河源

紫玉宝马。相传为格萨尔王的坐骑，结古镇的市镇标志。

《格萨尔王传》：

藏族古代英雄史诗，是世界上最长的一部吟唱史诗，以藏地康区岭部落波澜壮阔的战争生活为背景，以部落首领格萨尔三为原型，由历代无数民间说唱艺人集体创作、加工提炼、口耳相传的一部藏族民间文学巨著，已经整理发掘的有120多部，诗100多万行，逾千万字，内容涉及藏族古代历史、地理、军事、宗教、民俗、医学等诸多方面，是一部神奇的藏族古代社会百科全书。

藏语里，通天河叫“珠曲”，是“神牛奶之水”的意思。

康巴汉子。藏地有俗语："卫藏的法域，安多的马域，康巴的人域"，意思是说康巴人是藏族中最优秀的。

区生活过多年，岭部落就在玉树、果洛一带。格萨尔王的王妃珠姆的家乡在玉树州的治多县，治多地区至今仍有许多地名、河流名称、遗迹等，在《格萨尔王传》中都有实指性的记述。

玉树名称的来历，也源自《格萨尔王传》。藏语里，"玉树"意为"王朝遗址"或"部落遗风"，即是指格萨尔王创立的岭王国。古代，玉树人被称为"嘎哇"。《格萨尔王传》中，玉树被称为"嘎哇六部族"。玉树许多地名或人名前也常冠以"嘎"字，其沿袭都是格萨尔王王妃珠姆家族的族姓"嘎"。

自古以来，康巴人的血液中一直有着强烈的尚武精神和英雄崇拜观。康巴汉子身上有"三宝"：骏马、叉子枪和腰刀。他们最醒目的发型是"英雄结"，喜爱穿虎豹等猛禽皮装饰的袍子，喜爱赛马、射箭、角力、摔跤等带有武力色彩的娱乐活动。

正是康巴人这种尚武精神和英雄情结的文化土壤，催生了《格萨尔王传》这部不朽的英雄史诗，也使康巴人善良刚健、不畏强暴的英雄气概不断得到张扬、升华。

我后来在玉树认识不少康巴人，和他们成为朋友。我对他们最高的"褒奖"，就是夸他们"很康巴"。

07 万物有灵的崇拜

省旅游局工作组来玉树是给基层单位作业务培训，然后参加一年一度的玉树赛马节开幕式。

工作组的人向我充分了展示了他们的敬业精神。到玉树的第二天，曹处他们就开始了工作。

我则决定去***转山***。

在结古，我随旅游局工作组住在拉布寺宾馆。从我房间的窗户望出去，可以看到对面一座山上有一个很大的经幡塔，一条小路逶迤而上，一早就有藏民在上面走。吃早饭时我向州旅游局的人询问，他们说那是玉树本地的保护神山嘎哇山。

前一天晚上下了雨，早晨的空气异常新鲜。

从宾馆到达山脚我用了二十分钟。这里有不少转山的藏民，有的已经从山上转过下来。我跟在七八个藏族人的后面，他们每人手里都摇着一柄转经筒。藏族人很友好，他们看我也往山上走，都对我露出和善的微笑。我也向他们行礼，用我的方式祝他们吉祥。

藏族人对山的崇拜格外痴迷。纵观被称为“世界屋脊”的青藏高原，到处是雪峰兀立、寒光流泻的景色，大自然的神奇力量引起人们对山的注意，从崇拜中产生信仰。

在藏地古老的传说中，每一座山都是有神性的，山是神的化身和神的居住地，人们需要加以敬奉以求得保护。藏地的神山都有自

转　山：

在藏族人的信仰中，朝拜圣山是很有功德的。有的神山据说很神奇，转一圈可以清除一生罪孽；转十圈可以在五百次的轮回中免遭堕入地狱之苦；转百圈即可于今世成佛；如在转山的途中死去，则是一种神圣的造化、莫大的幸福。虔诚的藏地信徒往往在某一个心灵受到召唤的时刻，抛家别子独自上路，或是变卖财产举家启程，踏上遥远艰辛、充满风霜雪雨饥寒病苦的朝圣之旅。

己的名字、性别、血统来源。神山一般是男性，威武、勇猛、强悍，脾气不怎么好；与之相对，雪域圣湖则为女性，她们温柔、美丽、多情，善待人类。

有意思的是，这些神山和圣湖之间常有男女关系，而这种关系又颇为复杂。有的神山有不止一个妻子，他们正儿八经地结了婚，育有很多孩子；有的圣女湖又被多位山神爱慕，他们为此争风吃醋，甚至翻脸动手打起来。还有的神山和圣湖呢，不是夫妻只是情侣，爱情故事曲折哀婉，就像人间的情感一样。

我奇怪藏地先民怎样判断这其中的差别。我意思是说，为什么他们会说一些神山圣湖已经结了婚，而另一些还没有“扯证”？我拿这个问题问我的藏族朋友，他们也不能给我确切的解释。但他们深信不疑，说就是这样的。

远古时期，藏地有“九大神山”，它们是念青唐古拉神山、库拉卡日神山、诺吉卡瓦桑布神山、雅拉香保神山、阿尼玛卿神山、咬卿顿日神山、岗巴拉杰神山、雷拉居保神山、觉沃月甲神山。这九座神山分布在整个雪域高原，被认为是开天辟地的九大造化之神，形成了宇宙世界。

这些神山中，念青唐古拉山曾经是众神山之首，是最厉害的一座。在藏地民间传说中，念青唐古拉山神被描绘成一位头戴白盔、身披白甲，一手持鞭一手仗剑，坐下骑一匹白马的白衣巨人，他手下有十八位掌管冰雹的神将和三百六十位随从，十分英武强悍、威震八方。

吐蕃早期时代，山神都是地方神，各管一片区域。后来，随着藏族社会的发展，一些强势部落通过战争兼并融合了其他部落，领地不断扩大，原来分别在不同部落的山神也被收伏了过来，成为地域主体山神的属下。这样，藏地又出现了“四大神山”。它们是东方的雅拉香保山神、南方的库拉卡日山神、西方的诺吉卡瓦桑布山神、北方的念青唐古拉山神所主宰的四座山脉。

东方雅拉香保山神居住在雅砻河谷的雅拉香保山上，他的身躯白如海螺，常以一头大白牦牛显形，吐藩十亿战神都归他管辖。雅拉香保山神的坐骑也是一头白色的神牦牛，如同一座山大小，嘴里和鼻孔里不断喷出雪雾。南方库拉卡日山神是西藏山南境内一座山的化身，被描绘成一位戴着头盔、身披铠甲、手执短矛的神灵，居住在一座用宝石和水晶砌成的宫殿里，坐骑是一匹白马，同时他又被认为是格萨尔王的精灵。西方诺吉卡瓦桑布山神住在江孜附近的诺吉卡桑山上，他有一个绿色的身影，手持剑和黑旗。

玛旁雍措圣湖。在藏地的古老传说中，神山与圣湖之间有着丰富的两性关系，故事很多。

古代吐蕃王国基本上在今天的西藏境内，所以吐蕃“四大山神”都分布在西藏地区。西藏山南雅砻河谷的悉补野部落日益强大，成了部落联盟的首领，悉补野部落最初的地方保护神雅拉香保山神便也青云得路、平步登天，逐渐成为周围山神的统领，直至超过威武的念青唐古拉山神，尊为吐蕃“四大山神”之首。

后来，随着藏地版图的扩大和藏文明的向外发展，“新生代”的山神登上历史舞台，逐渐取代了古老名宿的地位。现在藏地的“四大神山”另有名录，它们是西藏的冈仁波钦山、云南迪庆的梅里雪山、青海果洛的阿尼玛卿山和玉树的尕朵觉卧山。

上山的路上，我看见有藏民在往路旁的树枝上系一缕缕的羊毛。这是古代藏地祭祀山神的一种方式，想不到在今天的玉树竟还可以看到。

在藏地，你随处可见供奉于山巅、湖畔的牛头与羊头，你随处可见堆垒在路旁或垭口的玛尼石，可见插在屋顶或门楣上的松柏与艾草，寺院前飘着青烟的煨桑，你可见连天而起的印着祈祷文的五彩经幡……。这些带有强烈地域色彩和民族气质的、独属于藏传佛教的图腾与信仰，最早都起源于藏地本土的古老宗教——本教。

本教起源于古代西藏象雄地区(今阿里南部)，时间大约在吐蕃第六代赤德赞普时期。第八代止贡赞普时，本教沿雅鲁藏布江自西向东传到雅砻河谷，又由那里传遍整个藏族地区。

藏地本土宗教“本教”的创始人名叫辛饶米沃，“辛饶”在藏语里意思是“最高的巫师”，这个名字当然是后人给他的尊称。吐蕃第六代赞普时，辛饶米沃出生在西藏阿里翁雪

冈仁波钦神山，海拔6 638米，藏语意为“雪山之宝”，为佛教、印度教、本教共同崇拜的神山，被认为是世界的中心，众神聚会的香巴拉国。

纹的辛氏家族。据说，辛饶米沃是由其父母分别感受红光和白光受孕而生的。

相传，辛饶米沃十三岁时被一群魔鬼掠去。此后的十二年中，辛饶米沃随魔鬼跑遍了整个吐蕃。当辛饶米沃二十五岁重新回到人间时，他已异于常人，被赋予了神奇的本领。辛饶米沃认识无数妖魔鬼怪的名字，知道它们的居住地，懂得如何和它们交往，他同时掌握了许多卜卦、求福、禳灾、驱鬼、祀天的仪式。

自此，辛饶米沃开始在藏地传播本教。

本教崇拜自然，相信“万物有灵”，这是它最核心的教义。

远古时代，人与自然构成十分密切的依赖关系，自然崇拜成为必然。特别在青藏高原，这里高寒缺氧、气候恶劣，原始人类畏惧于大自然的力量，同时也产生了主动认识自然，与自然交好、和谐相处的生存理念。在藏地先民有限的认知体系中，他们把自然物和自然现象与人类自身相类比，按照自身感受设想自然物也像人一样，具有思想、感情和意志，有各自的灵魂存在。于是，一个个被想象出来的奇形怪状的神灵便诞生了。

世界上很少有哪个民族像生活在雪域高原的藏族人，创造出如此众多的神灵来。在藏地，各种自然神灵遍布在人们生活的各个方面，诸如日月星辰、风雨雷电、大山巨川、古树怪石、飞禽走兽，无不具有神的灵性。浩茫雪域，从天上到地下、从陆地到水中，神鬼涌集、络绎不绝。

本教认为世界最初是由水火土风四种物质构成，它们有颜色，也有最小微粒。藏族最古老的《创世歌》“斯巴达义”中这样唱到：

土的形状是四方形，
土的颜色是黄金，

藏地许多带有强烈地域色彩和民族气质、独属于藏传佛教的图腾与仪轨，最早都起源于古老的本土宗教本教。

它的因子是“蓝木佑”。
水的形状是椭圆形，
水的颜色是白色，
它的因子是“坎木佑”。
火的形状是三角形，
火的颜色是红色，
它的因子是“染木佑”。
风的形状是扇状形，
风的颜色是青色，
它的因子是“烟木佑”。

本教相信，世界的物质性由“四大元素”组成，它们聚在一起，会产生一种“灵”，这便是第五大“元素”。五大元素和合而成，便形成宇宙世界。

本教将宇宙分三层：最高层是天神居住的地方，最大的天神是什巴，即创世主；中层是人居住的地方；下层是妖魔鬼怪居住的区域。神、鬼、人各居其所，因需要有渠道沟通其间的关系，本教巫师便应运而生。

本教巫师被称作“***本波***”，他们懂得求神问卜、祛邪禳鬼的方法，能够传递宇宙三界的信息，本教因此又称为“本波教”。

在相当长的历史时间里，本教在藏地社会生活中扮演了重要角色，它的影响传播至今。

本　波:

有“天本波”、“地本波”和“大本波”三种，分别负责和宇宙三界各种神灵鬼怪的沟通。细分起来，又有司祭贡之神本、司招福之夏本、司走放之鲁本、司德之斯辛、司净之行塞术、司解之达协、司助之医术、司封之星算术、司言之九多术、司当之夏巴术、司飞之居图、司自解之楚辛，一共十二个门类。

本教时代的宇宙图。它的形式和逻辑跟二千年后现代物理学的发现极为神似，令人惊叹。

08 怎一个“苦”字可说

登上嘎哇山我用了一小时五十分钟。在山下时，我目测可以在一小时三十分钟之内完成，结果多用了二十分钟。这二十分钟是我三次休息所用的时间，之前没有把它们做进预算里。

我最初跟随的那一队藏民，在我第一次休息时就给跟丢了。我开始走时比较容易累，渴望停下来休息；后来再感到累，反而不想停下了。虽然山越来越高，我坚持的时间却可以更长。坚韧不拔的苦行恰恰能缓解辛苦本身，难怪藏地有那么多信徒崇尚苦修。

最后一次，我持续走了四十七分钟，一直到山顶。

在通往山顶的路上，我看到好几位磕长头的信徒。虽然我知道这是藏传佛教的仪轨，藏族信徒们这样做时心里是幸福的——这你从他们黝黑、粗糙、风尘弥布的脸上就看得出，从他们的眼神里就看得出。在藏族人心中，磕长头朝圣积攒功德的“倍率”或“系数”，是其他方式所不能比拟的。也是这个“数学公式”，使得那么多信徒心甘情愿地将身体扑向大地。他们在对佛祖刻苦的膜拜中得到了心灵的依托和宁静，这使他们成为一群纯粹和心感幸福的人。

然而，面对这些满面风霜、衣衫褴褛，用身体丈量生命的信徒，我还是控制不住自己，无法不动容。

我总是不能肯定，血肉之痛与精神之累，到底哪一个更苦呢？

“苦”字是佛教的逻辑起点。佛教广说人生各种痛苦，有二苦、三苦、四苦、五苦、**八苦**，乃至一百一十种苦等无量诸苦，所谓“广宇悠宙，不外苦集之场”。

佛教将大千世界万世千载归结为“苦”，是为警喻世人对现世人生产生无限恐惧与厌离之心，这样才可以有决心不贪恋生命物欲，立志脱度苦海。如果将佛教的这种教义称为“原苦理论”，那么它最适合藏地。

过去，生活在青藏高原实在是一件太艰难、太辛苦的事了，如果没有来自信仰的支撑，人是很难生存下去的。这里物质又匮乏，连空气都是稀薄的，没有多余的空间纵容人的欲望，人们必须培养克制和刻苦的心态，蔑视物质、蔑视享受。

这些内在需求和外部环境，恰是佛教得以在藏地植根弘扬的深厚基础。

佛教设定人生为“苦”，它接着需要回答苦从何来、苦的根源是什么。佛教的“十二因缘说”和“业报轮回说”解释了这个问题。从佛教教义上讲，这是两个很深奥的理论，藏传佛教却将它们糅杂汇总到一幅图画中，以最直观、抢眼的形式警喻众生。

八　苦:

佛教理论中最常讲说的“苦”，即生苦、死苦、病苦、老苦、怨憎会苦、爱别离苦、求不得苦、五取蕴苦。其中，五蕴指色、受、想、行、识，人是五蕴合和而成的，因为有了五取（执著）蕴，才产生种种贪欲和痛苦。

面对这些满面风霜、衣衫褴褛的信徒，我总是控制不住自己，无法不动容。我不能肯定，血肉之痛与精神之累，到底哪一个更“苦”呢？

在藏地寺院里都会有的六道轮回图，它集中体现了藏传佛教的逻辑义理与终极理想。

在藏地，藏传佛教寺院门口的右侧墙壁上，通常都绘有一幅“六道轮回图”的壁画。轮回图是高度程式化了的，差别细微。图画的主体是一个内外四层的圆圈。从里向外，第一层圆圈中绘有鸽、蛇、猪三只动物，它们首尾相衔构成一个圆环，分别表示贪、嗔、痴“三毒”。佛教认为，“三毒”是产生轮回痛苦的根源。第二层是阴阳对半的一个圆圈，阳面表示善趣，阴面表示恶趣。善趣包括天界、阿修罗界和人间；恶趣包括畜生道、饿鬼道和地狱。第三层圆圈分为上下六段，上三段表示三善趣，下三段表示三恶趣，形象描绘了善恶两趣六道中的情形。上三段中，天界最好，幸福美满、寿数绵长。阿修罗界也还不错，但已经开始有了烦恼。阿修罗界有一些高品味的果树，根须长在此，果子却结于天界，众阿修罗就不服气，一直用斧头砍果树，欲与天界争高低。人界中即为我们常人，有形体、有智慧，但一生处于生老病死种种苦痛之中。下三段里，投生于畜生道者，智力低下、生命短暂、互相残杀、受人奴役，如此一生，实为恶趣。饿鬼道中有很多鬼，它们肚大颈细、口中喷火、难以吃饱、无水可饮，一生受尽折磨。六道轮回中最惨的是地狱道，地狱里所受的罪真是罄竹难书，如有上刀山、下火海、割舌、挖眼之类的酷刑，没有一样是能够承受的。

佛教认为，宇宙中的有情生命处于一个生生死死、流转不息的生命轮回之中。如同一个上下转动的水车，六道中的生命像水车的斗子，忽上忽下变换位置。这变化流转的动力，来自自身的行为和支配行为的意志，佛教称之为“业力”。前世积德，则今世生在善趣；今生作恶，则来世堕入恶趣。这便是佛教的“业报轮回说”。

不过，无论善业、恶业，所得的业报都是在六道中轮回，只是痛苦的程度有所不同而已。即便是最高的天界，也不过是暂时的避难所，相反它会使有情丧失精神上的进取性而跌入其他各道。因为造成这一切痛苦的渊源，即佛教认为的无明、行、识、名色、六处、触、受、爱、取、有、生、老死“十二因缘”没有消除。这里面，佛教把人生痛苦的最后根源归于“无明”，即没有智慧以及对人生实相的盲目无知。在六道轮回图中，“十二因缘”分别以盲人、瓦匠、猴子、船、空宅、接吻、眼中箭、饮酒、采果、孕妇、临产、老人和死尸表示，画在转轮的最外层。

这样一个轮回图已经很可怕了，更触目惊心的是它还被阎罗王掌握着。阎王用尖牙利爪紧紧俘住转轮，怒目圆睁，看来很不友善。这个画面传递出的信息告诉人们：所有的生命都被死亡所笼罩，都逃不出阎罗王的手掌心，从此生到来世，从无始到无终。

在六道轮回图上，阎罗王怀抱的转轮外侧上方，分别画着日月、佛陀和精舍，表示轮回以外的美妙世界。它们合起喻示佛教指给有情众生的两条道路：一是生生死死，继续沉沦在六道轮回之中；一是皈依佛法，脱度生死，最终证得***涅槃***。

涅　槃：

梵文的音译，意为“灭度”，汉文佛典中又译成“圆寂”。“圆”者圆满，不可增减；“寂”者寂静，不可变坏。大乘佛教认为在涅槃境中，不仅灭除了生死的因，也灭除了生死的果，即肉体不存在了，连思虑也没有了，达到“灰身灭智”的境界。有的大乘派别还认为涅槃境界具有常、乐、我、净，是佛教的最高理想境界。

09 九天神奇降佛法

在古代的青藏高原，长期而惨酷的征战攻伐中，一些部落失败了，一些部落消亡了，另一些部落则纵横披靡、节节胜利，成为一方霸主。藏南雅砻河谷的悉补野部落，蒙雅砻河水浸润恩赐，物产丰富、人丁兴旺，在漫长的部落战争中逐渐兼并其他部落，建立起名扬后世的吐蕃王国。

宗教历来是人们现实生活的需求和精神世界的反映。吐蕃藏王从一个部落首领，最终成为雪域大地上的最高主宰，这一社会现实对应在宗教领域里，迫切需要打破以往本教众神平等的"方格模式"，创造一个崭新的、超出其他众神的至高无上的神。

最早吐蕃"赞普"系天神之子、缘天梯降临人间的神话，便是这样诞生的。

吐蕃前期，藏王一直以本教治国。本教经过长期的发展，不仅具有深厚的社会基础和群众基础，而且成为吐蕃贵族和臣相们与藏王赞普争夺权力、分庭抗礼的宗教武器。在吐蕃早期部落联盟时代，重大国事都要经各地贵族和邦国部落首领以会盟的形式"自下而起"相议，赞普的权力十分有限。

在吐蕃，本教巫师也是一个特殊的宗教权力阶层。本教巫师据说有特殊本领，常以神的代言人面目出现。吐蕃中期以后，本教巫师在社会生活中的地位越来越高，从民间的婚丧嫁娶、农耕放牧，到国家的祭天祭祖、对外战争，甚至新赞普何时即位主政，都要由巫师来决定。

吐蕃前期，藏王一直以本教治国。

这样一来，令藏王很不高兴。作为天神化身的藏王和有着非人之力的本波及信奉本教的贵族集团，由最初的相互利用和扶持的关系，逐渐形成对立之势。

另一方面，本教虽然有着完备的神祇体系和繁多的仪轨方式，但长期以来它只起着上祭天神、下镇鬼怪、中兴人宅的巫术功能，缺乏超拔的精神追求和终极的生命关怀，不能真正给人们提供安身立命之道，满足不了民众天然的宗教饥渴。本教巫师依靠王权垄断了神权，取消了普通人与神灵之间沟通的权利，使自己神化为凌驾于自然神之上的主宰。雪域众生在崇拜原始自然神灵的同时，还要膜拜人间不断出现的神祇，他们身陷磨难、精神苦痛，渴望获得解放和再生。

在这样的背景下，公元5世纪初，佛教在产生了一千三百多年、在整个亚洲大陆绝大多数地区蔓延潮涌之后，终于越过绵延高耸的喜马拉雅山脉，来到雪域藏地。

相传，吐蕃第二十七代赞普拉托托日年赞时代，一天，一只镶着珠宝的铜箧从天空落到吐蕃王宫雍布拉康的屋顶上。雍布拉康在西藏山南，是吐蕃第一代藏王聂赤赞普在藏地建造的第一座宫殿。

王室成员带着难以名状的敬畏心情打开铜箧，发现里面是一座金光闪闪的宝塔。宝塔里面还有一些东西，却是谁也没有见过的，没有人知道是什么。这时，从九天之上传来一个洪亮的声音，说道：

“再传五代，将会出现知晓这些东西的人。”

果然，五代赞普之后，松赞干布继任吐蕃王。松赞干布的大臣吞米·桑布扎创造了藏族文字，人们才认出铜箧里的东西原来是佛教经典《宝箧经咒》、《百拜补证忏悔经》、《十善法经》和《玛尼陀罗尼咒》，后代称其“佛法四宝”。

——关于这一传说，一些藏族文献中记载了另一种今人看来比较可信的解释，即说这些经文典籍原是由印度佛教班智达（智者）及译师们带来西藏的，藏王因为不识字而不知其义。当时，佛教中大发菩提心济世度人的大乘教法已经开始盛行，佛教徒们纷纷走出发源地印度，寻找自己的度化地，完成解脱一方的誓愿。雪域高原虽有雪峰峻岭阻隔，也难挡虔诚的佛教徒们弘扬佛法的决心。只因本教巫师爱用天空说事儿，佛教徒们便附会了这一“天降佛法”的传说。

我有一个“坏毛病”，就是爱分析藏地传说背后可能的真实情况，爱用“科学”的方式解读藏地神话。我的目的并不是“打假”，意欲拆穿“谎言”，反而是想更好地理解藏族人的思维和他们文化中的特质。

藏族是一个非常迷恋神话的民族，这与他们身处严酷的、与世隔绝的环境有关，也是他们民族性格中十分重要的特点：天真、纯洁，热爱自然、喜爱幻想，这几乎是藏族人何以叫人敬仰和拥有迷人气质的重要原因。如果要想真正了解这个民族，进入到他们文化的深层，你我最好暂时放下固有的知识体系和思维逻辑，以同样的赤子之心和藏族人一起谛听那些千百年来流淌在雪域高原上的传说故事，并虔诚地信以为真吧。

那么，对于接下来的故事，你也要相信：

雍布拉康。藏地第一座宫殿，相传为吐蕃第一代藏王聂赤赞普亲手建造。

尽管当年拉托托日年赞不能认识铜箱子里的经文，但他坚信这些自天上降下的东西是奇异之物，予以供养。拉托托日年赞因为对佛法的敬拜之心，一直活了一百二十岁。

相传，尽管当年拉托托日年赞不能认识铜箱子里的经文，但他坚信这些自天上降下的东西是奇异之物，称它们为“尊严秘宝”。拉托托日年赞派人将经文安放在雍布拉康大殿顶上，用敬神的甘露和蓝宝石加以供养。

因为对佛经这样的尊重，拉托托日年赞从八十岁起白发变黑，皱纹消失，返老还童，竟活了一百二十岁。

因此，在藏族传说中，佛教是从拉托托日年赞时期就起始了的。

但它真正传入藏地，则是要到后来的松赞干布时代。

10 泅渡苦海的绿洲

这一天，省旅游局工作组安排去嘉那玛尼城和勒巴沟考察，我跟随前往。陪同我们的是玉树州旅游局的阿宝局长和科长俄要，他们带了一辆车。

工作组到达玉树后，出行时我不必再挤在越野车的后备箱里，而是坐到了州旅游局的车上。经过之前从西宁到结古十六个小时的惨痛颠簸，现在坐在汽车后排座上，我已感到非常幸福。

后来，有一次走比较长的路，中间阿宝局长让我换到前排他的副驾驶座位，我更是幸福得无与伦比了。在山区跑长途和在都市公路上不一样，一排座位一重天。如果说我之前坐的后备座是“六道轮回”中的地狱道的话，那么坐在前排座位上就是上了天界了。

不过，这种感觉只有像我这样经过了“炼狱”的人才能体会。

可见幸福是一件很主观的事。我至今骨头里还镌刻着那次噩梦般十六个小时的惨痛记忆，但我也记住了玉树一辆半旧的切诺基前排副驾座赐予的幸福感。

它们使我回到内地后，再乘坐汽车时对柔软座位更有了一份细腻的体会和发自内心的亲切。

这就是修行，我后来想。

阿宝局长是一位英武深沉的康巴汉子，身材高大魁梧，人却极

结古寺。萨迦派寺院的外墙上都涂有象征文殊、观世音和金刚手菩萨的红、白、蓝三色条纹图案，十分醒目。

细心，考虑周全、举止得体。省旅游局在玉树工作期间，外出考察都是阿宝局长陪同。工作组的人跟阿宝局长很熟，亲切地叫他“阿局”。阿宝局长丰富的藏传佛教知识，和他对本民族文化由衷的热爱与忧思，令人印象深刻。

因为坐阿宝局长的车，我额外听了不少藏地传说和民俗风情，这是省局工作组那辆车上没有的“待遇”。我在心里庆幸，想一路上的辛苦终究有所回报了啊，而且是“现世报”呢。

我们一行人从宾馆出来，先去了结古寺。

结古镇不大，只有三条主要街道，呈“T”型聚拢到镇中央广场那座飞马塑像下面。结古寺座落在结古镇北面木塔梅玛山上，是全镇最高的建筑群。

结古寺藏语称“结古顿珠楞”，意为“众生义成大洲”。藏地的寺院都以“洲”字命名，取意佛法是不尽轮回、茫茫苦海中生命泅渡的绿洲。结古寺是青海最古老的寺院之一，公元前1世纪即已存在，最早是一座本教寺院，后改为佛教宁玛派和噶举派寺院。公元1398年，西藏萨迦派高僧当钦哇·嘉昂喜饶坚赞再次将其改宗，建为萨迦派寺院。

结古寺是青南和康巴地区萨迦派的主寺，历史上以建筑宏伟、文物丰富、多出高僧而闻名。1937年，九世班禅大师却吉尼玛返藏途中在此驻留，后圆寂在这里。

寺院1958年被关闭，“文革”中被毁，1980年恢复重建。

我们到达结古寺时，寺院里的喇嘛们正在大经堂诵经上课。从对开的红门望进去，耀眼的金黄色灯光下，包裹着锦绣唐卡的立柱间是一排排座榻，上面坐着众多身着袈裟的僧侣，正跟着一位领诵的堪布在修功课。门口的地上跪着老老少少几十名信徒，他们也在虔诚地聆听诵经。

阿宝局长找来寺院管家，向他介绍了省旅游局的官员，管家恭敬地将我们请进大经堂。在这之前，我们需要在大经堂外面脱去鞋子。

结古寺的大经堂十分宏大，可以容纳一千名僧侣。关于这间大经堂的选址，有一个传

诵经是寺院喇嘛日常生活十分重要的部分，他们希望藉此了悟生命的意义，铺就离苦得乐的成佛之路。

说：当年，萨迦派大堪布巴德秋君到结古镇准备修建一座经堂，碰巧遇见住在这里的一户牧民家的老阿妈正在挤牛奶。巴德秋君问老阿妈奶子多不多，阿妈回答："义成奶桶，奶如大海。"巴德秋君认为这是一个吉祥的预言，遂决定在此修建经堂。

——在藏地的风俗文化中，酸奶或牛奶是很吉祥的象征符号，由此可见这两样食物在藏族人生活中的重要角色。另外，在藏地，年纪大的阿妈的话也一向很被看重。这是人类原始的母性崇拜和尊重年长者智慧的生存哲学，在藏族民间文化中的形象体现。

我们沿大经堂侧面环绕而行。经堂左右两侧的墙壁上绘有金粉壁画，描述了释迦牟尼解脱成佛的十二形状图。经堂前面的供台上，供奉着观音菩萨、文殊菩萨、金刚持菩萨、莲花生大师和萨迦五祖像。

藏传佛教寺院都有自己的佛堂，供奉着该寺信奉的主要佛、菩萨以及护法神等。佛堂一般在大经堂的里间，比大经堂高出一些，两侧有***木梯***连接上下。木梯是最早的吐蕃赞普从天上下凡人间时的交通工具，在藏传佛教中有着崇高的象征意义。佛堂建得比经堂高，意为供奉的神祇高高在上、居于天界，而人们也希望通过木梯和上天沟通。

结古寺佛堂正中央供奉着铜制镀金的释迦牟尼佛，左边是过去佛燃灯佛，右边是未来佛弥勒佛。佛经上讲，释迦牟尼完成大转法轮的使命后，将由弥勒佛再次振兴佛教、弘扬佛法，引领众生脱度苦海。

阿宝局长为我们请了酥油灯盏，我随同大家给佛菩萨献上，然后捣着手拜了拜。阿宝局长在旁边观察我，待我们离开佛堂后悄声问我："你不信佛吗？"

我被阿局看出破绽，不好意思地笑了，如实"招供"，说："唔，我不信。"

——你知道，像我这样在内地都市长大的孩子，从小生活在水泥楼房里，没有机会接触土地，没有机会接触宗教，在学校接受科学教育，一般都是不信宗教的，也没有信仰。

后来，我到藏地走得多了，也许相信了神灵的存在，但还是不肯真的信佛。“信”一定是“依赖”，是将自己托付和请求护佑，而我不肯。我要握有对自己意志的控制力，不假手于人。

所以，在藏地寺院，出于入乡随俗或顺水推舟，我也是向佛行礼的；但那只是依葫芦画瓢而已，心里并没有真的祈求什么。也从不许愿。

我想，佛菩萨要关照那么多人够忙的了，我就不麻烦啦。

木　梯:

在藏地寺院，活佛通常住在山顶，禅房在楼上，从底层上楼的楼梯也是又窄又陡的木梯子。这些都是特别具有形式感和象征意义的传统。活佛每天走在木梯上面，想必会有神圣的庄严感和使命感油然而生吧。而对于来拜见活佛的信徒，则也一定体会得到诚惶诚恐的敬畏之情。

出到大经堂外面，我们往后山上去拜见寺院的活佛。路上阿宝局长向我们介绍结古寺的讲经院、大昭殿、弥勒殿等其他建筑。藏地大一些的寺院里都有讲经院，讲经院是藏传佛教延续宗教传统最重要的地方。

作为完整的宗教体系，藏传佛教由“为道”层面和“为学”层面两部分组成。“为道”即它的伦理准则和终极信仰；“为学”指它的工具理性和知识取向。在“为道”层面上，大乘佛教提出“八正道”、“三学”和“六度”的解脱之法。“八正道”指正见、正思维、正语、正业、正命、正精进、正念、正定。八正道又可归结为戒、定、慧“三学”，它是个人修习的全部内容的概括。藏传佛教在重视“八正道”和“三学”的基础上，更为看重的是“菩萨行”。

“菩萨行”即“六度波罗蜜多”，指布施、持戒、忍辱、精进、禅定、智慧，是指由生死此岸渡到达涅槃彼岸的六种途径和方法。“布施波罗蜜多”指信徒要用自己的智慧、体力去救助穷困者和满足索取者，要不惜自己的财产甚至生命慷慨地施舍众生、为众生献身。“持戒波罗蜜多”指信徒要严持止作两种戒法，借以防非止恶。“忍辱波罗蜜多”指忠于信仰，安于苦难和耻辱。“精进波罗蜜多”指在修善断恶、去染转净、普度众生的修行过程中，努力不懈、决不退转。“禅定波罗蜜多”指专为获得佛教智慧、功德、神通而修习所生的功夫，是佛教修行的重要方法。“智慧波罗蜜多”一方面指认识一切现象实相的能力，一方面指以随机应变、脱度世人的各种方便，教化众生。

藏传佛教“六度波罗蜜多”的修持方法，集中体现了其伦理道德观念。它以大慈大悲、济度众生为道德出发点，以自我克制、救助他人为行为准绳，以自利利他、普度众生为最终目的。它虽然是古代藏族社会对道德规范的一种理想化，却超越了时代与地域的界限区，产生广泛而深远的影响。

活佛很年轻，神情温和而宁静，又似乎有一层忧郁，但很坚定。

阿宝局长和寺院管家引我们来到东面山坡上一座独立的二层小楼。我们将要拜见的是丁巴活佛。活佛正在修习功课，管家要我们在门口稍候，待他进去通禀。

一会儿，管家撩起活佛禅房的门帘，弯腰请我们进去。

这是一间比较有现代风格的禅房，房间里用沙发和茶几替代了藏式的座榻和矮桌，桌上还摆着一只内地的瓷器瓶，茶几上有一盆盛开的三角梅，非常耀眼。

当然，这仍然是一间活佛的禅房，满屋充溢着浓郁的宗教气息，门旁边的博物架和书架里供着各种佛像和法器，墙上悬挂着佛、菩萨的唐卡和一些画像，他们或是活佛的前世、上师，或是这个教派特别敬奉的高僧大德，我不能一一认得。

丁巴活佛很年轻，只有二十五岁，温和、宁静，面容清瘦。阿宝局长提前为我们准备了哈达，以便我们敬给活佛。活佛在他的床边端坐，我们一一过去向他鞠躬行礼、献上哈达，活佛接受后再回赠过来，替我们戴在脖子上，并拿起一本经放在我们头上，手摇法铃为我们做了一段祈祷。

完后，我们按照寺院惯例，给了寺院管家一些钱。佛教强调供养和布施，这与金钱或劳务无关，是信徒修行的一种。活佛也表示感谢，又送给我们每人一缕黄色丝线编织的金刚结，和一个六七公分长、二指宽的纸函。我悄悄打开纸函看，里面是十数粒暗红色药丸，大小跟速效救心丸差不多，纸袋外正面印着藏文，背面是一行汉字：

以密集金刚寿福仪轨特以加持之殊胜寿福甘露丸

据说这些藏医虔诚炮制、经过活佛加持的法丸有特殊的功效，对养生保健非常有好处，还可以救急。我的一位内地朋友一次在藏地攀登雪山，中间突然身体衰竭，情急之中他拿出一位活佛赠予的法丸服下，居然度过生死一劫，奇迹般地好了过来。

11 活佛是怎样“修炼”成的

活佛转世是藏传佛教独有的宗教传承体系，是对世界宗教文化的“创造性”贡献。藏传佛教之所以千年来兴盛不衰，同它的活佛转世制度密切相关。

追溯活佛转世在藏地的形成和发展历史，得从藏传佛教噶举派创始人玛尔巴大师说起。

公元1012年，玛尔巴出生在西藏山南一户殷实富足的农牧主家庭。十二岁时，玛尔巴在附近寺院出家。玛尔巴天资聪颖，但性情执拗、刚烈，好与人争辩，所以一开始家里和寺院里的人并不喜欢他。但就是这种偏执古怪的性格，后来帮助玛尔巴成就了他的事业。

当时，西藏有一位从印度回来的佛经翻译家卓弥大师名声很大，玛尔巴给卓弥大师献上厚礼，请求给予灌顶和授记。但卓弥嫌玛尔巴供奉的东西太少没有答应，只同意教给他梵文和印度普通话翻译。

灌顶藏语叫做“旺”，意为“以水洒头顶”和“授予神力”，是佛教中上师向弟子传授密法时必不可少的重要仪式。藏族信徒相信，通过灌顶这种仪式，某种神通力会进入他们的身体，使获得祛除身心烦恼和垢秽的能力，引出本来具足的自性清净心。另外，按藏传佛教传统，修持者必须得到上师的灌顶，才可以开始某种层次的修行，允许以特殊的方式祈求坛场中的神。

在藏地，活佛的角色有着全方位的涵盖，从精神世界的领袖到世俗生活的智者，无所不及、无所不能。这与藏地历史上由来已久的“政教合一”的社会制度有关，也是这块特殊的土地上特有的生存境遇催生出的必然。

所以，你可以想象，当卓弥大师拒绝了玛尔巴的请求，玛尔巴会有多么的失望。但为了求法，玛尔巴还是忍耐着留在了卓弥大师身边。

三年后，玛尔巴又给卓弥献上供奉，请求为他灌顶，却仍遭拒绝。一气之下，玛尔巴决心亲自去印度求法。玛尔巴不顾父母家人反对，变卖了属于他的那一份家产，带着兑换的十八两黄金上路了。

路上，玛尔巴遇到另一位从后藏去印度求法的于姓僧人，两人结伴而行。

玛尔巴他们越过喜马拉雅山，走出亚东河谷，在尼泊尔暑热潮湿蚊虫滋扰的山林里徒步行走了好几个月。这一天，玛尔巴和于姓僧人来到一条不知名的山沟，正巧遇上一群尼泊尔僧侣在听一位上师传授密法。他们也挤进人群，迫不及待地听起来。上师在法台上发

追求信仰的道路总是艰难曲折的，充满危险、无限寂寞。

现了玛尔巴和他的同伴，询问他们是否获得了灌顶，因为在佛教仪轨中，没有经过灌顶偷听密法是有罪过的。台下的僧侣中有人讥笑，说：

“不用管他们，藏族人蠢笨如牛，听不懂我们尼泊尔语。”

玛尔巴确实不懂尼语，但他的同伴懂得。于姓僧人觉得受到侮辱非常生气，就不再听法，念起咒语来，希望教训一下这些狂妄的尼泊尔僧人。第二天，玛尔巴提议再去听法，同伴却因为自尊心受辱而不肯去。两人就此分开，于姓僧人继续前往印度，玛尔巴自己去听法，——虽然他当时连一个尼语单词都不懂。

恰恰在这次听法中，玛尔巴遇到了他要寻找的印度佛教大师那若巴的弟子，终得法缘，受到引荐，成为那若巴大师的门徒。

玛尔巴在那若巴大师处学习了两年密法。这一天，他恰巧与之前同来的于姓僧人相遇，两人遂用辩经的方式交流起彼此学习的心得。于姓僧人是一个不肯刻苦的人，他这两年并

藏地的寺院都以"洲"字命名，取意佛法是不尽轮回、茫茫苦海中生命泅渡的绿洲。

没有学到什么东西，辩论不过玛尔巴。他又心胸狭隘和善于嫉妒，便故意刺激玛尔巴，说他学的密法在西藏已经盛传，他应该去学一门更好的密法。

两人分手后，玛尔巴匆匆赶到那若巴住处，请求上师给他传法。那若巴给玛尔巴写了一封引荐信，要他去拜智藏大师为师。在智藏大师处，大师向玛尔巴传授了集密金刚法，之后又将事、行、瑜伽三部的仪轨和全部的实修方法都教给了他。两年后，玛尔巴学成离开了智藏大师。

返回的路上，玛尔巴与于姓僧人再次相遇。两人谈起这两年的学习情况，相互辩论，于姓僧人又一次输掉。于姓僧人便嘲讽刺激玛尔巴，说他刚刚学的密法在西藏也早已弘传，现在应该求的是另一种摩诃麻耶法。于姓僧人讲了一大通摩诃麻耶法的词语，玛尔巴无言以

对。

回到那若巴大师处，玛尔巴将这件事告诉了自己的上师。那若巴大师了解这个弟子，知道他是一个极为刻苦和勤奋的人，但性格执著、固执，对于佛教密法学习有着疯狂的热情。那若巴于是告诉玛尔巴，要他到毒海洲去找摩诃麻耶瑜伽密法的主宰者古古热巴大师。

在古代，一些法力高强、道行深厚的大师常常性情古怪，喜欢独自住在地形危险复杂、有神鬼怪物护守的地方，一般人都不敢接近。古古热巴就是这样一位大师，但为了求法，玛尔巴毅然上路。

玛尔巴经过狂风暴雨的尸林，毒蛇出没的荒岛，猛兽霸占的森林，瘴气弥漫的沼泽，历经千难万险九死一生，终于来到毒海洲。在毒海洲的一棵树下，玛尔巴见到一个浑身长毛、面容丑怪，像一只猩猩的怪物，他先是吓得要命，后来想起那若巴大师告诉他古古热巴大师就是这个长相，叫他不可心有疑惑，玛尔巴才镇定下来。

"怪物"果然是古古热巴大师，他先戏弄了一番玛尔巴，又将他的上师那若巴挖苦了一顿。玛尔巴正不知所措，古古热巴大师哈哈大笑，告诉玛尔巴他其实跟那若巴大师十分要好，两人互相敬佩，常常互传密法，对弟子也不例外、毫无保留。

——相比较后来戒律严格、尊卑有序的宗教体系，和端庄严肃、高高在上的大德高僧，我个人更向往古时候的风尚。那时，智慧博学、密法高深的大师们，每一个人都又有本事又有个性，生动而富有人情味，彼此之间没有门派芥蒂，令人敬佩。

玛尔巴于是留在古古热巴大师身边，顺利获得了摩诃麻耶法。

从毒海洲学成密法，玛尔巴回到那若巴大师处。不久，玛尔巴听说于姓僧人在那烂陀寺，就赶去见自己的这位同胞。两人又辩论起这几年各自所学的密法，玛尔巴依然获胜，于姓僧人很羞愧，问玛尔巴传授他密法的导师是谁。玛尔巴说出古古热巴的名字，于姓僧人却因为他住在危险的毒海洲，不敢前往求学。

于姓僧人在印度始终一无所获，他最后返回西藏，只是做了一名译师而已，人们称为"于译师"。于译师频频给玛尔巴出难题，却激励了玛尔巴不断上进，终获成就。

玛尔巴一生共有十三位上师（那若巴是他的根本上师），他求得了许多高深密法，是藏地最有学问的密宗大师。

玛尔巴在尼泊尔印度一共求学求法了十二年，最后在麦哲巴大

夺舍秘法：

藏语称"破瓦仲居"。"破瓦"意为"转移"或"迁移"，藏传佛教习惯译作"往生"；"仲居"按藏传佛教的习惯翻译，称为"夺舍"。"破瓦仲居"即将一种身体的心识迁移到另一个身体上，或者从一个地方转移到另一个地方，进入到一种由修法者自主选择决定的转世状态，所以又称"转识法"。

师山顶的密室闭关修练，终于获得殊胜的证悟。麦哲巴大师是瑜伽密宗最顶级“大手印法”的成就者，他住在一座如火焰燃烧般炎热的山顶寺庙中，通往山顶的道路异常艰险，没有人敢去。为了求法，玛尔巴不畏艰险，承受了常人难以想象的艰辛，终于登上像在火盆中一样的山顶小寺。

玛尔巴具足的法缘和决心与毅力深深打动了麦哲巴大师。麦哲巴大师在菩提树下为玛尔巴进行了秘密灌顶，将大手印法及其他有关密法全部传授给了玛尔巴，并指导他到山顶的一间静室中去闭关修行。

这一天，麦哲巴大师准时打开密室的小门。玛尔巴钻出密室，他揉着眼睛，等了好一会儿才习惯了室外明丽灿烂的光线。玛尔巴听到一阵清脆的鸟鸣声，他循声望去，看见寺院莲池里盛开的一朵朵白莲。玛尔巴记得自己三年前进密室闭关时，莲池里也是这个样子。

“时间过得真快啊!”玛尔巴不禁感叹，心中升起无比的幸福之感。

从印度回到藏地，玛尔巴创立了藏传佛教历史上著名的噶举派。玛尔巴后来又两次重返印度学法，带回许多密法和佛经典籍。玛尔巴第三次去印度求得的密法中，就有著名的“**夺**

藏族人相信，为了救度雪域众生，慈悲的佛、菩萨们总是乘愿而来，特别化现，一代代驻留在人间。

舍秘法”。

最初，玛尔巴大师把夺舍秘法传给自己的儿子达玛多德。不久，达玛多德在一次外出骑马时不幸落马坠地，头盖骨被摔成了八块。所幸达玛多德临死前用夺舍秘法把自己的灵魂迁入了一只死鸽子的体内，从而获得了永生。

之后，玛尔巴又将这一秘法传给了弟子促敦旺额。从此，夺舍秘法在藏地流传了下来。

噶举派的祖师是玛尔巴，中经米拉日巴和达波拉杰两代，传承到第四代杜松钦巴时，他创立了噶举派一个重要的支派噶玛噶举。噶玛噶举内部又分为红、黑帽二系，以黑帽系最有影响。

噶玛拔希是杜松钦巴的弟子，黑帽系噶玛噶举派第二代传人。公元1283年，噶玛拔希预感到自己将要圆寂，他对周围人说他不久还会回来，并吩咐:“将我的身躯停放七天，不要动。”

噶玛拔希在涅槃的瞬间，化为彩虹前往天界，得到众天神献上的大供养，历时七天。第八天，噶玛拔希回到噶玛噶举派主寺山南的楚布寺，准备用夺舍法复生时，却发现自己的遗体已经被弟子们火化，楚布河谷充满了哭声。看到如此情形，噶玛拔希伤心得昏迷了过去。

过了好久，噶玛拔希逐渐苏醒，他随后去寻找别的尸体以转生。

噶玛拔希先在堆龙帕仓找到一具完整无损的刚满三岁的男孩尸体，他用夺舍法将自己的灵识迁移到尸体里，死去小孩的眼珠就忽然转动了起来。男孩的母亲看到这种奇怪的现象十分害怕，以为是凶恶的征兆，急忙从炉灶中抓了一把灰烬撒在儿子的眼睛上，又用银针把它刺破挑了出来，再安放到脸上。

没有了眼睛，噶玛拔希只得把自己的灵识从男孩的尸体中迁出来。

噶玛拔希接着寻找了半天，只找到一只生了虫子的死斑鸠，他大为灰心。这时，噶玛拔希受到二十五空行母的指引，要他再度转世为人，以利众生。按照空行母的授记，噶玛拔希将自己的灵识迁移到后藏贡塘攘迥多吉母亲的胎中。

公元1284年，藏历阳木猴年一月八日，藏地第一位转世活佛诞生了。

攘迥多吉出生后显示了诸多神迹，可以说出许多噶玛拔希在世时的情形。三岁时，攘迥多吉被认定为噶玛拔希的转世，成为噶玛

三身说：

藏传佛教认为佛有四身：一是自性身，指破除二障后的如来法性，或称光明佛心；二是智慧法身，指佛的智慧、神通、法体；三是功德报身，指佛有色相的庄严体；四是变化身，是佛化现的渡众相。四身中的自性身和法身，人的肉眼看不到，有时只讲法身，即成“三身说”。

噶举派黑帽系的第三代教主。成为教主后，攘迥多吉还曾派人到堆龙的帕仓找到那对当初失去了三岁儿子的夫妇。攘迥多吉把他们请来楚布寺，笑着对男孩的母亲说：

“你把我的眼睛怎么安放的？它们没有放到眼眶里，而是掉在了地上。”

尽管如此，攘迥多吉仍觉得自己和这对夫妇很有缘分，赐给了他们一头母犏牛。

公元1339年，攘迥多吉在元朝都城圆寂。在此之前，攘迥多吉留下遗言，说明他的转世的名字、出生地和父母的名字。这个人就是后来出生在西藏昌都、被藏族人称为“游戏金刚”的乳必多吉。

自此，噶玛噶举派黑帽系开始在教派内实行活佛转世制度。后来，这种传统被其他教派效仿，活佛转世体系遂在藏地流行开来。

一般来说，藏地以外的研究者喜欢将活佛转世解释为宗教集团为了寺院权力、财产的继承，和维护在信徒中的威望而实行的一种策略性方式。但在绝大多数藏地信徒心目中，他们无比虔诚地认为这是佛、菩萨为了救度雪域众生，特别化身为活佛，并通过转世一次次地驻留人间。

将这一理念播种到藏地民众心中的重要人物，是后来的五世达赖喇嘛阿旺罗桑嘉措。阿旺罗桑嘉措利用佛教“***三身说***”理论，将藏地活佛转世的习俗又往前推进了一步，大胆宣称自己是观世音菩萨的化身，为活佛转世赋予了至高无上的神圣色彩。

这又是距噶玛拔希第一次在藏地转世四百年以后的故事了。

经过近千年的发展完善，藏传佛教活佛转世传统形成了相当复杂、缜密的理论体系与仪轨操作。藏地到底有多少位活佛似难有定数，有的寺院有一二位至数位，有的寺院十数位数十位不等。这其中，以格鲁派寺院的活佛为多。

历史上，世事变幻、沧海桑田，经过无数天灾人祸、绵延战乱、宗教争斗、改朝换代，活佛的命运也不是都能够自己把握的，有一些活佛转世系统在经过若干代之后销声匿迹，或因政治权利斗争被迫终止。笃信佛教的藏族人继续运用他们善于想象和思辨的智慧，为这一现象解释，说是这些佛、菩萨认为自己在这一地的教化任务已经完成，或需要暂时中断，遂离开去往了他处。

同时，藏族人也虔诚地期盼新的活佛出现，那表明又有佛、菩萨降临雪域高原。

12 我不想保留那条哈达

结束了拜访活佛，我们往山下走。我有一件事一直难以启齿，最终还是说了出来。我摘下脖子上丁巴活佛还赠的哈达，问阿宝局长如果我不想保留它该怎么办?

阿宝局长感到意外，问我缘由，我说多年来我经常一个人四处走，养成了简单的旅行习惯，不想占有物质。

“一条哈达并不沉啊。”阿局说。我说是的，“可是，”我说，“这一路上我还会收到很多哈达，多了我就受不了了。”

阿宝局长说活佛赐予的哈达是很珍贵、吉祥的。我说我知道，“可是佛教不是讲‘无分别’吗，”我说，“我不能因为这条哈达是活佛送的我就收藏，别的哈达是牧民送的我就扔掉啊，要收就都收，不然就都不收。”

“你信佛吗?”阿宝局长忽然问我。

“不信。”我说。之前在寺院佛堂敬供时，阿宝局长已经知道我不信佛了，这会儿想是忘了，或者又要确认。我笑说:

“我要是信佛，怎还会不保留哈达呢。”

“你为什么不信呢?”阿宝局长试图跟我探讨。

这是在藏地我常常被问到的问题。藏族人总是怜悯地看着我这样不信佛的内地人，觉得我们没有精神支柱很可怜；就像我总是心疼他们动不动就把财产捐给寺院，想他们要是多留一些给自己该多好。

宗教是一种信仰，无神论也是一种信仰，相信有神但不信神同样是一种信仰。我不信佛是经过思考的，有理由的。首先，我不觉得人生有多么“苦”。我很健康，健康得不得了，小时候常常希望生病可以不上学却不能够。我生活安逸、物质丰富，欲望不算很多，基本都可以满足，——个别不能满足的，比如“爱别离”，我也不会为了避免受苦而不去爱。我还是会爱，贪恋其中的快乐。

而且，我不怕“死”。我之前在医学院工作，从事生命科学研究。我的职业让我在最本质层面了解了生命的有限和人的必死无疑。人们对死亡的恐惧是这一生最难逾越的障碍，宗教的终极价值就在于向人们提供抵御恐惧的力量，这是人们信奉它们的根本缘由。但我不惧怕死亡。在我看，人们对生的努力如同春播夏作，而死亡是秋后的颗粒归仓。

如果我不介意生死，那宗教对我还有什么意义呢。

我跟阿宝局长开玩笑，说我这样已经是“脱度”了不是吗？我说：“我已经‘常、乐、我、净’了，不需要再信佛修行。”

“那么，你为什么还这样一趟趟不辞辛苦来藏地呢？”阿局反问。

这也是我常被问到的问题，只是问这问题的大多是我的内地朋友。我告诉阿局，我来藏地是想亲近这里、亲近美好的事物，尽量多地保留些记忆。我说：

“藏地不是讲究轮回嘛，在来世里，人只有前世的记忆和智慧的证量可以保留下来，成为所谓‘天分’；别的物质的东西都带不走、没有用，所以人在活着的时候要尽量多地经历，多读书、多思考，为来世积攒一个好的福德。”

阿宝局长惊讶地问：“哦呀！这是谁告诉你的？”

我说我自己想出来的，我用了一个佛教术语，说：“我自己证悟到的。”

阿局很认真地看着我，说：“你真的应该修佛啊，你的根器很好。”

我笑了，说：“是啊，还有人说我是‘绿度母’呢！”

那是我刚来玉树的第二天，早上，我转过嘎哇山回到镇上，一个人在飞马集市上溜达。中间，我感到了饿，便去到广场中央一家叫做“风马藏餐吧”的酒吧。我注意到这间酒吧，是因为从街上看，它有着做工华丽的康区风格的木雕窗户，和漂亮的风马式样的流苏棂帐。

吉祥八宝：

藏语称“扎西达杰”，包括法轮、海螺、华盖、宝幢、莲花、金瓶、双鱼、吉祥结。它们既有宗教的神圣寓意，又有世俗的温暖与生趣，是藏地民间最常见的宗教文化符号。

法轮：来自古代印度。轮子原是一种武器，很有威力，后为佛教借用，寓意大法圆转、万事不息。

海螺：佛经载，释迦牟尼说法时声音洪亮，如海螺之音回荡不息。藏传佛教法会仪式上常吹鸣海螺，寓意佛祖的声音远扬三千世界。

华盖：古印度时的一种仪仗器具。佛教以伞象征遮蔽魔障、守护佛法，也寓意佛陀教诲的权威至高无上。

宝幢：在古印度是一种军旗，藏传佛教用它比喻十一种烦恼的对治力，寓意佛教乃解脱烦恼孽根，觉悟修成正果之法。

莲花：莲花出污泥而不染，至清至纯。藏传佛教认为莲花象征着修行的最终目标，出自浊世、清净无染。

金瓶：藏传佛教寺院经台上置金瓶，内装甘露水和宝石，插孔雀翎或珊瑚树，寓意吉祥清净、福智圆满、见空无漏、永生不死。

双鱼：常为雌雄一对金鱼。比喻坚强活泼、自由豁达而得解脱的修行者，如鱼行水中畅通无碍，寓意复苏、永生、再生。

吉祥结：最初象征是爱情和献身，后也比喻只要跟随佛陀，就有能力获得智慧和觉悟，寓意回环贯彻、一切通明。

我兴冲冲上到二楼，刚撩开餐吧缝着**吉祥八宝**的蓝白色棉布门帘，一个男人的影子便轰然压到我的身上。

我十分不爽。谁会高兴刚到一个陌生的地方，便被一个陌生男人的影子重重压住身体呢，且这个男人看上去是那样的孤傲和冷漠，虽然他称得上英俊。

我向左挪了一步甩掉门帘，把那人的影子从我身上推开，走到和他相隔遥远的另一张桌前坐下，——但我选择了和他相向的方向。

我们都临着窗，从窗口望出去，可以看见镇子中心那座有着火焰身的飞马雕像，和它下面熙熙攘攘的人群。

我点了一份糌粑和一壶酥油茶。酥油茶是用热水瓶装的，分五磅和八磅两种，我要了一瓶五磅的。这时，刚才那个在我进门时把他的影子压到我身上的康巴男人走过来，冲我摊开双手鞠躬致意，又将双手交叉叠在胸前，恭敬地说：

"啊，我的绿度母！我终于等到你了！"

我吃了一惊，说您认错人了吧。康巴男人说没有，他说他从囊谦来，在这里等我很久了。我警惕地说："我们以前见过面吗？"康巴男人认真地点头，说：

"见过，你在我的梦里出现过。"

我就笑了，判断这是一桩无聊的搭讪调情案。

康巴男人是世界上最冲动的男人，他们融汇了法兰西男人的浪漫和意大利男人的性感，兼有德意志男人的刚强和西班牙男人的勇敢，一般来说，他们是情场上的高手。眼前这个康巴男人身材高大英武、神情沉稳镇定，眉眼间又不知哪里散发着一股淡淡的忧郁，合起来确实比较迷人。

——但这不能成为他随便出击的理由和百战百胜的保证，我这样认为。

我克制着尽量保持礼貌，对康巴男人说他一定是认错了人。我说我是一个外乡人，搭了顺车过来，——昨天还差点儿来不了呢。我说我之前没有来过玉树，跟这里没有任何关系。

康巴男人却不识趣，固执地说他等的就是我。康巴男人说我是绿度母的化身，许多年前一位大德的活佛将一支绿度母经咒传授给他，要他在将来的这个时候再传给我，所以他要为我灌顶！

说实话，这些年我在藏地旅行，听到见到的神奇故事可算是够多了，但这么离谱的事我还头一次遇到。我们很快成

在来世里，人只有前世的记忆和智慧的证量可以保留下来。所以，人在活着的时候一定要尽量多地经历，要多读书、多行走、多思考、多做事，为来世积攒一份好的福德。

了餐吧里的焦点，周围好些闲坐的康巴男人都把目光投向这里。我必须尽快结束这个场面，我用最大的耐心冲面前这个迷人的康巴男人挤出一个笑容，说：

“我说，您的那位上师没告诉您吗，我是不信教的！”

我相信这是一句很狠的话，因为在藏传佛教的仪轨里，不信教就不算皈依，而没有皈依是不可能接受灌顶的！

康巴男人戳在我面前，完全地无所适从。他脸上忧郁的神情更加浓重了。

话说回到我的哈达。我对阿宝局长说见面互赠哈达是一种礼貌和表达感情的行为，活佛对我的祝福我也心领，但过后我就不知该怎样处理它们了。我说：“我不信佛，对这东西的感情肯定没有你们深，以往我带回内地的哈达，有的脏了或是破了我会扔掉，但我觉得这样做不妥，是对法物的‘不当处置’。”

“那样做确实是‘不当处置’，是有罪过的。” 阿宝局长说，“你如果不想保存，可以把它们转赠给其他人。”

“我并不想那样做，”我说，“我不是诚心想转赠的，只是想丢‘包袱’而已，那样本身就不敬。而且，我也不能肯定其他人是不是也会对这哈达‘处置不当’，要是那样就更不好了。我还是那个意思，无论谁送我哈达，我得到时心里是感激的，我想这就足够了。我希望把它还给寺院，也许经过加持还能再利用，那样也是一种资源节省，否则太浪费了。”

大约我的这句话叫阿宝局长理解了我。阿局说难怪之前拜见丁巴活佛时，同来的人都请

藏传佛教仪轨中，不信教就不算皈依，而没有皈依是不可能接受灌顶的。

活佛在哈达上签名，只有我没有。我说是的，我不想玷污活佛名号的神圣。阿局表示赞许，他接过我的哈达，到大经堂里跟管家说了一阵儿，然后空手出来了。

我向阿宝局长致谢，阿局说："你知道哈达的来历吗？"

我说不知道。"但我愿意听，"我说。

相传，很久以前，释迦牟尼到雪域来传经布道。这里的国王把自己的半壁江山和一半财富都献给了佛祖。王公大臣和当地富豪也竞相效仿，纷纷把最贵重的宝物拿出来献给佛祖。面对堆积成山的金银财宝，佛祖却不为所动，没有接受他们最慷慨的馈赠。

这地方住有一对母子，他们非常贫穷，说起家财只有一件穿破了的白布衬衫。听说佛祖亲临，母亲就把衬衫的白布条撕开来，用了七天七夜缝成了一件袈裟。他们把袈裟浸在最干净的河里漂洗了七天七夜，洗得洁白无瑕。

这一天，母子俩怀着最虔诚的心，带着吉祥的祝福，昼夜兼程赶了七天七夜的路，把用白布条缝成的袈裟献给了释迦牟尼。佛祖万分高兴，庄重地收下了这份礼物，说：

"这是有史以来最为贵重、最为吉祥的礼物！"

万能全知的佛祖最清楚，这件白布条袈裟是母子俩一生所积累的全部财富，是纯朴善良的母子献给佛祖的无价之宝。母子俩受佛祖的加持和祝福，使自己的积德行善和虔诚之心有了丰厚的回报，过上了幸福的生活。

后来，母子俩献给佛祖的觐见礼演化成藏族人敬献哈达的习俗。因为有了佛祖的开示，哈达代表着最吉祥的祝福、最尊贵的礼节、最纯洁的心灵，是雪域藏地最贵重的礼物。

我听后颇为感动，对阿局说要是他先跟我讲这个故事，我可能就留下那条哈达了。"不，"阿局说，"我倒觉得你的心意和这个故事里的那一对母子很像呢。"

受到"表扬"，我心里很高兴，一时脸上笑逐颜开。

"你的悟性很好、法缘甚深，你不应该浪费你的智慧资粮，你如果学佛一定能有很好的成就。"阿局又劝我。

虽然不信佛，在藏地看到这样层叠如雪的哈达，还是会怦然心动，感动得无以复加。

“是吗，”我笑着应承，并不特别在意。

我后来依然不保留哈达。但因为知道了哈达的传说，敬献或接受时我会比以前更感到了彼此的诚心和祝福。

我依然不轻易占有物质。后来，玉树州旅游局给省旅游局工作组一人一份礼物，是用珍贵的白色羊脂玉石雕刻的玛尼石，我也沾光得到一份。玛尼石有男人两个手掌那么大，装嵌在黄色丝绒衬底的檀香木玻璃盒里，据说请了不止一位活佛为其加持，极有价值。但我拿到手里总觉得不踏实，想这东西太贵重了，我跟它的缘分还到不了。

我想我必须送走它，也算给自己一个“功课”，力行“破持”。

我后来在玉树得到过一些东西，——有的还是我偷的，但我愿意说“请”。它们说起来都十分微不足道，放在那儿是非常没有价值的东西。只因为跟我有缘分，我则视为珍宝。

13 谁能做首裂千瓣的菩萨

离开结古寺，我们驱车前往嘉那玛尼城。

嘉那玛尼城在结古镇东 9 公里的新寨村，由结古寺创建人之一第一世嘉那活佛创建。

嘉那活佛是西藏昌都人，少时剃度出家，后来去拉萨、印度等佛教圣地朝圣和求法，也曾到过内地，在五台山和峨眉山修行达二十多年，对汉文化十分熟悉。一次，嘉那活佛在观想中见到观音菩萨显身，观音菩萨告诉他：

“你的弘法事业在金水河畔一个埋有玛尼圣石的地方。”

嘉那活佛于是结束在内地的云游修行，回到藏地。嘉那活佛走到玉树时正值夏天，通天河汹涌澎湃、河面宽阔，在太阳底下金光闪闪。嘉那活佛相信这便是观音菩萨指示给他的弘法之地，便驻留下来，在附近的地方寻找菩萨预言的圣地的具体位置。

一天，嘉那活佛来到新寨村，看见一道彩虹映现在前面山坡上。他随即上到山顶，看到现在玛尼城的地方显见出一座观音菩萨的坛城。这时，一个牧羊的孩子拿来一小罐酸奶献给嘉那活佛。嘉那活佛认为这是一个吉祥的征兆，遂确信菩萨预言他弘法的圣地就在这里。

于是，嘉那活佛在山上盖了一间房子，在里面闭关修行了二十五年。

二十五年后，嘉那活佛从封闭的密室中走出。他已练成无上密

年轻的刻经人。在藏族人看来，刻经是一件十分有功德的事。

法，用瑜伽功从山上飞到新寨村当年显现观世音坛城的地方，指导村民从地下挖出了菩萨预言的一块自然显现着六字真言的玛尼石。

当人们把这块玛尼石供放在祭台上，天上顿时雷声隆隆、花雨纷纷，接着彩虹当空、祥瑞纷呈。新寨村的男女老少喜悦之极，情不自禁地载歌载舞。嘉那活佛也很高兴，他以朦胧的诗意，如醉如幻、庄严起舞，即兴创编了一百多种舞蹈。当地人称这些舞蹈为"多顶求卓"，这便是闻名遐迩的"玉树卓舞"的起源。

这一天是公元1715年12月8日。它后来成了嘉那玛尼城的节日，称为"嘉那帮群"。

之后，嘉那活佛以刻凿玛尼石度过了余生，最后圆寂在新寨村。

藏族信徒为了纪念大师，积累福德，在三百年间持续不断地刻凿玛尼石，遂形成后来的嘉那玛尼城。解放初期，嘉那玛尼城形成东西长450米、南北宽100米、高3米的巨大规模，有六字真言石刻二十三亿块，以及石刻的长寿经、普贤经、度母经、莲花生去难经、白伞经、忏悔经、解脱经等几百种经文，和大藏经《甘珠尔》两套，共约二十五亿块玛尼石。

这些石刻经文出自不同年代和不同僧侣信众之手，经文字体和佛像神态风格各异，各有虔诚心意加持，实在是一座举世无双的佛经石刻艺术图书馆，堪称"世界第一大玛尼城"。

"唵 嘛 呢 叭 咪 吽"，有藏族人的地方就有六字真言。

六字真言是藏族人最常诵念的陀罗尼。"陀罗尼"是梵语，意为"咒"，指佛或菩萨从禅定中所发的种子密言，又称"密咒"。密咒的特点是以少文少义摄多文多义，信徒只要依音念诵，自然功力

"唵 嘛 呢 叭 咪 吽"，有藏族人的地方就有六字真言。

殊胜。六字真言为观音菩萨的根本咒，是观世音以无限大慈悲心从五方佛土为六道众生请来的无上密咒，简称"玛尼"。

藏族人特别重视对观世音的信仰。在藏传佛教的理念中，佛教流行区域都由某位佛或菩萨亲自调伏、度化。印度是由佛陀亲自调伏；乌仗那国由金刚手调伏；香巴拉国由愤怒明王调伏；汉地由文殊菩萨调伏；而雪域藏地，则是大慈大悲的观世音菩萨的度化之地。

相传，远古时代，一天，圣者观世音巡游来到南瞻部洲。在喜马拉雅山顶上，观音菩萨面朝北方，通过日夜六时的观察，他发现雪域高原是世界上最蛮荒的一个地方。这里佛陀未曾到过，佛光未曾照耀，茫茫大地如同地狱铁桶一般，没有佛法、没有人类，众生还够不上教化的对象。菩萨于是度化了一只猕猴，那只猴子后来与罗刹女结合，藏地遂有了最初的人类。

过了一些世代，观世音又来到雪域。菩萨发现，三界六道的众生仍然愚痴为性、顽固难教。菩萨见状十分难过，萌生大慈悲心，遂发愿超度雪域众生脱离苦海，如若不能，就让自己"首裂千瓣"！

菩萨发愿都是很认真的，没有戏言。

这样，又过了很多世代，观世音再次来到藏地。菩萨看到这里的众生非但没有得到解脱，恶趣道中反而又添了许多畜生饿鬼，地狱里的生灵比以前更加拥挤，它们呼天抢地、挣扎哭嚎、备受煎熬。菩萨一时有些灰心。就在这一刹那，观音之前立下的誓言立即应验，他整个身体轰地粉身碎骨、裂成千瓣！

观音疼得大叫，痛苦难忍，急急向上师阿弥陀佛求救。阿弥陀佛爱惜子弟，予以施法加持，遂将观世音变为千手千眼菩萨。得救后，观音菩萨感慨万端，来到众佛菩萨面前，毅然再许下大愿，发誓要度尽六道轮回里的一切有情，如若不然，绝不成佛！

这是一个后果十分严重的承诺。原本，菩萨和佛只有一步之遥，"菩萨"是梵文"菩提

十一面观音像。在藏传佛教的理念中，藏地是大慈大悲的观音菩萨的度化地，是雪域众生的守护神。

萨陀”的简称，意为“求觉悟之人”，是对成道以前的佛陀的称呼。观世音的一句誓言，竟改变了菩萨们的命运。据此，大乘佛教将菩萨重新定义为：“具足自利利他大愿，求大菩提，利有情者。”菩萨以运载无量众生从生死大河之此岸到达菩提涅槃的彼岸为己任，上求佛道、下化众生，把深入世间、救苦救难、普度一切有情作为自己成佛的“前提条件”。

这种寓自我解脱于普度众生中的饯行，就是所谓的“菩萨行”。

可是，你想想，这世界上只要有一人未脱度生死，菩萨就不能成就正果，要为他们勤奋修持，那将是怎样辛苦而无望的事情啊！

六字真言是最早传入藏地的佛法之一。吐蕃第二十七代赞普拉托托日年赞时代，从天上降下的“佛法四宝”中就有一卷《玛尼陀罗咒》，即观世音六字真言的密咒经。

关于六字真言的神奇法力，在藏地有很多故事。相传，五世达赖主政藏地时，有一阵儿他连续数月夜间观见到观世音菩萨在布达拉宫外环绕。五世达赖十分喜悦，出宫门而视，见一老妪在月下虔诚地围着宫殿转经持诵。五世达赖问老妪：

“老妈妈，您诵的是什么？”

老妪答曰：“观世音菩萨六字真言。”

五世达赖喇嘛仔细聆听老妪的诵念后说：“老妈妈，您的发音有些不准。”达赖遂传授给了正确的发音。次日夜里，达赖于禅定中观看，却只有老妪在转经，不见了观音菩萨。达赖甚为惊诧，立即出宫再度观视，并询问老妪。

老妪说：“以前我持诵明咒，心里能够想到观音菩萨；现在持诵明咒，老惦记佛爷教给我的发音，惟恐诵念有错误而坠入地狱。”

五世达赖喇嘛顿然醒悟，连忙冲老妪合掌深拜，说:“老妈妈，请您不要按我教的发音、仍照您以往的方法诵念吧，您的功德已经是无量无边了！”

于是，在当夜，五世达赖喇嘛又观见到了观音菩萨，直至老妪离去……。

这真是一个动人的传说呢。你可以想象那个情景：在清凉有云的夜晚，月光将布达拉宫的白墙镀上了一层闪烁的银色，在巍峨的高墙之下，一个藏族老妪佝偻着严重弯曲的脊背，一手摇动转经筒，一手捻动如练佛珠，虔诚而执著地一圈圈转经，口诵真言。

她的身影投在一样如银的地上，一会儿拉长，一会儿缩短，彻夜这样。

老阿妈的身影投在布达拉宫外的转经路上，一会儿拉长，一会儿缩短，彻夜这样。

14 "我想那是真的!"

在藏族人心目中，嘉那玛尼城是一个无上圣地，每天都有从藏区各地来的朝圣者。特别是每年的12月8日，据说这一天转玛尼积攒的功德是平时的二十倍。

原先的嘉那玛尼城在"文革"中被毁，现在的玛尼城是1986年重新开放后，当地藏民和其他藏区信众再又恢复修建起来的。除了人们不断凿刻的新的玛尼石，当地民众也回收了不少之前玛尼城的玛尼石，它们在"文革"中被当作石料筑路修河坝或建房用了，现在又被人们从各处找回来。我去时，恰巧看见一辆东风卡车载了满满一车斗玛尼石过来。

藏族人相信，这些历经了千万磨难的玛尼石是最有灵性和护佑法力的。为了给众生祈福，也为了替当年毁坏玛尼城造下罪孽的人赎罪，这里的人宁可拆除路桥和房子，也要请回过去信徒诚心敬奉的玛尼石。

经过近二十年的积累，嘉那玛尼城又成为一座东西长300米、南北宽80米、高2.5米的巨大玛尼城池，有玛尼石刻和其他经文石刻二十多亿块。这个数字被《吉尼斯世界记录》认证收录，并获得证书。

嘉那玛尼城正面中央是一间佛堂。佛堂很大，非常简单、朴素，

嘉那玛尼城。在藏族人心目中，嘉那玛尼城是一个无上的圣地。

甚至有些凄冷和空落。经堂里青色石板铺地，房子中间没有立柱，立柱移到了四周，上面裸露着没有包唐卡，像是一圈回廊，使房间的净空显得很高。佛堂房顶呈斗形向上，收到一眼阔大的天窗里。雪白的光从天窗射进来，在幽暗、清凉的空间里投下一束光亮。

光亮中有一个半人高的供台，它是空阔的佛堂里惟一夺人眼目的地方。供台上面供奉着嘉那玛尼城的第一块石头，即当年嘉那活佛从地下挖出的那块自显玛尼石。自显玛尼石为长圆形，通体呈乌金石的颜色，闪着凝重深沉的光芒。玛尼石上的“六字真言”为阴线图案，字迹清晰、笔划流畅，石头周围披着白色哈达，面前供奉有酥油灯、圣水和朵玛。

自显玛尼石旁边另有两块乌金石，上面分别印着一只左手印和一个右脚印。手印和脚印陷进石头很深，连纹路都清晰可辨。相传，第一世嘉那活佛在新寨弘扬佛法时，有一个铁匠不相信六字真言的法力，说了一些对佛不敬的话。这些话传到嘉那活佛的耳朵里，活佛并没有生铁匠的气，他说这只是他的机缘没到，若缘分到了，连外道异神都会皈依佛法的。

这一天，嘉那活佛来到铁匠工作的地方。铁匠正在一块石头上打铁，活佛对铁匠说：“这块石头并不结实啊!”铁匠说：“这块石头像金刚一样结实，我在上面砸了几十年的铁，一点痕迹都没有留下，还不够结实吗?”

嘉那活佛笑了笑，伸出左手在打铁的砧石上轻轻一按，上面立即压出一个手印。活佛又脱去鞋子在砧石上轻轻一踩，上面即刻出现一个脚印。佛教并不主张轻易使用神通。佛陀当年曾教导说神通并非佛门独有，外道也有，有些外道的神通还相当厉害，凡夫众人若不明因果而着迷于神通，会忘失佛法；但在有些时候，也应该显示一点神通以震慑外道和说服信众，然后再用正法点化他们。

铁匠看了嘉那活佛表现的神通，惊得说不出话，知道自己遇到了真正的圣者。他倒身给活佛行礼，从此皈依佛法，成为最虔诚的信徒。

当地信众视这块石头为珍宝，将它切割成两半，一直小心供奉。

在嘉那活佛发功手印和脚印旁边，是历代高僧大德来玛尼城朝拜时加持的玛尼石和经文石刻，一共有十几块。它们都被献上哈达，得到虔诚的供养。这些石头在经堂清幽苍凉的氛围和天光的笼罩下，显得尤其神秘而神圣。

“文革”中，自显玛尼石像之前预言中的情形，被信徒偷偷藏起埋到地下，方躲过了劫难。——但在藏族人的信念里，他们认为这是这件圣物自身的功德和菩萨在天上的保佑。

阿宝局长同样为我们准备了哈达、请了酥油灯。我跟在阿局身后，学着他的样子将哈达献给自显玛尼石，又在它面前点上一盏酥

我指着自显玛尼石悄悄问阿宝局长：“您说那石头上的字真的是原来就有的吗?”阿局反问我，说：“你说呢?”

油灯。阿局很虔诚，向每一块石头行了触头礼，最后回到自显玛尼石前面，又向它再次行礼。我这时问了一个十分愚蠢的问题，我指着自显玛尼石悄悄问阿局：

"您说，那石头上的字真的是原来就有的吗?"

阿局停下温和地看着我，反问道:"你说呢?"

我被阿局问得不好意思，笑着摇头，说不知道。在藏地，你可以相信他们的宗教，也可以不信；但你最好不要去怀疑，那样很没礼貌，也显得愚蠢。我是觉得太神奇了才忍不住问的，话一出口就觉得不对了。

"我想那是真的!"阿局语气庄严地回答我。

佛堂外面，有七八个售卖玛尼石给朝拜者的人。真正虔诚的藏族信徒都要自己亲自刻玛尼石，我们不够虔诚，只有花钱请现成的。我向一位上了年纪的藏族阿妈"请"了一块，因为她年纪很大了，还一直对人笑着。

她的身边站着一个六七岁大的孩子，手里拿着一支折断了的圆筒冰激凌。我想，那孩子可能一会儿还要向他奶奶要钱买冷饮。

玛尼城四周是一圈转经路，有几处门巷可以进出到石城顶上。城顶中央竖着一杆三十米高的经幢和数座经幡塔，四周也挂满了经幡和幔帐。我们沿顺时针方向绕着玛尼城转，这是藏传佛教的规矩。

玛尼城周围有不少转经的信徒，他们口中念诵、手摇转经筒，有的还做着等身长跪。因为凿刻玛尼石的原因，转经路上落着厚厚一层石粉，乍看上去很像是雪。信徒匍匐在地上，就像在雪地上朝圣一样。

玛尼城墙下，有一条绕城而建的由十个大转经筒和三百个小转经筒组成的廊经道。转经筒是藏地最常见的法器。小的转经筒是信徒常在手中转动的手摇转经筒，大的一般建在寺院里，有廊经道上的转经筒，或专门立在转经房里、需要用木轴或绳子几个人合力推动的巨大转经筒。转经筒有铜制、木制、骨制和牛皮缝制的，每一只里面装有活佛加持过的经文，外面刻着六字真言或其他经文。

藏族人相信，转动一圈经筒，等于将所有经文全部诵念一遍，具有很高的功德，所以他们习惯了年年月月天天时时摇动转经筒、念诵六字真言。藏地最大的转经筒建在云南香格里拉的龟山大寺，最长的廊经道是甘南拉卜楞寺的转经道。

——然而，我却以为，藏地“最大的”转经筒不是任何一件人工的法物，而是高原上一座座傲然挺拔的雪山；“最长的”廊经道也不是哪一个寺院的建筑，而是藏族人每天切实的生活。

千百年来，善良、坚韧的藏族同胞一直在用他们的生命，在雪域高原上为众生做着最漫长也最虔诚的祈祷。

我却以为，藏地“最大的”转经筒就是高原上一座座傲然挺拔的雪山，“最长的”廊经道就是藏族人每天切实的生活。

15 漫山遍野的虔诚

拜谒完嘉那玛尼城，我们离开结古镇向勒巴沟方向行进。

去勒巴沟要过通天河。“走遍天下路，难过通天河。”以往数千年，过通天河是一件艰难的事。冬季河水封冻时靠走冰桥过河，夏天得乘牛皮筏子。上世纪50年代，通天河直门渡渡口架起通天河大桥，天堑变通途。现在，大桥旁边正在建一座新桥，以替代使用了将近半个世纪的老桥。

经过通天河时，阿宝局长告诉我们，在冬天里通天河上会有一种叫“架经桥”的奇观。严冬季节，通天河上结起一层厚实的冰面。藏族人用细沙在冰面上书写出巨大的“六字真言”和诸多吉祥图案，横跨河面两岸。白天，沙子吸收太阳光的热量，渐渐融化掉下面的冰层，最终沉入河底，冰面上便形成一幅巨大而壮观的镂空字画。镂空的字体间不时还有浪花溅出，真是美不胜收、无与伦比。

藏族人虔诚向佛的心意，在桩桩件件、点点滴滴的事情上都体现出来。

勒巴沟在结古镇东32公里通天河西岸的群山间。

进山之前，通天河水中和岸边灌木丛里已经有零散的玛尼石刻，我欣喜地不停拍照，阿宝局长说勒巴沟里多的是。我没有想象力，不知道沟里会有怎样的情形，还是先拍了不少，后来都删除了。

古素赛麻佛塔。在佛教的传统仪轨中，佛塔是最重要的法物标志之一。如此，古素赛麻佛塔可算藏地最早的神圣法物，千百年来为世代信徒膜拜。

——我这次出来，数码相机记忆卡准备得不足；另有一部光学相机，又被我神使鬼差地留在了西宁，却把胶卷带了上来。这件事让我饱受困扰。我从很早就开始每晚检查相机，清除重复或质量不好的照片，以多“攒”出一些空间。后来，相机的记忆储存越来越少，频频提示“记忆卡已满”，以致我总要先删除掉一张照片才可继续拍照。

玉树到处都是神奇美景，我删除的片子很可能是这一生再也遇不到的景象，我颠来倒去地比较，常常难以选择该忍痛割哪个爱。有时，我也会因此出错，删除掉珍贵的图片。有一张我在隆宝滩拍到的黑颈鹤照片，十分难得，却被我一时糊涂删了。我后来到囊谦县白扎林场深处的嘎尔寺，拍到传说中一位护法追赶妖魔将其钉在山峰上留下的一个矛孔，也被我当作普通山景误删了。

这样的事情屡屡发生、屡屡折磨我，我终于证悟，明白了这恐怕是上天对我特别的考验，叫我以平常心面对一切擦身而过的美景和得而复失的珍宝，记住只要经过就好。

这样想着，心里也就好受了些。

勒巴沟是一条长约8公里的峡谷，藏语意为“美丽的沟”。勒巴沟为典型的高海拔垂直立体自然景观，蓝天背景下是挺拔的冰峰雪岭，中间生长着茂密林带，山下是低矮灌木和野花烂漫，山涧清泉从林间倾斜而下，很远就听得到水声。

当年文成公主沿唐蕃古道进藏，松赞干布专程从西藏赶到黄河上游的扎陵湖鄂陵湖来迎亲。在黄河源头，唐江夏王李道宗为松赞干布和文成公主主持了隆重的婚礼，千万年静谧的湖水和蓝天上飘动不居的白云，共同见证了这一历史盛事。

相传，婚礼过后，松赞干布陪同文成公主渡过通天河进入玉树，文成公主被这里的风光迷住，遂安营扎寨修整了一个多月。在勒巴沟口，文成公主亲自督工建造了一座佛塔，藏语叫“古素赛麻”，意思是“沙中佛塔”。佛塔虽已严重风蚀，却依然矗立。

从“古素赛麻”往沟里走不远，有一处古铜色的裸露崖壁，上面是一幅阴线石刻的“礼佛图”，据说也是当年文成公主进藏时留下的遗迹，距今有一千三百多年历史。

“礼佛图”上，释迦牟尼祖上身立于仰莲座上，左手置胸前持一莲花，右手结施与愿印，身后有圆形火焰纹项光和拱形火焰纹龛门，上面刻有华盖。佛祖右手边刻有四个朝佛的人，依次是文成公主的侍童、松赞干布、文成公主和文成公主的侍女。松赞干布头戴吐蕃时期的塔式缠头，宽袍大袖，双手捧一只供奉用的钵碗。文成公主身披无领裘皮大氅，手捧莲花。四人神情肃穆恭敬，显示对佛祖的无比虔诚。

“礼佛图”属盛唐雕刻造像风格，图中人物丰满、神态安详，各自地位以高矮大小相区别：释迦牟尼像高3.4米，松赞干布像高1.5米，文成公主高1.3米，她身后的侍女只0.9米。

佛祖的脚下，还刻有老虎、豹子、大象、鹿等动物，其意为六道众生齐来聆听佛祖讲经度化，神情庄严、肃静。

沿路往勒巴沟里走大约2公里，便到了其最精华的地段，持续将近5公里。这里沟深崖高、景色幽深，谷底灌木林间有一条十余米宽的河。河中有许多巨石，大的有卡车大小，小的也有双臂环抱那么大，上面无一例外都凿有六字真言。有的石头嵌在河道中央，水流非常湍急，在周围形成旋涡，可它上面依然也刻着“唵嘛呢叭咪吽”的字样，让人惊讶。河水从山上流下，落差很大，一路汹涌澎湃，在河床间的玛尼石上激起层层浪花，声音非常响亮，

松赞干布礼佛图。松赞干布头戴吐蕃时期的塔式缠头，宽袍大袖，双手捧一只供奉用的钵碗。文成公主身披无领裘皮大氅，手捧莲花。两人均神情肃穆、恭敬，显示出对佛祖的无比虔诚。

仿佛不知疲倦地在诵经。

山林中间，据说一共有藏族信徒搭建的108座佛塔和108座玛尼堆，它们和河里的水玛尼一起已经让人啧啧称奇了，而举目四望，沟壑两侧的悬崖峭壁上更是刻满了六字真言和各种经文！

阿宝局长同省旅游局的人讨论着崖壁佛像的年代内容等细节，那是他们的工作。说实话我对具体哪幅画有多么早的时间倒不那么介意，让我震惊的是这整条山沟里的岩崖石刻。石刻绝大多数是六字真言，另外还有经文、咒语、颂词等等，刻字小的如拳头大，大的一字就占了整块石壁。它们漫山遍野、连天蔽日，仿佛覆盖了整个世界。

我是一个琐碎的人，常常为细节困惑。我想这些石刻是怎样刻上去的呢？勒巴沟是一条切得很深的峡谷，最高处达三四百米，两侧山崖壁立千仞，有的地方甚至向里倾斜，角度小于90度。在这样的峭壁上不要说凿石刻字，单单攀登上去怕都是不容易的。

据说，“文革”中造反派几乎粉碎了藏地所有的宗教器物，但是没有毁坏勒巴沟。因为他们上不到崖壁上面，无法接近那些石刻。我问阿宝局长那么高的悬崖，当年凿刻的工匠怎么能爬得上去？还有，那些字他们怎么能写得平呢？我在一张B5的白纸上写字，都永远会把字行写歪。

之前我听过一种说法，是讲冬天里人们将牛粪粘在崖壁上，寒冷天气将牛粪冻硬，刻字的人顺着“牛粪梯子”爬上去。至于石壁上的刻字则是事先刻在牛皮上，夜晚以酥油灯投影到峭壁上去的。对此我颇为怀疑。勒巴沟这么陡峭的崖壁，就是世界顶级攀岩高手来也必须手脚并用才可以，他哪儿还有多余的手刻字呢？用牛皮投影也不可能，又不是演皮影

水玛尼。流水奔腾不懈，冲击着河道里的玛尼石，仿佛信徒们永不止歇的祈祷声。

戏，要照到那么高的山崖上，那得多大“瓦数”的酥油灯啊。

再说了，沟这么窄，从下面往崖壁上投影，那字打到上面是会变形的。

阿宝局长笑称这大概是演义，有一种可能的解释，即当年信徒用牛皮绳子捆住工匠，把人从山崖顶上放下来凿刻的。我仰头看着直插天际的山崖，摇头说那也难以想象，那得要多长的牛皮绳子啊，那得多少绳子！

阿宝局长看我这么不信，忽然说：“还有一种说法：文成公主进藏时在玉树弘扬佛法，在勒巴沟筑起佛塔、刻下唐佛，佛祖受到感动，令鬼斧神工一夜之间在山崖上刻满了玛尼石刻，为的是保佑文成公主和玉树的百姓。”

“哦？”我惊奇地问，“还有这一说吗？”

阿宝局长点点头，说：“那么，你信哪一个呢？”

我想了想，笑说：“我信后一个！”

山玛尼。而我一直想不通，当年的人们是怎么将那些字凿刻到如此陡峭的崖壁上的。

16 一代藏王　千秋赞普

在勒巴沟口“礼佛图”的前面，我长久地伫立，入神地看着松赞干布的雕像，希望可以找到和这位藏族历史上最伟大的人物晤面、接续的法门。

松赞干布是藏族历史上最伟大的一位赞普。藏语里，“松赞干布”的意思是“深沉宽厚而又杰出能干的男子”。

关于松赞干布的功绩和传奇，至今仍在雪域大地上流传。

松赞干布登上历史舞台时，正值青藏高原从部落奴隶制社会向封建奴隶制社会发展转型的重要时期，雪域藏地一时风云际会、英雄辈出。这其中，吐蕃王国的势力发展尤为迅猛、强大。松赞干布的父亲囊日松赞是吐蕃第三十一代赞普，他在位时已将周围三分之二的部族部落纳入吐蕃统治之下，从山南一个小邦首领一跃成为西藏各部的君主。

松赞干布大约出生于公元617年。这是不很确定的年份，因为当时吐蕃还没有文字，缺乏记录工具。松赞干布从小受到良好的家庭教育和严格的训练，成为精通骑射、角力、击剑而武艺出众，又爱好民歌、善于吟诗、文武双全的王子。

公元629年，松赞干布的父亲囊日松赞为属下叛臣毒杀。其他部族或举兵叛变、或乘势入侵，纷纷向吐蕃逼迫发难。松赞干布临危

藏地壁画：松赞干布和红山宫。松赞干布统一青藏高原，在广袤辽阔的雪域大地上建立起了前所未有的超级强大的吐蕃王朝。

继位，成为吐蕃第三十二代赞普。

松赞干布英勇无畏、沉稳果敢，以强硬手段镇压了叛乱，尽杀投毒者。

经过三年征战，松赞干布稳定了局势，再次恢复了吐蕃的权力。

公元632年，松赞干布率部众走出雅砻河谷，渡过雅鲁藏布江，将都城从山南的泽当迁到拉萨河畔的逻些（今拉萨）。在红山顶上，松赞干布修建了红山宫殿，那是布达拉宫最早的雏形。站在红山之巅，松赞干布像一只枭勇沉稳的雄鹰，敛翅而立，向北眺望。

迎着高原粗砺强劲的风，茫茫青藏尽收眼底。年轻的吐蕃王被如弘的壮志充塞于胸，那一刻，他相信自己将成为这块世界上最高的高原大地的主宰。

之后，松赞干布继续横戈跃马、东征西讨，先后兼并了苏毗和羊同。苏毗族地处吐蕃北部，散居在青海玉树等处，区域辽阔、农牧兼营、物产丰富。羊同又称“羌塘”，位于吐蕃西部，盛产食盐。灭掉这两个王国后，松赞干布又着手经略东方，将位于今天青海东南部和四川西北地区的党项族和位于今甘肃青海等地的吐谷浑族先后征服。

至此，松赞干布统一了青藏高原，在广袤辽阔的雪域大地上建立起一个前所未有的超级强大的吐蕃王朝。今天，西藏在世界上的通用名称“TIBET”，最初就来源于松赞干布时期的“吐蕃”一词。

松赞干布对藏民族的贡献是划时代的。松赞干布最大的历史功绩是统一了青藏高原，奠定了藏民族和藏文化的基本版图。再有，松赞干布在吐蕃建起当时先进的封建奴隶制社会，大大推动了藏地历史的进步。

松赞干布统一青藏高原、建立起强大的王朝霸业后，采取了一系列有效措施，加强王权统治，发展吐蕃国力。松赞干布参考唐朝兵制，建立起严密的军事组织，将军事单位划分“四如(翼)”，牢固掌握了吐蕃军权。他又组织禁卫军建立戍边制度，加强对部属和边鄙地区的控制。松赞干布制定了“吐蕃三十六制”，即六项原则、六种告身、六种标志、六种褒贬、六种勇饰、六部法典，用以强化王权，建立封建等级制度，加强部落联盟，以盟誓制度实现了对各部族的约束。

对于社会生活，松赞干布致力于发展经济，鼓励百姓学习先进生产技术，改进耕作方法，令社会财富大幅度增加。松赞干布还制定了度量衡，以便利通商贸易。接着，松赞干布又派臣子吞米·桑布扎等官员赴印度学习，回来创制了藏族文字。他还派贵族子弟走出藏地到外国留学，从四邻八邦引进先进文化，最终，将佛教引入了藏地。

因为松赞干布的伟大功绩和无可比拟的人格魅力，他被藏族同胞视为雪域度化菩萨观世音的化身，与之后的赞普赤松德赞和赤祖德赞并称“吐蕃三大法王”。

藏传佛教的历史记述中，佛教真正传入藏地，是在松赞干布执政的吐蕃时代。

松赞干布塑像，相传为公元7世纪吐蕃时代的作品。你仔细看可以发现，松赞干布的脸上似乎坑坑洼洼颇不光滑。那不是造像工匠的技术不好，而因为后世信徒不断要求将供奉的纯金贴到松赞干布身上所致。

藏地酥油花作品：文成公主（暨尺尊公主）进藏图。

佛教在吐蕃的传播，与松赞干布的两桩“政治联姻”关系密切。松赞干布建立起吐蕃王朝后，对周边国家、民族的优秀文化产生敬羡之情，在政治、宗教、文化上采取开放政策，表现了一个王朝国力迅速上升阶段的统治者开阔的胸怀和志存高远的抱负。

吐蕃与唐通使不久，松赞干布听说突厥与吐谷浑国王分别向唐皇求亲，也不甘落后，遣使赴长安请婚，却几次都没得到唐太宗的应允。这可能是因为一开始中土皇帝多少有点儿瞧不起这个吐蕃藏王，不肯把女儿嫁到那么远的地方。

这让松赞干布很生气。松赞干布当时二十多岁，血气方刚、英雄盖世，一怒之下便跟大唐打了起来。公元638年，吐蕃发动第一次蕃唐战争，唐朝虽然最后获得了胜利，但损失不小。唐太宗由此知道了吐蕃人的厉害，终于不敢小觑。

松赞干布很好玩，和唐朝打完仗，再次派大相禄东赞携厚礼到长安向唐太宗请婚，意思非做大唐女婿不可。唐太宗审时度势，决定不跟这个吐蕃赞普玩命。但李世民还是舍不得嫁出自己的女儿，他找了一个别人家的女儿认了亲，让那姑娘跟他女儿掉了个包。

公元641年，松赞干布二十五岁那年，娶回了十六岁的大唐宗室女文成公主。

文成公主是藏汉历史上一位重要人物。她从当时世界上最繁盛的第一大帝国，下嫁到遥远蛮荒、语言不通、高寒缺氧的地方不说，要不是唐太宗推三阻四，公主至少还可以当个头牌夫人。结果呢，松赞干布等不及，先于公元639年娶了尼泊尔国国王盎术输伐摩的女儿尺尊公主。

文成公主离开大唐后，只在青海日月山上耍过一回脾气，摔了唐太宗赐给的日月宝鉴，后来表现一直超好，不辱使命。玉树州称多县歇午镇境内，一处山崖石壁上有一片红色字迹的六字真言，相传是文成公主用自己的鼻血写的。这应该是一个虚构的故事。不过，根据我来玉树一路的经验，想必文成公主在翻越巴颜喀拉山时有过严重的高原反应，恐怕真的流了鼻血。但她一定很坚强、忍耐，所以才会在藏族同胞中留下那么好的传说。

松赞干布的两位王妃均来自佛法昌盛的国度，这为佛教进入藏地创造了难得的机缘。尺尊公主在陪嫁中带来一尊不动金刚佛像，是佛陀释迦牟尼八岁等身像。文成公主随身带来一尊觉卧佛像，是释迦牟尼十二岁的**等身像**。此外，吐蕃还从印度南部请来了一尊相传为自然生成的十一面观音旃檀像。

等身像：

佛陀在世时反对偶像崇拜，不主张立寺供像，他临终时只同意以自己三个不同年龄时的模样塑像。其中的两尊，便是尺尊公主和文成公主带进吐蕃的佛像。这三尊佛像中，又以文成公主带来的释迦牟尼十二岁身为皇子时的鎏金铜像最为精美与尊贵。据佛经记载，这尊塑像是信徒根据佛祖的姑母口授其十二岁时形象塑造而成，并由佛祖亲自开光，被视为与佛祖释迦牟尼本人有同样加持力的真身像。

文成公主带进藏地的释迦牟尼十二岁等身像。

尺尊公主和文成公主来到藏地后，分别主持建造了神变寺（大昭寺前身）和惹摩且寺（小昭寺前身）供奉释迦牟尼像。两位公主还带来了诸多佛经和法物，在她们的影响下，松赞干布开始积极接受佛教思想。

异质宗教的本土化是一个复杂的过程，涉及许多方面和条件。首先，它需要统治阶层的认同和支持，才有机会在本土落地。其次，新宗教只有与同本族的类似价值体系相嫁接，才易于被人们接受。第三，新宗教必须在本土文化空间内通俗化，与民众日常生活中的器物、制度、形式和艺术层面相结合。第四，必须取得本土文化精英阶层的认同，成为他们自觉的事业。

佛教在藏地的传入，正是循着这样一条道路而来的。今天我们看到的藏传佛教，是一种既保持了佛教基本教义、思想，同时又带有浓厚雪域高原文化特质的宗教，它是佛教在漫长的藏族化过程中，与传统文化激荡、碰撞、融合的产物。

松赞干布继承父祖业绩，兼并诸多小邦，建立起牢固的统治政权，确立了尊卑有序、等级井然的统治秩序。这种情势反映在王权者的意识形态上，则渴望出现一位超越单一部落、单一职能的，全知全能、尽善尽美的统一的“神”。

本教诸神善恶有别、大小不一，但地位平等的原始宗教残余观念，与松赞干布时代建立起的等级有差的社会现状格格不入。这一大的时代背景，是佛教得以成功传入藏地的重要因素。佛教把佛陀的形象描绘得至高无上、法力无边，这样一个形象对于极欲强化王权的松赞干布来说，是再理想不过的了。

再有，松赞干布时期，吐蕃王朝国土迅速扩张，国家需要发展经济作为社会稳定的保障。本教凡事要看神灵鬼怪的眼色，束缚人的手脚，有时很耽误事。本教有着严格的杀牲祭祀规矩，这种原始的祭祀制度对吐蕃的农牧业生产造成了严重破坏，也给百姓生活带来沉重负担。佛教以杀生为不赦之罪，爱护众生，对生产力起到了保护作用。在这一点上，王权统治者和普通百姓有着一致的利益要求。

然而，赞普王权的神化和集权化，不可避免地损害到一些部落

用松石珍宝镶嵌的雍仲图案。

贵族的既得利益，引发权力集团间的争斗。一些部落贵族联合地位同样受到威胁的本教巫师，企图依靠传统宗教的力量与王室抗衡。

据说，尺尊公主最初想修建大昭寺一直不能如愿，本教巫师声称吐蕃的疆域是一个仰卧的巨型女妖，难以制服。文成公主精于风水历算，她帮助尺尊公主勘察地形，在妖女的双肩双腿上修建了四翼四佛殿，在双肘双膝上修建了边地四佛殿，在左右掌心和足底也分别建造了镇魔殿。这种制服鬼怪、镇压四方的观念，原本是遂顺本教而言的，通过这样的方式，吐蕃藏地建立起第一批佛教殿堂。

但是，本教依然对佛教活动表示了极大的敌意和排斥。有一个阶段，大昭寺白天修好的地基房屋，入夜后就会被“魔鬼”夷为平地、不见余痕，尺尊公主为此极为悲伤。

佛教传播者们意识到，要想让佛教在吐蕃获得生存空间，必须注意本教的反应。于是，他们修建大昭寺时在四面门上画上曼陀罗，以满足本教上师们的意愿；在廊柱上画上金刚杵，以满足本教咒师们的意愿；在房檐四角画上雍仲“卍”字，以满足本教巫师们的心愿；在庙宇中建造众神塑像，以满足本教各位护法、龙王、罗刹、魔王的心愿。

——从这时候起，佛教在不失却根本的前提下，已经开始为适应吐蕃的现实状况，在形式上做出改变和调整了。

松赞干布时期，佛教作为一种外来思想被介绍到吐蕃，但还远远未能动摇原有宗教本教的根基。藏地虽然有了一批能依的佛像，翻译了一批佛教正法佛经，也建造了一些佛塔或佛殿，但这时吐蕃还没有藏族人自己的剃度出家的僧尼，所建佛殿也是为了供奉佛像和请异域佛僧翻译佛经所用。按照佛教的传承仪轨，这样还不算正式有佛法存在。佛教在藏地的真正植根，还要过上一段漫长而曲折的日子，等待深厚法缘的来临。

相传，松赞干布去世时留下遗言：

> “……在我的子孙后代中，有一个叫做‘德’的赞普，他执政时期将传来佛教圣法，并有很多人追随如来佛出家为僧。他们光头、赤足、身着袈裟，为数众多，成为神和人的供养处。由此，我等自身及他人可获得今生与来世转生善趣和得到解脱等一切安乐。……”

17 康巴汉子问我“卖不卖”

在结古最初的日子，我没事儿喜欢到街上转悠。

结古原本只是一个小镇，这几年涌进许多外来人口。他们有几种成份：一种是三江源自然保护区的迁出户；一种是从牧区出来寻找工作的年轻人；再有就是外来开饭馆、开发廊和从事特种服务业者，以及流动商贩、流浪者和乞丐等等。这些人居无定所，没有稳固的社会关系，怀有梦想、野心勃勃，使这个高原小镇变得十分热闹。

一天，我在州府机关所在的民主路上闲逛，挨摊子吃美味***烤洋芋***，隔着马路看见一个“恐怖”的人。

那人有差不多两米高，特别特别黑，戴一副莫大的石头镜，还是遮不住满脸的坏脾气。他的装束也很惹眼，胸前挂满了大大小小的项链，两个胳膊上戴的都是表。他在一座楼房前摆开摊子，从一只化肥口袋里掏出一些植物，我认得其中有雪莲，想必其他也都是药材，看样子是要卖。可他并不吆喝，只狠狠地坐在那儿，像一个瞎子一样瞪着街上看，样子很吓人。

我嘴里啧啧吸着冷气，又好奇又胆怯地往他那边看，想这是一个什么人，怎么这么吓人？身旁烤洋芋的摊主告诫我别去惹他，他说这个男人在西藏杀了人，手上有命案，逃到这里也不消停，动不动就打人！

我后来见到阿宝局长，把遇到的事告诉他。阿宝局长说他知道我说的人，他很有趣。“有趣？”我说，“我们说的是同一个人吗，你不知道我说的是谁吧?”

阿宝局长说他知道，结古街上是有那么一个人，“不过，我挺喜欢他的。”阿局说。

“您喜欢他?”我疑惑地问，“他真的杀了人吗，那怎么还不进监狱?”

阿宝局长说他是杀了人，但他给警察提供了一份精神病证明，所以又放出来了。我不相信，说要是有精神病，那还不得给关到精神病院里?

“大概是间歇性的吧。”阿局看我愤愤不平的样子，笑着拿话安慰我。

阿局说那个康巴汉子是四川甘孜人，叫丹玛·莫盖。丹玛是四川的一个地名，莫盖是藏语里“大汉”的意思。——从这个称呼上，你可以看出藏族人对事物的描述依然保留着传统的命名方式。阿局说莫盖虽然孔武粗莽，却不失为一个真实自然的人，骨子里自有一份自尊和傲慢。在玉树的这些年，莫盖一不偷窃二不抢劫，只做一些小本生意。莫盖也不到飞马集市上跟其他康巴贩子混伙，他总一个人，把东西往路边一摆，即不推销也不叫卖，一副爱买不买的样子，——虽然因此常常一天赚不了几个钱。

听阿宝局长这样讲，我倒觉得这个叫莫盖的有点儿意思了。

转天，我在街上又碰到莫盖，便壮着胆子过去跟他攀谈。我和莫盖坐在路边的水泥台阶上，不一会儿身边就聚拢了好几圈人。结古镇上无所事事的闲人原本就多，他们看到这样一幅“美女与野兽”的景象自然好奇。但他们大约以前都惧怕莫盖，或者有的还被他打

烤洋芋:

玉树出产中国最好的土豆。玉树地处雪域高原，阳光充足、温湿合度，最适宜土豆生长。玉树土豆甘醇绵韧、回味香甜，只用火烤了洒一点辣椒面和盐就非常好吃。

莫盖长得特别吓人，一脸狠巴巴的样子。

结伴逛街的女人和孩子。

过，同时也对我不太好意思，就不敢太靠近，远远地探着身子支楞着耳朵，脸上的表情很复杂。

莫盖近似炫耀地向我叙述了他的传奇人生，听得我不禁怀疑他有没有演绎。

不过，莫盖依然强调，他当初杀死的那人是一个“坏人”。

更多的时候，我会到飞马集市上溜达。

飞马集市是结古镇的中心。集市分里外两部分，里圈是一些固定的商铺和摊位，售卖皮毛、藏服、首饰等生活用品和装饰品、法器等。集市外面临街的空地上，则是散在商人和游走小贩，以及不知道什么来路的人聚集的地方。游走商人的“货柜”就是他们的身体，他们把要卖的项链、嘎吾（一种挂在胸前的护身符）、腰刀、皮张等等东西就披挂在身上，你可以在他们身上翻来翻去，然后跟他们讨价还价，非常地零距离。

——但说实话，我并没有真的到哪个康巴男人身上翻拣过东西，我从他们身边走都有些心惊胆颤呢。康巴男人的眼睛非常大，眼神诡谲而放肆，露着凶光。你从他们身边走，如果碰巧和他们的目光对视，并发现他们浑身上下别了不下二十把藏刀的话，你一定会像我一样被吓一大跳的。

集市上更多的还是两手空空的人。我走过藏区和许多内地的乡镇，没在哪个集市见过结古飞马集市上这么多无所事事的人。你从他们转来转去、飘忽不定的眼神里，看不出他们有什么具体的打算和稳定的心情，他们好像随时准备拔脚起去干一件改变命运的大事。但那事儿是什么、什么时候发生，他们又不知道。

这一天，我正提着心情在飞马集市外的人群里走，一个康巴男人突然迎面堵住我的去路。康巴男人比我高出一头、多出两个肩，像一面糊了牛粪的土墙。他双手粗鲁地扳过我的身体，两眼冒出贪婪的光，用带着藏地口音的汉话问我：

“哎，小姐，你这卖吗？”

结古镇外通天河上游的山里，一处用石块垒建的关隘。关隘早已废弛，年代远不可考；但墙高壁厚，气势依然，令人不免遐想当年。

我惊得倒抽一口凉气，每一根毛发都竖了起来。我想我这是碰到流氓了，而且还是一个康巴流氓，他要把我怎样呢？我从那康巴男人的俘获中挣脱出来，斥责他：“喂！你要干什么！”

康巴男人再次逮住我。他的手很大，像一副长满肉瘤的鹰爪。他扳过我的肩，上下打量着我，还是问：“哎！问你呢，小姐，你这卖多少钱？”

我给吓疯了，同时又气，不知哪儿来的劲儿，拼命推开康巴男人，脱下斜挎背包向他打去。登时，康巴男人的脸上出现几道血痕。他没防备我这样的反抗，捂住受伤的脸，反手抓住我继续打下来的背包，说：

“哎，姑娘！你干嘛打我！”

周围立即围上来一堆人。他们大概好久没看到热闹了，闷得发慌。我气得用脏话骂康巴汉子，康巴汉子被我骂得目瞪口呆，他用藏语跟旁边人叽哩咕噜地说着什么，又用手指我的背包，表情倒有些委屈。

这时，一个黑乎乎圆鼓鼓穿一身军用迷彩服，像一座乌木佛塔似的藏族小伙子站了出来，他会说汉语，礼貌地对我说：

“这个人想买你背包上的纪念章，你不应该打他。”

我这才停住了嘴，看着面前的康巴男人，发现自己误会了。

原来，我随身有一只帆布挎包，上面别着我到各处旅行时买的纪念章和一些徽章。那个鲁莽的康巴汉子以为我也是到飞马集市上来卖东西的，所以就随随便便地对我动作，想要看我的货品。

误会澄清，我很不好意思，直向康巴男人道歉。那男人大概从没被汉地女子打过，也没有这么引人瞩目过，他反而很开心，不停用手摸着受伤的脸，夸大它的存在。

康巴男人感兴趣的是一枚“毛主席万岁”的纪念章，他居然认识那几个字，读得出来。我想在“文革”时期，这几个字一定像玛尼石刻上的六字真言一样，在藏地铺天盖地吧。

可我感到为难。我一是不想卖，二也不知如何作价。康巴男人情绪很激动，他觉得凡是摆出来的东西都应该是有价的，这是康巴人的价值观。我之前在藏地行走，发现不少人家至今还供着毛主席像，墙上也贴着他的画。这种情形在偏远的牧区和山区更为多见。在藏地，毛泽东也被神化了，认为是文殊菩萨的化身。有一年我去香格里拉，一户山区藏民说他家里有一尊“闪着佛光”的毛主席像。我听了好奇，跟他去看了，发现那只是一个涂了荧光粉的塑料人像而已，内地上世纪七八十年代流行类似的制品，后来因为说荧光粉有毒不生产了。

我用一枚毛主席像章跟康巴男人换的松石项链。

我没有把我知道的“科普知识”告诉给塑像的主人，说了他们也不会信的，我又何必破坏他们对拥有“宝物”的喜悦与幸福感呢。

康巴男人从怀里掏出一张百元钞票给我，我摇头不肯。那样一个像章不值那么多钱，它在内地的文物市场的售价在三五元之间。问题是，它一直跟着我，我就有点舍不得。我是一个恋旧的人，比较敝帚自珍。

康巴男人是一个急性子，他以为我对价钱不满意，伸手把我拽走到集市墙角一个卖项链手镯的地摊前。康巴男人跟他的同胞用藏语咕叨了一阵儿，转身冲我比划着，意思是他跟那人说妥了，我可以用他摊子上任何东西作为交换。

蹲在地上的康巴男人也很友善，站起来邀请我随便挑选。我们周围又聚拢过来一大群人。他们指手划脚地给我出主意，这个让我要这个那个让我要那个。我被拉来拉去，都快懵了。

我不是一个贪婪的人，尤其不想当着这么多藏族人给内地人丢脸，最后我要了一串绿松石，就是藏地最原始的只用羊毛绳将指甲盖大小的绿松石穿起来，没经过细致打磨和镶嵌的那种。

我想到之前“影子”给我写的那首诗《纯真的绿松石》，对它忽然有了眼缘。

我从背包上卸下“毛主席万岁”，递给康巴男人。康巴男人当即把像章别到自己前胸最醒目的位置，脸上笑开了花，得意地扬长而去。

18 不想做纯真的松石

在拉萨朝圣的路上，
我捡到一块松石。
啊，天上的**三宝**，
但愿她是纯真的松石。

我后来叫那个一见面就把他的影子压在我身上的男人“影子”。而他从一开始就称呼我“绿度母”，他总是这样说：

“啊，我的绿度母！”

后来，我从风马藏餐吧老板娘卓玛那儿听说了“影子”的来历。原来他是一个神奇人物，很有故事。

“影子”的父亲是四川德格一位宁玛派大活佛，相传他修炼莲花生大师的密宗要门，成就了“大圆满法”。1958年，藏地推行宗教改革，寺院纷纷关闭。活佛来到玉树，避走囊谦，希望躲到大山里。但那时候，藏地的每一株青稞都不能独自存在，置身运动之外。乡上逼迫活佛还俗，将一个镇压了的百户的女儿硬塞到活佛的屋子里，每天晚上躲在窗户外面等着看好戏。

活佛却一直面壁静修、打坐入定，不染纤毫俗尘。乡里的人没有办法，终究不敢过于放肆。

三　宝:

即"佛、法、僧"三宝,有"自性三宝"及"住持三宝"两种。
"自性三宝"中,"佛"是觉悟的意思。所谓"自性佛",是指自心本具离念灵知的真如佛性。"法"是指法轨和模范。所谓"自性法",是指自心本具的道德仁义等懿范。"僧"是清净的意思,所谓"自性僧",是指自心本具的清净无染的净行。
"住持三宝"中,释迦牟尼佛在世时被称为"佛宝"。佛灭度后,所有泥金合土、木雕、彩印的佛像,都应恭敬如佛。"法宝"即佛所觉悟的真理,是一盏不灭的明灯,能够引导我们走向幸福、快乐的境地。凡三藏十二部诸经典,都是法宝。"僧宝"是指严守戒律、传承佛法的出家人。他们抛弃人间五欲,弘扬佛法,普度众生,是我们在生活中最亲近的看得见的导师。
"三宝"是藏传佛教非常重要的理念,涵盖了他们全部生活的精神追求。

三年后，国家宗教政策松动，开放部分寺院，允许一些还俗僧侣恢复身份。德格的信众长途赶来活佛的住处，给活佛献上哈达和贡品，请求他回到寺院，继续引领他们泅渡此生的苦海。

活佛为自己的坚韧和忍耐感到欣慰，他选择了一个吉祥的日子，决定这一天过后便回到寺院。为此，信徒们早早在活佛家门口的地上，用白石粉画了告示活佛将要出行的莲花和雍仲图案。

然而，就在这一天晚上，活佛却制造了“影子”。

谁也不知道那是怎样一个故事。

发生在藏地和活佛身上的事，几年后又重演过一回。历史总是重复上演的。只是人们没有想到，这一次重演得这么快，且这么残酷和惨烈，这么彻底。

“文革”中，藏地寺院差不多全遭毁坏。活佛再一次被撕掉袈裟，受到猛烈批斗，人格饱尝侮辱。活佛的妻子，那个被镇压了的百户土司的女儿，在运动刚刚开始就吞金死了。因为是土司的后代，又自绝于人民，她没能得到天葬，只被允许土葬。在藏地风俗中，土葬是最卑贱的一种葬法，以往是针对作恶多端的坏人或患有严重传染病的人，埋入地下永远不能再转世。

百户土司的女儿被埋在山岗的一块岩石下面，那里后来长出一棵树，将巨石顶翻到了一边。据说，每到深夜，每一片叶子都会发出女人的呜咽。

“影子”这时只有五岁，已聪慧异常、灵异夙著。附近乡里的信徒们悄悄传说，“影子”是一位著名活佛的转世。“影子”三岁时曾指认出一个地方，村民在那里挖到一份据说是莲花生大师当年亲自埋下的***伏藏***典籍，而那位活佛生前预言，有一天他的转世会让这一宝物重见天日。

“影子”的母亲也是“影子”亲自下葬的，他用手挖土，挖掉了十片指甲。“影子”把带血的指甲随同母亲的尸体埋到地下，以纪念母亲的养育之恩。

村民们相信，土司女儿坟上长出来的那棵树，就是土司女儿不能超度的灵魂变的。而树上一片片会呜咽的叶子，是“影子”那些指甲的化现，在替母亲喊冤。

“影子”对他的父亲并不好。“影子”出生后，土司的女儿曾抱着儿子去寺院，请活佛给他赐福和起名字。“影子”原本是一个安静的孩子，可一见活佛就大哭，在母亲怀里挣扎，不允许活佛近身，任人怎么哄逗都不行。后来，土司女儿几次带“影子”去见活佛，“影子”都发疯地哭闹，他所以一直没有得到过活佛的祝福，也没有名字，直到四岁。

四岁时，“影子”获得了一个特别的名字：真玛巴。“真玛”在藏语里就是“影子”的意思，“巴”是对人的尊称。“影子”有一种神奇的能力，可以任意收放自己的影子，以至完全消失。“影子”的这个能力是在一次小伙伴们玩游戏时被发现的。

这个游戏名称叫做“踩影子”。它的规则很简单：分成两拨儿的小伙伴一方追逐另一方，在被追逐者立定喊“停”之前踩住他的影子就算胜利。“踩影子”是物质匮乏而阳光充足的高原上，藏族孩子最喜爱的一个游戏。可是，小伙伴们发现，他们谁也无法踩住“影子”的影子。即使他们中间跑得像羚羊一样快的那个孩子，也无法踩到“影子”的影子，因为每当他们追到“影子”身边抬脚要踩时，“影子”便将他的身影收回到了身体里。

在藏地，这种能力被认为是具有极大法力的圣者才可以做到。

那时候，藏地连一株青稞都是不能独自存在的，活佛又能躲到那里去呢。

伏　藏：

相传，公元八世纪莲花生大师在西藏传法时，曾嘱咐他的门徒将许多密宗典籍从梵文译成藏文，并将其中的一部分埋藏到山郊野外比较隐蔽的地方，后人称之为“伏藏”。同时，莲花生大师又把一些瑜伽功夫传授给他的若干弟子，以便在以后适当的时候，把这些埋藏的经典取出来，这被称为“掘藏”。

另有一种“识藏”，指埋藏在人意识深处的伏藏，即某种经典或咒文在遇到特殊情况无法传承下去时，就由某个本尊、神祇或贤哲将其授藏在某人的意识深处，以免失传。当有了再传条件时，在某种神秘的启示下，被授藏的人又能将经文诵出或记录下来。传承“识藏”的人可能是宗教师，也可能是普通人。他可能在这一代完成“掘藏”，也可能经过几代人以后。《格萨尔王》说唱艺人中的“神授艺人”，据说就是这样的识藏者。他们大多是目不识丁的草原牧民，多自称某一天生过一场大病或做过一场奇怪的梦，醒来后就可以吟诵《格萨尔王》中的诗篇，且滔滔不断、连篇累牍，令人惊奇、不解。

藏传佛教还有一种“圣物伏藏”，即埋藏起来的神圣法器、圣贤大德的遗物、唐卡画像等。伏藏是藏传佛教尤其是宁玛派的一种特殊的宗教现象。

此外，本教中也有伏藏传统。

阳光下，我无法消除自己落在地上的影子，但是“影子”可以。

从这个时候开始，“影子”的名声越来越大了。

后来，国家再一次拨乱反正，开放宗教政策，寺院恢复重建。

“影子”的父亲没有等到这一天的到来，他在这之前的一天圆寂在他自己的家里。活佛死后得到了火葬。据说，活佛的肉身烧出十三枚舍利，悉数被信徒们收藏——“影子”自己

文成公主塑像，相传为公元7世纪作品。文成公主固然青史留名，为藏族百姓爱戴，可她远嫁吐蕃后终生再未回到中原，难道心里就没有过伤心与痛楚吗？没有过怨尤与不平吗？

擦 擦:

起源于古代印度，最初是用佛教高僧大德圆寂后火化的骨灰混合粘土制成的微小造像，后来也有在泥土中加入焚烧的佛经密咒的灰烬。“擦擦”的种类很多，常见的有佛塔、佛像或菩萨像，多供奉在寺院中专门的龛位里，或是山野圣地、石窟、摩崖石刻等处。

并没有留。活佛的骨灰也被信徒收集，制成珍贵的***擦擦***，供奉在寺院里。活佛以前任住持的寺院重修时，有信徒献出活佛的舍利，由寺院为活佛建了一座灵骨塔，将舍利封在里面，供在寺院作为镇寺之宝。

寺院找到“影子”，请他出任寺院的住持，但“影子”拒绝了。“影子”执意留在纷攘尘嚣的俗世，以这样的方式体味有情众生的苦难，陪伴他们生生轮回。

我后来常去风马藏餐吧，发现那儿的藏族人对“影子”十分尊重。来藏餐吧的大多是男人，只有他们有闲工夫坐在酒吧里喝酒和喝酥油茶。几乎每个刚进酒吧的康巴男人都会先过来向“影子”行礼。他们向“影子”弯腰鞠躬，再又捧起他的手触到自己的额头上行触头礼，态度十分恭敬。

康巴男人这样做时，“影子”神态庄重、自若，显然经常接受这样的礼遇。

我没有慧眼，只有“势利眼”。得知“影子”的故事，立即对他刮目，觉得他是一个非凡的人。因为不信佛，我对“影子”固然尊敬有加，却也没有大多数藏族人那样有距离感，这反而使我们成为了朋友。

“影子”依然执著地劝说我相信自己是绿度母，要我皈依佛教担当起属于自己的责任。一次，“影子”沾着青稞酒在桌子上给我写了上面那首诗《纯真的绿松石》。绿松石是藏族妇女喜爱的饰物，她们常将它们编进发辫里，或戴在身上。在藏族诗歌中，松石用来指代女性。

这看上去像是一首情诗，但它不是，它是一首寓意深刻的宗教诗。藏族人喜欢神秘和诗性的事物，他们常把深奥的道理融汇在简单质朴的诗歌里，韵味无穷。

我问“影子”绿度母是谁。这些年，我在藏地旅行，对藏地传说和藏传佛教故事非常感兴趣。但藏族实在是一个太信仰多神的民族，这里的神灵像天上的星斗一样多，绿度母我还不认识。

“影子”告诉我绿度母是最早化现藏地的度母，乃二十一度母之首，藏族人最敬爱的度母。“影子”说：

“绿度母是观音菩萨的化身，文成公主就是绿度母。”

我听罢立即摇头，说那我可不干！我说：“我可不想当文成公主，更不想‘首裂千瓣’！”

“影子”说，观音菩萨因见众生受苦，难过落泪，左眼掉下的一滴泪变成绿度母，右眼掉下的一滴泪变成白度母。在藏地，文成公主被认为是绿度母的化身，尺尊公主是白度母的化身。文成公主固然青史留名，为藏族百姓爱戴，可她远嫁吐蕃后终生再未回到中原。松赞干布去世后，按照吐蕃当时的习俗，她又沦为继任赞普的妃子，难道她心里就没有过伤心与痛楚吗？她对自己的人生向来就没有过怨尤与不平吗？

我对“影子”说我不会当绿度母的，放弃自己的幸福去救赎别人。我说我是一个善良的人，遵纪守法，乐于助人，但我不想再好了。我说我很世俗，我喜欢物质、喜欢享受、依赖高科技。我欲望很多、幻想也很多，又需要爱情，六根一点儿也不清净。

我说：“我这个样子，怎么能当绿度母呢！”

19 朵朵失去了她的羔羊

我是到了玉树好几天之后才想起朵朵的。和“影子”第一次见面时，我还说跟这里毫无关系。原来，我跟玉树是深有关系呢，我这时想。

朵朵是玉树的一个藏族女孩，多年前我曾费力地寻找她，希望做她的母亲。

我第一次“见”朵朵是在1998年，她的照片印在一份两年前的旧期刊的封二里面。朵朵当时正哭着，眼泪顺着她皴干、粗糙的脸颊流淌下来。一位藏族老阿妈亲吻着朵朵的脸，非常愁苦而无奈。

那不是我的杂志，是我去一个朋友那儿玩，在他另一个同事桌上乱七八糟的一堆东西里偶然看到的，转身我就离开了它。然而，几天后我奇怪地发现自己依然对那张照片耿耿于怀。我继续忍耐了两天，最终不得不给我那一头雾水的朋友打电话，请他去向他那位同样不明就里的同事要了那本杂志，用特快专递给我送了来。

我把朵朵的图片剪下来贴在我书桌前面的墙壁上。有那么一阵儿，我经常端详它，对着它发呆。我想不通究竟有什么事情让照片上的小姑娘哭得这么伤心，她伤心得简直无以复加。再有，就是老阿妈的亲吻。——坦白讲，在此以前，我从未设想过藏族人会用亲吻表达感情。我曾经错误地认为亲吻是一件柔情蜜意、从容不迫的事，是生活很物质化了以后的精神奢侈品，而不会充当贫穷或者悲伤时的安慰剂。

我想不通，究竟有什么事情让小姑娘哭得这么伤心。而与女孩的泪流满面相比，老阿妈的脸上写满了更大的悲哀。

尽管老阿妈布满皱纹的双嘴安抚着小姑娘翕动不止的小嘴，但这种安抚显然是无可奈何的。我认为当时老阿妈除了亲吻，对改善小姑娘的伤心完全无计可施。与小姑娘的泪流满面相比，老阿妈多皱的、干涸的、沉默的脸上，写满了更大的悲哀。

然而，这种悲哀是什么呢？

这张照片一直困惑着我，吸引着我。后来，我曾经根据这张照片虚构了一篇小说，想象令小女孩哭泣和老阿妈愁苦的原因。小说的题目叫《朵朵失去了她的羔羊》。在小说里，我和几个内地的旅游者被困藏地无人区，一路饥寒交迫，好不容易遇到惟一一户老少人家。我们看中了她们家里惟一的一只羔羊想买了来吃，老阿妈先是不肯，在我们不断提高价钱的“逼迫”下终于答应。而当我们将美味羊羔吃下肚子，才得知小女孩是一个父母双亡的孤儿被老阿妈收养，羔羊也是一个父母双亡的“孤儿”被小女孩收养。我们吃了小女孩惟一的“孩子”，我们伤了她的心。

小说里，我给小女孩起了一个名字叫“朵朵”。因为我注意到，朵朵长了一双硕大饱满的耳朵。

在内地，这样的耳朵被认为是有福气的象征。

我再次想起朵朵是在两年以后。2000年夏天，我应一家出版社邀请沿黄河做了一次文化行走。我计划从黄河源头的青海开始，我就又想起这张照片来。我忽然产生一个想法，想找一找照片上的孩子。我当时并不知道朵朵是哪里人，西藏的还是青海的，甘南的还是川滇的？照片是一张非新闻类作品，标题叫《雪域情深》。

可雪域有多大啊!

我打电话给那家杂志社，辗转从刊物的美术编辑那儿搞到了图片摄影者的电话，我又打长途电话到兰州，找到兰州军区政治部宣传干事柳军，他是那张照片的摄影者——你知道，我是一个懒惰的人，平时很懒得做事，我在那件事上表现出来的固执和执拗，让我有时想起来也觉得匪夷所思。

没想到，柳军竟印证了我之前的疑惑，他继而给我讲了这张照片背后悲惨不幸而又温暖欣慰的故事——：

1995年底1996年初,青海玉树连降四十三场大雪,当地遭遇百年未遇的大雪灾。照片上的小女孩叫达娃,只有六岁,家在玉树县结隆乡琼结村。老阿妈叫卓措拉毛,七十五岁,是同村里的孤寡牧民,一个哑巴。他们和村人赶着牲畜到山里寻找草场,被大雪封困,失踪了二十一天。这中间,卓措老人仅有的三十九只牲畜先后都死掉了,她自己也患了雪盲症。当风雪把她最后一只牦牛的尸体变成一座白塔,老人开始拒绝进食,她想到了死。卓措蜷缩在村民们用积雪堆砌的雪墙底下一动不动,准备用这样的方式离开这个悲惨的世界。

这时，一阵悲戚的哭声惊醒了卓措状若游丝的昏迷。

隐约中，卓措听见村民们把痛哭不止的达娃——就是我说的“朵朵”抬了进来。朵朵这次随父母出来寻找牧场，是这个队伍中年

救灾队的军医为卓措老人检查病情，朵朵在旁边一直哭着。

可是，雪域高原有多大啊，我到哪里去找朵朵呢。

龄最小的成员。就在刚才，朵朵的父母为了抢救陷落雪坑的牦牛，不幸跌下雪坳双双遇难。朵朵瞬间变成了孤儿，而她自己也患了严重的肺炎，气息奄奄，几乎快要不行了。

卓措挣扎着匍匐过去。她分开人群爬到朵朵身边，将朵朵揽在怀里。卓措一边用手抚摸着朵朵的胸口，让哭泣和因肺炎几乎窒息了的朵朵平静下来；一边用喑哑的嘴巴焦急地向周围的人呀呀地叫喊着，请求他们去拿一些雪水加热了给朵朵喝下去。

突然遭受双亲亡故的朵朵像一个受到惊吓的羊羔，失魂地躲在卓措的怀里一味地嘤嘤哭泣、瑟瑟发抖，反射性地将别人递给她的水和食物推开、打翻。卓措拼命摇晃朵朵，迫使朵朵睁开眼睛。卓措用手指指朵朵，又用手指指自己，焦急地“啊－啊”述说着，然后将朵朵紧紧贴在自己的心窝里。

村民们看明白了。朵朵看明白了。朵朵张开胳膊搂紧了卓措，放声大哭。

卓措挽救了朵朵，朵朵也挽救了卓措。卓措不再拒绝食物、拒绝生存，朵朵使她重新燃起了生命的灯盏。借着这一点昏暗的光亮，已经濒临死亡的卓措竟也奇迹般地恢复了体力。在卓措的精心照料和随后赶来的解放军救灾医疗队的治疗下，朵朵的肺炎得到了控制，身体慢慢恢复了健康……

知道了朵朵的故事，我更对她牵挂不已。我不知道朵朵现在生活得怎么样了？按年龄推算，朵朵已经有十岁，她能不能上学，有没有良好的教育？卓措拉毛年迈多病，是否还能照顾她？——我甚至揣想，如果老阿妈不幸已离开人世，那么朵朵会不会又成为孤儿呢？

在我准备黄河之行的日子里，收养朵朵的想法突然冒出我的脑海。我想把朵朵接到北京，让她享受最温暖的生活、最好的教育。我要把朵朵抚养成世界上最幸福的人。

我发现自己从来没有这样强烈地希望为一个人做些什么。我周围的朋友都不需要我，他们都生活得很好，都比我过得舒适，如果我不给他们添麻烦让他们为我操心，他们就已经很满足了。除了我年迈的母亲，我对其他人都是不重要的、可有可无的。而现在，我忽然觉得自己可以为一个人做一点什么。我甚至以为也许我可以对朵朵的未来担负起责任。

那一阵子，这个想法一直激动着我，使我的生活看上去有意义了许多。

我按照柳军提供的地址给卓措拉毛和朵朵原先居住的村子发去信件，结果如石沉大海。我猜想经过雪灾那个村子也许已经不存在了，或者，他们搬到了其他的地方。

茫茫的青藏高原，到哪里才能找到朵朵呢？

我原打算利用此次黄河之行亲自到玉树一趟，进入青海以后我才发现，这个想法实现起来有困难。那一次，我跟随团中央“百名博士西部行”的团队到达黄河源头的玛多县，因为时间和行程的关系，不能继续向南。

隔着雪冠的巴颜喀拉山，我对着玉树的方向不舍地望了又望。

回到西宁，我请青海团省委的同志帮我寻找朵朵的下落。大约一个月后，我在北京接到青海团省委办公室戚光老师的电话。戚光老师说有“一个好消息”、“一个坏消息”。我说先告诉我“好消息”。戚光老师说，“好消息”是朵朵已经找到了，她就在玉树。戚光老师说我担心的没错，去年八月份，卓措拉毛老人不幸去世；现在，达娃已由玉树少年福利院收养，改名叫才仁巴吉。——这同时也是戚光老师告诉我的“坏消息”。戚光老师向福利院转达了我希望收养朵朵的意愿，福利院方面说朵朵在他们那儿生活得很好，也已经上学了，他们感谢我的好意，但他们有能力将才仁巴吉抚养成人。

我先是兴奋，继而又沮丧。我不情愿地追问：“他们是说‘有能力’抚养朵朵吗？”戚光老师给予了肯定，她安慰我，说玉树县少年福利院是一家由国外基金资助的国际救援项目，条件很好，相信才仁巴吉在那里一定能生活得幸福。

这我就无话可说了。我空有一腔热情，却肯定没有外国人的钱多。也许朵朵在那里面会快乐吧，他们给朵朵改了名字，一定是希望朵朵忘掉过去那段痛苦的记忆，开始新的生活。

我后来把这个故事写进了我的新书《左岸的黄河》里，还配了朵朵和卓措拉毛老人的照片。

在藏语里，卓措拉毛是“圣湖中的仙女”的意思。

20 朵朵又失去了她的羔羊

到玉树后，我又想起朵朵，就想再找找这个孩子，看一看她。虽然事隔多年，但我从那么遥远的地方来，怎么说也还算一种缘分吧。

这一天，趁着中午休息的空闲，州旅游局俄要科长陪我去寻找朵朵。结古镇有两个福利院，一个是玉树州福利院；一个是玉树县福利院，我不知道朵朵当年被哪个福利院收养，我们先去了县福利院。

县福利院在一处偏僻的院落里，我们到时院门锁着，因为刚下过雨，里面显得很冷清。应门的是两个藏族孩子，他们随后找来两位年轻的女老师。俄要科长用藏语向老师说明来意，问这里是否有一个叫才仁巴吉的女孩。他们叽哩咕噜了半天，女老师却摇头说不知道。她们来这里一年多，情况了解很少。

我有些失望，却也不怎么意外。之前，玉树方面的朋友普遍对我找到朵朵不持乐观态度。我能够提供的线索太少，只是两个名字而已，还不知准不准。在藏地，叫相同名字的人太多了，时间又过了这么久，一个孤儿的下落是很难说的。

我后悔从北京启程来玉树时忘了这件事，没有把朵朵的照片带上。

抱着最后一线希望，我询问这里是否有过外籍国际救助机构的

我在福利院翻拍到的朵朵的照片。朵朵穿着一件蓝色羽绒服，戴着漂亮的围巾和风雪帽，快乐地笑着，一脸灿烂阳光。

人员。女老师说之前是有过外国人员，但后来离开了。我问离开的缘由，女老师们并不清楚，只说现在福利院由玉树县政府管理。

我想肯定没戏了，准备和俄要科长往外走。这时，先前两个孩子中较小的一个男孩拉住俄要科长的衣服，跟他咕咕哝哝说了一阵儿。俄要科长的表情瞬间放晴，转身叫住我，说这个男孩说这里曾经有过一个叫才仁巴吉的女孩，但后来被福利院开除了。

我大喜过望，急忙向男孩询问朵朵的事。男孩的汉语不好，复杂点儿的意思就要说藏语。而俄要科长的藏汉翻译能力也令人生疑，常常是他们唧唧咕咕说了五六句，俄要科长才给我翻过来一句，还是在我的一再催促下。

经过反复的询问和确认，我大致捋出一条线索：之前，才仁巴吉确实曾在这家福利院里生活，三年前被赶了出来，理由是她抽烟。俄要科长又说，实际情况可能是另有孩子想进福利院，孩子的家长就串通管理员，把无父无母的朵朵撵了出去。朵朵现在又回到她的家乡结隆乡，情况似乎不好。

男孩给了俄要科长一个电话，说那是朵朵亲戚的邻居家的电话，用那个电话可以找到朵朵。

男孩瞪着大眼睛看俄要科长给我翻译完这些，又飞跑回宿舍，拿来一幅镶在相框里的照片，说这是朵朵几年前在福利院时外籍老师给拍摄的。照片上有一大二小三个孩子，男孩指着其中一个十一二岁的女孩说这个就是才仁巴吉。

照片上，女孩跟十年前那个哭泣的朵朵已经很不一样了。她穿着跟内地城市孩子一样的蓝色羽绒服，戴着漂亮的围巾和风雪帽，和另外两个同样整洁、漂亮的孩子快乐地笑着，一脸灿烂阳光。

我仔细观察照片，最后从她大而微肿的眼睛上认出了她。虽然她的耳朵在帽子底下遮着我没有看到。

隆宝滩。隆宝滩是玉树一处著名的湿地生态保护区，是黑颈鹤等许多珍稀鸟类的栖息地。

我用数码相机翻拍下才仁巴吉的照片，与俄要科长离开了福利院。俄要科长说，结隆乡离结古镇80公里，如果你想，我们可以去一趟。

我对俄要科长说："我想！"

两天后，阿宝局长从别的部门调配了一辆吉普车给我，要俄要科长放下培训班的事陪我去一趟结隆乡。

之前，我打电话给我在西宁的朋友，要他把他手里我的书《左岸的黄河》中朵朵和卓措拉毛的照片复印了传真给我，它是我确认朵朵身份的惟一证据。

工作组的马主席给培训班的课上完了，也答应同我们一起去寻找朵朵。马主席是青海大学的教授，从事旅游文化研究，他年轻时在玉树工作过多年，对这里很有感情。

去结隆乡的路上，我们经过隆宝滩。隆宝滩是一块长10公里、宽3公里的高原沼泽草甸，海拔4 200米。这里有许多纵横迂回的溪流、星罗棋布的沼池，将草滩分割成无数大大小小的"绿岛"。"绿岛"上生长着茂盛的水草，周围的沼池溪流中生长有许多高原鱼类，独特的自然条件和生态环境，为鸟类的栖息创造了良好的条件，吸引了黑颈鹤、斑头雁、棕头鸥、白天鹅等许多珍稀候鸟，于每年春夏之际迁徙到这里繁衍后代，黑颈鹤是这其中最稀有珍贵的鸟类。

黑颈鹤是鹤类中极为珍贵的品种，国家一类保护动物，青海的"省鸟"。目前野生黑颈鹤种群数量十分稀少，《国际鸟类红皮书》和《濒危物种公约》都将其列为急需挽救的濒危物种。青海玉树的隆宝滩，是黑颈鹤最大的自然栖息地。每年的三四月份，黑颈鹤由云贵高原飞来隆宝滩，在这里垒窝产卵育儿，到十月份天气寒冷后，便携带雏鸟返回过冬。隆宝滩现已列为国家级自然保护区，成立了专门的观测保护机构。

前一天，俄要科长跟才仁巴吉亲戚的邻居取得了联系，要他转告女孩今天不要跑远。到了结隆乡，我们把车停在路边，按照杂货店老板的指引步行去找联系人，路上就碰到了他。

藏族人虽然事先知道此事，见到我还是有些手忙脚乱。他邀请我们去他家喝茶，藏族人都是这样礼貌和客气。我婉言谢绝了，想尽快看到才仁巴吉。

藏族人于是站在街上喊，远处另一个人接了话，也一样往远处喊。他们像传递烽火，一个接一个喊了四五道，一个穿红衣服的女孩子就从远处跑了过来。

第一眼见到才仁巴吉，我好像没什么感觉。才仁巴吉和十年前的样子固然不同，和几年前她在福利院时的也大不一样。她个子不高，神情不再生动，穿一身半旧的衣服，没有更多装饰，只在脖子上挂一条廉价的珍珠项链，项坠是一个绿度母的挂像。现在的才仁巴吉，没有了六岁时裹在肮脏破烂的藏袍里放声痛哭也依然驻有的神性，和她是一个快乐的少年时外籍老师为她捕捉下的透明笑容。

她变成一个普通的藏族孩子，不再是“朵朵”了。

我拿出朵朵和卓措拉毛合影的复印件，问才仁巴吉是否认得自己。才仁巴吉摇头说不认得。我又指着卓措老人问，才仁巴吉还是摇头。我忽然怀疑，眼前的才仁巴吉是不是当年的朵朵？我从数码相机中调出之前翻拍的才仁巴吉留在福利院的照片，才仁巴吉承认那上面的女孩是她。

我们周围围了许多人，一个男人指着照片上卓措拉毛说他认得，他叫出了老人的名字，说老人原来住在他们村子，几年前死了。另有两个人也认出了卓措老人，他们还认出照片上的小女孩就是现在的才仁巴吉。我解释照片拍摄的背景，他们对十年前的那场大雪灾都还印象深刻。一个男人说当时的情景太惨了，家里有一百只羊的只能剩下两只。我和藏民们的交谈都由俄要科长翻译，才仁巴吉茫然地听着看着，似乎对这些都没有了记忆。

这时，马主席悄悄示意我离开人群几步。马主席有着学者的认真和严谨，他小声对我说之前他一直在旁边观察，判断才仁巴吉就是我要找的朵朵，可能她年纪小忘记了当时发生的事，但周围乡亲们说出老阿妈的名字应该不会有假。

“而且，”马主席指着照片和才仁巴吉说，“我仔细对比了这两个孩子，你看她们的耳朵都是又大又圆，多么像啊。”

接着，我又从周围的乡亲那里得到才仁巴吉更多的信息。才仁巴吉离开福利院回到乡上的这几年，日子过得很不好。她没有固定的监护人，没有经济来源，吃饭都成问题。乡亲们可怜她，常常东家管她一顿西家给她一口，居无定所。今年春天，才仁巴吉跟着乡亲进山挖虫草，换了六百块钱，买了身上的几件衣服，其余的就什

黑颈鹤：

品行高洁、尊贵，它们每年结伴迁徙来时，都去自己固定的居住点。雌雄双鸟也相依相伴终生厮守，一旦配偶不幸在这里死去，另一只就不再迁涉到别处，而是守在失去配偶的地方，哀婉鸣叫直至死去。藏族人十分崇敬黑颈鹤，传说它是格萨尔王王妃珠姆的“寄魂鸟”，每当珠姆遇到危难，总能得到这种仙鹤的庇护和解救。

么都没有了。

乡亲们这样说时，才仁巴吉在一旁静静地呆着，脸上有着木然的平静，似乎对命运给予她的痛苦已经无动于衷了。

我询问才仁巴吉在福利院抽烟的事。才仁巴吉发誓她从没有抽过烟，是管理员诬陷她。才仁巴吉的乡亲也为她作证，说才仁巴吉回到乡里几年了，从没有人见过她抽烟，是一个品行很好的孩子，所以乡亲们也愿意帮她，只是谁家都不富裕，不能收养她。

我又问才仁巴吉她的外籍老师为什么离开？才仁巴吉摇头说不知道。——后来，我从玉树另一家慈善机构"江源促进会"的负责人仁钦·达哇那里听说，大约是这几个外籍老师在开办福利院的同时从事基督教传播工作，触犯了当地政策，被劝离开。

我要才仁巴吉带我去她的住处。才仁巴吉现在的住处是一座敞开的院落里一间像门房样子的土坯房。房间十分阴暗狭小，除了靠墙的一张砖头搭起的窄床、一张桌子、一个炉子以外，就没有像样的东西了。才仁巴吉、她的邻居、俄要科长、马主席我们几个人进到屋里，将房间填得满满的，其余的人只能身子站在屋外，把脑袋挤在门框里。

从前两天在福利院得知才仁巴吉的状况，我心里一直郁闷。我难过的是，一个人的命运怎么这么难以改变呢？朵朵十年前在雪灾中痛失双亲，那对一个六岁的孩子来说无异于天塌地陷的打击。幸好，卓措拉毛老人收养了她，一对老小相依为命，日子可能难捱，但亲情总还是不缺的。后来，卓措老人去世，朵朵进到福利院。福利院由国际救援组织资助，我想朵朵在那里会受到更现代的教育，将来的前途可能比她有父母时还好些，说不定还能被送去国外。——我甚至还曾替朵朵"庆幸"，想她的少年失怙，或许未尝不是"因祸得福"呢。

然而，朵朵在福利院只过了几年好日子，就又回到了她出生和受苦的地方。她的人生轨迹好像划了一个大大的圆，从起点又回到原点。要是这样，还不如我当初收养了朵朵，把她带到北京，情形或许会改观了呢？

——历史是不能假设的，命运更难以改变。现在朵朵已经十六岁了，她的人生轨迹已经有了自己的走势和方向，不再能被重塑，我不可能再收养朵朵，也不能再帮她了。

可我还是为这孩子担心啊。她一个人在这乡上过活，会不会被人欺负、被男人诱骗？夜

朵朵的人生轨迹好像划了一个大大的圆，从起点又回到了原点。现在的朵朵，没有了六岁时裹在肮脏破烂的藏袍里放声痛哭也依然驻有的神性，和她是一个快乐的少年时外籍老师为她捕捉下的透明笑容。

朵朵在借居的房子前面。那房子很破败，门和窗户都不严实，晚上透着很大的风。

晚她一个人睡，会安全吗？会温暖吗？她的未来将会怎样呢，她会幸福吗？我像一个神经质的母亲，永远担心自己的女儿会在长大成人以前被坏人算计、被社会吞噬，而忧心忡忡。

我问才仁巴吉对将来有什么打算？她默然无语，不知该说什么。我换了一个方式，问她现在最想做什么？才仁巴吉迟疑了片刻，说:"想读书。"

我之前已注意到，才仁巴吉床前的桌子上放着一本不知是什么时候的课本。想必她在一个人的时候，还曾拿来阅读，叫她能够凭借于此找回一些回忆与安慰。可我对才仁巴吉重返学校并不热心，我现在关心的是才仁巴吉的"生活"，她怎样才能平安地活下去。

但是，我能帮她做什么呢？

俄要科长提醒时间不早，我们应该离开往回走了。

离开才仁巴吉的住处来到大路上，我从背包里拿出一些钱。我问才仁巴吉自己是否能够管理钱财，她说可以，我才把钱交到她手里，要她去给自己买一些生活用品，其他的留作生活费。

我原本想把十年前那张照片留给才仁巴吉，好叫她记得曾经抚育过她的卓措拉毛老人，思忖了一下，我还是把照片带走了。

也许，才仁巴吉忘掉过去，忘掉自己曾经哭泣的样子，对她会比较好吧。

21 我非要“请”下绿度母

这一天，我在州府旁边的一条巷子里找到一家新华书店。书店虽然门面残旧，在这里出现仍令人欣喜。

现在大城市比较火的是书城，但在远离都市的乡镇和民间，你会发现新华书店这种年代久远、带有明显历史痕迹和颇为呆板的图书配送系统，对于承载和传播文化知识，依然扮演着不可替代的重要角色。

我大致浏览了书架，挑选出几本有关藏地文化的书。等待结账时，我四处张望，无意中看到书架顶端用图钉钉着的一排画片。书店里有许多类似的挂图和图片，都是藏传佛教内容的。我不信佛，家里不挂这些，所以从不注意它们。可那一刻，我好像被一种无形的力量牵引，不知不觉走到画片前面。我指着其中的一帧，对营业员说：

“我想要这一张，行吗？”

营业员瞟了一眼我的所指，木着脸说：“不行，那不单卖。”画片一共四五十张，32开大小，是不同的佛菩萨和护法神。它们都很像，我分不出区别来，有的还面目狰狞，不招人喜欢，我于是坚持，说：“我只想要这一张。”

营业员还是说不行，说不能拆开了卖。我试着商量，说拆开了也可以卖啊，也许其他人也不想买全套的，会喜欢其他某一张。营

康区民居。这是一种用石片搭的房子，虽然石片大小厚薄不一，墙壁却十分整齐、挺拔，令人称奇。

业员毫无通融，理由很简单，说店里没这样的规矩。这又是国营店的老毛病了，只像在摆谱，不像做买卖。

我心里不高兴，懒得与他们理论，回到柜台交了之前的书钱。

转身往门口走时，我又回头望了一眼远处钉在书架顶上的那一溜画片。——我眼睛近视，远一点的东西就看不清。在一片模糊中，我仍然被那张图片所吸引，仿佛从它那里有一条线，过来牵住了我的眼神。我停下将要迈出门的脚步，回到柜台，尽量诚恳地对营业员说：

“同志，我确实想要那一张画！”

大约我之前为书店的营业额做了贡献，营业员们的态度这时有所缓和，但她们依然不知该怎么办。我没想到，在自由随性的藏地，又是灵活善贾的康巴人，社会主义国营经济的陈规陋习竟能这么跋山涉水千里迢迢地过来，把他们如此束缚。我无奈地叹了口气，向她们解释说我不是心疼钱，我把整套画片买下并没有问题，只是我喜欢这一张，其他的我可能会“不当处置”。我说：

“那样是对你们宗教的不敬，你们也不希望吧。”

我的这句话打动了藏族营业员。她们想了想，彼此嘀咕了几句，终于认可了我的理由。一个管事儿的中年女营业员吩咐另一个年轻一点儿的满足了我的要求。年轻女营业员弯腰在柜台底下的包里翻了翻，起身说没有存货了。中年女营业员表情遗憾，对我说没有了。我指着书架上钉的那一张，说：

我执意“请”下的绿度母画像（局部）。度母的脸上还有明显的折痕，但我非常喜欢它，被我装裱了挂在书房里。

“那把那张给我行吗?”

营业员愣了一下，说可以。她们以为我会嫌那一张不是新的，蒙了灰尘，边缘有破损，上面还有一个钉子眼儿。我说没关系。我亲自过去，用随身带的瑞士军刀把画片从书架上起了下来，交给营业员算账。

我问多少钱，中年营业员迟疑了一下，说:“你给一块五吧。”我没想到这么便宜，惊讶地重复了一句。营业员以为我挑剔她临时定的价格，我忙说不是这个意思。付完账，我拿起画片拂去上面的灰

在藏地寺院，那些虔诚的、善良的、五体投地磕着长头的信徒，无一不是在为众生祈祷祝福。

绿度母:

藏传佛教造像中，绿度母现少女像，体态婀娜，身肤绿色，一面二臂，慈悲面容，头戴花曼冠，发髻高挽，双耳垂金球，上身袒露，肩披掩帐衣，颈挂珠宝璎珞，下身重裙，以示庄重；左手当胸捻一支乌巴拉花，右手下垂，掌心向外作施愿印，也捻一支莲花，象征克服八难，施众生予安乐。画像中，绿度母双足半跏趺坐于莲花日月轮座上，左足卷曲，右足垂下呈蹴踏状。"影子"后来告诉我，这个姿势代表绿度母准备随时起来救度众生的愿望。

尘，顺便问营业员：

"请问，这画上的是谁呀？"

营业员奇怪我不认识这幅画，怎么还非要买它，她怀疑地瞪了我一眼，说：

"绿度母啊！"

"***绿度母***？"我一怔，惊得张大了嘴巴。

我从书店来到外面街上。街上依然尘土飞扬，太阳非常晃眼。我沿街往飞马集市上走了一段，漫无目的、心不在焉，索性在路边台阶上坐下。

"这会不会太神奇了，"我不由得想，"难道我跟绿度母真的有关系吗？不然，我怎会在众多画像中一眼看中这一张呢？"

这想法竟让我很心烦。

远处，珍珠的身影在人群中时隐时现。看着珍珠坐在滑板上在人们的腿脚之间穿梭停留，我心里很不是滋味。

我刚来结古镇时，一次在街上遇到珍珠。她双腿畸形，坐在一块装了轮子的板子上乞讨。我一眼看出珍珠是骗人的，她的腿是痼疾，早已长成形了，可还抹着蜡黄颜色的药膏、缠着绷带。珍珠向我要钱，我不想被骗，就没给。珍珠追着我讨要，双手蹭着地面把板子划得飞快。我不好意思在街上现眼，只好给了她一块钱。

我后来到风马藏餐吧，把这件事告诉了"影子"。"影子"说他知道那个女孩子，她叫珍珠。——结古镇不大，好像镇上每一个人都知道彼此的底细。我还在为刚才的遭遇生气，说内地也有很多这样的骗子，他们靠乞讨赚了很多钱，有的还故意把自己搞残，或者拐骗儿童把他们搞残，特别可恶！

"影子"不同意我的态度，他说布施波罗蜜多是"菩萨行"中的第一条，是求佛求法之人首先要力行的。"影子"接着给我讲了《尸毗国王以身救鸽》和《摩诃萨陀舍身饲虎》的故事，他教育我也要照着这么做。

"影子"的话我不爱听。我跟"影子"辩论，说这怎么可能呢，哪个人会把自己的肉割了喂老鹰，又有谁会自己死而去救一只老虎呢！"再说了，"我说，"如果讲爱心，那他自己也有家人亲友啊，他自己死了就不怕让他们伤心、悲痛吗？"

"影子"说，"菩萨行"是要人行大爱，救度众生，他们连自己的生命都能舍弃，是不会受到小我感情的阻止的。我反驳，说就是行大爱也要讲个是非啊，我若救助了这些"骗子"，那我不成傻子了。"我最讨厌别人骗我了，那样让我觉得智力受辱。"我说。

“影子”劝喻我：“智慧是你的心，没有人可以让它受辱。你心中的智慧好比粮食，你吝惜，捂着盖着，生怕被别人偷去骗去，它反而会发霉、长虫子。你敞开心胸，利乐行善，智慧就会变成泉水，越生越多。”

“那我也要分人，”我说，“我不能助长坏人的恶劣品质。他们继续行骗，会让人们失去同情心，不再去帮助那些真正需要救助的人。什么叫‘好心办坏事’，这样就是！内地的政府都告诫大家：不要随便给乞丐钱，当心受骗！”

“‘好心’永远变不成‘坏事’，”“影子”温和而坚决地说，“就像果树结果子，有的一年就结了，有的需要三年五年、十年八年。只要你坚持，一定能够得到收获；你中间放弃了，没有等到结果子，就会觉得上当受骗了。”

我不再吭声，似乎觉得“影子”说得有些道理。坦白说，我是一个比较愿意接受正面教化的人。在内地，像我这样的道德品行，从哪个方面讲都算是比较优秀的；可来到藏地，和藏族人相比，我就感觉自己好多地方都不够好、不够善良，心里时常惭愧，对自己不满意。我所以又不服气，说：

“佛还讲只度有缘人呢，像他们这样，我不想帮助。”“影子”劝我，说：

“即使他们故意把身体弄残，也是迫不得已的。他们身体本身的伤痛也很可怜啊，你应该帮助他们。”

“凭什么?!”我气呼呼地说。

“你是绿度母啊。”“影子”说，“菩萨利益众生，救度有情，是不会给人设定门槛的。越是积累了恶德的人，菩萨越不会放弃，这是佛法的精髓。”

我嘴硬，说：“我还没承认我就是绿度母呢。”

那天之后的第二天，我在另一条街上又遇到珍珠。

我当时换了一身衣服，珍珠没认出来，又向我乞讨。我因为前一天受“影子”批评，就想说给自己一个“功课”，克服计较和苛刻，尽量仁慈。这样想着，我便从兜里掏出钱来，准备给珍珠。

就在我回身时，珍珠认出了我。她忽然很不好意思，收回伸出接钱的手，冲我羞涩地笑了笑。我被珍珠的笑容慑住，一瞬间竟僵在了那里。我没想到珍珠会停止向我乞讨，她收回的那只手仿佛打在了我的脸上。虽然无人看见，却叫我因为自惭而觉得失了尊严。

之前，“影子”跟我谈起藏地和内地“乞讨文化”的不同。“影子”说因为藏传佛教提倡布施度，所以在藏地乞讨不是一件丢脸的事。在藏地，或许有“职业的”乞丐，但不会据此敛财，这只是他们的一种生活方式而已，很多朝圣的信徒就是一路乞讨着到圣地去的。

“影子”这样说时我还有些不信，珍珠刚才微妙的举动却让我体会到，错怪和误解别人也是一种对自己尊严的伤害。

我收回了我的手，没有给那孩子我原本想给的钱。我想，至少这一次，我应该“尊重”她，维护她的尊严。珍珠天天在街上乞讨，她到了我们第四次碰面时才又接受我的施舍。

我却觉得，是珍珠“施舍”了我，给了我施舍她的机会。

施舍是一件多么幸福的事啊，我因此一直在心里感激珍珠。

在藏传佛教中，佛给他的信徒们赋予了三个不同层次的终极理想：一是树立脱离三恶趣，往生人天善趣的信仰，此谓“皈依心”；二是树立从轮回世界中解脱，进入涅槃世界的志向追求，此谓“解脱心”；三是博施济众、利益天下，愿普度众生同出苦海，这便是“菩提心”。第一个境界是最基本的，凡是信仰佛法的人都能做到。第二个境界只求自己从六道轮回中解脱，断除烦恼，灭绝生死，得到涅槃，这实际上是小乘教的境界。第三个境界不但要解脱自己，更要致力于一切有情众生的解脱，这才是藏传大乘佛教思想的最高境界。

在这三个境界中，第一个境界和第三个境界对藏族人的影响最大。对于普通的藏族信徒来说，他们厌离三恶趣，希求转生到人天善趣之中。至于解脱成佛之类的事，他们则不大关心，认为那是望尘莫及的。但是，藏族人因为笃信业力轮回因果报应，而他们的现实生活实在是太苦了，他们觉得恐怕是哪里不对，所以就想说一定要有大菩提心，要利他和利众，这样才能给自己积攒功德。

在内地的寺院里，你看那些上香拜佛的人，不是想求财问子就是想祛病消灾，总之都是为了自己和与自己有利益关系的人；而在藏地寺院，那些虔诚的、善良的、五体投地磕着长头的信徒，无一不是在为众生祈祷祝福。如果你能懂得他们的语言，或是请一个藏族人在旁边帮你翻译，你一定会为你所听到的和看到的感动。这也是藏族人何以有那样神圣和高尚的气质、令人敬仰的原因。

对照藏传佛教推崇的“六度波罗蜜多”，我觉得自己哪一点都不行。我不肯没条件地布施，不肯遵守繁文缛节，不能受辱，有时候懒惰、容易放弃，做不到禅定，智慧浅薄。“影子”说我前世的资粮积攒丰厚，根器也好，但若今世不努力修行，也会坐吃山空。

“影子”的话我以前是不信的，觉得无所谓。在藏地呆的时间长了，慢慢地，心思也开始变了，觉得是不是对自己高标准严要求一些会比较好？

22 开在墙缝里的黄罂粟

我在街上坐了一会儿，心里依然闷闷的，想找一个人说说话，排遣排遣。

但我不想去找“影子”。我要是跟“影子”说我“请”下了绿度母，他一定说这是神示，又要“逼迫”我皈依了。

我想到了禅古寺的活佛洛卓尼玛，决定去他那里。

洛卓尼玛活佛是我来玉树的第二天，一早去爬嘎哇山时在山顶认识的。

当时，山上有两男一女三个香港人正在为一位身披红色袈裟的喇嘛录像。喇嘛看上去很有身份，周围转山的藏民都向他行礼。拍摄工作似乎不太顺利，山顶风太大，支在地上的反光板不断地被吹翻，好几次险些滚到山下。我在旁边观察了一会儿，决定上前去帮他们一把。香港人很高兴，红衣喇嘛也向我致谢，我于是得知洛卓尼玛仁波切是禅古寺的住持，一位活佛。

洛卓尼玛活佛戴一副清秀的聚酯拉丝眼镜，谦逊和善，态度斯文。活佛的汉语讲得很好，这并不令我惊讶，令我惊讶的是他的英语也很棒。洛卓尼玛活佛解释，他之前曾在印度求学，所以会说英语，三位香港人是他的俗家弟子，这次专程过来为他拍一部专题片。

我听说活佛有“留学”背景，又去过佛教的发源地印度，立即对他肃然起敬。

——我是一个庸俗的人，对神迹、法力、学位等等有着难以抵挡的崇拜。

洛卓尼玛活佛说，就像藏地的谚语："一块碗糖，掰碎了哪一块都是甜的。"

洛卓尼玛活佛邀请我方便时去禅古寺，他答应亲自为我作向导。我很高兴，对活佛的邀请表示感谢。

我在街上烤洋芋的摊子上买了五串烤洋芋，过去送给珍珠二串，我自己留下三串。走了几步，我又回去多给了珍珠一串。珍珠很可爱地冲我笑，我也冲她微笑，两人都很高兴。

我在集市上找了一辆面包车，谈好十五块钱送我去禅古寺。我事先给洛卓尼玛活佛打了电话，他说他会在寺院里等我。禅古寺在结古镇西航村南侧，离镇中心大约六七公里。

我到达寺院时，洛卓尼玛活佛已经等候在寺院门口。这让我非常不安。我向活佛致谢和致歉，活佛十分谦和有礼，要我不要在意。因为来得匆忙，我没有给活佛带来哈达，无法向他行大礼。我再次向活佛表达歉意，洛卓尼玛活佛微笑着表示心意已经领了。

洛卓尼玛活佛先陪我参观寺院。藏地寺院除少部分像西藏布达拉宫和玉树结古寺修在山的顶上，大多数都建在山川里，背山面川，寺借山势、山助寺威，寺院和山水自然融为一体。禅古寺也是这样一座寺院。

禅古寺是藏地噶举派的一座著名寺院，公元1160年由噶玛噶举派创始人都松钦巴亲手创建。相传，禅古寺的建寺地点是阿弥陀佛

禅古寺大经堂里的千佛阁。禅古寺是我在藏地见过的在融合现代物质手段与维护宗教传统风格方面做得最好的寺院。

和龙树菩萨化现加持过的“胜乐金刚净土”，在此化境再现的地方还挖出了胜乐金刚的伏藏坛城，后来在那里建有闭关修行中心，据说非常有加持力。

历史上，禅古寺极盛时有僧伽一万多名，故又名“万僧之寺”。但世事变幻，寺院历经地震天灾、蒙古兵患等磨难。建国以后，1958年关闭，“文革”中被毁，1980年重新开放。现在的寺院是洛卓尼玛活佛在2001年主持修缮翻新，2004年举行了开光大典。禅古寺现在有一座五层的大经堂和一座四层的大经堂、三座闭关中心和一座佛学院，著名的文成公主庙也归寺院所属。

洛卓尼玛活佛先引我到五层的大经堂。一进到大经堂里，我被眼前灯火通明的景象震惊了。禅古寺是我见过的藏地最明亮的寺院，它采用现代的电光源替代传统酥油灯照明，使得整个经堂金碧辉煌，宛若仙境。我特别注意到，寺院在布置光源时非常用心，对佛像多用底光和背光，放在神龛案几上的供灯是包在莲花形的灯座里，既营造了宏伟庄严的气氛，又没有现代工业的那种粗鲁与浮躁。

大经堂正中央供奉着高10米的无量光佛铜质镀金佛像，左右各是观音菩萨和莲花生大师。大经堂后面的佛堂更为富丽堂皇，里面主供着一尊高10米的弥勒佛坐像，左右两边分别是八大菩萨，各有6米高。佛像全部是亚光镀金的，显得气派而高贵，十分耀眼。周围是仿敦煌莫高窟风格的祖师及罗汉窟三十个，以及一千尊高一尺的释迦牟尼镀金铜像。

禅古寺的重建是洛卓尼玛活佛一手主持的，从大的结构到细部装修都凝结了活佛无数心血。据说，康巴地区后来修建寺院，许多都要先来禅古寺参观取经。

五层大经堂出来，我随洛卓尼玛活佛来到后面的四层大经堂。四层大经堂中供奉着高4米多的铜质镀金三世佛，周围是千佛阁和无数经卷。禅古寺另一个特别的地方，是它四层大经堂的二楼上建有四间佛堂，分别供奉着藏传佛教宁玛、噶举、萨迦和格鲁四大教派的开派祖师、传承大师和各派供修的本尊及护法。

经堂的二楼原本应该是活佛的寝殿，洛卓尼玛活佛主动提出放弃自己的寝殿改建为佛堂。像禅古寺这样把藏传佛教四大教派供于一寺的情形，在藏区寺院中甚为罕见。洛卓尼玛活佛说，藏传佛教各派别传承和修法虽有不同，但根都是一个，就像一棵树上生出的枝桠，它们彼此也无高下优劣之分。恰如藏地谚语：“一块碗糖，掰碎了哪一块都是甜的。”

洛卓尼玛活佛的这一做法逐渐在产生影响，已经有好几座新修缮的寺院仿效禅古寺，为

供台上精美的康巴木雕。

藏传佛教的四大教派修建了佛堂。或许有一天，由洛卓尼玛活佛倡导的这一风尚会在藏地寺院中成为传统。

在经堂的三楼，洛卓尼玛活佛另外预留了三间房子。他说想要为佛教南传、汉传、藏传三大支系各修建一座佛堂。藏传佛教佛像寺院里原本就供的有，汉传佛教佛像也已从五台山迎请了过来，现在只差南传佛教的佛像没有到位。洛卓尼玛并不急，他说一切随缘，相信不久的将来，佛教的全部体系都将在禅古寺里面得到供奉。

从大经堂出来，尼玛活佛请我到他的禅房小坐。我诚惶诚恐，怕占用活佛太多时间。活佛安慰我不必多虑，他说看我有特别的法缘，所以愿意花时间陪我。我听了受宠若惊，问：

"我真的有法缘吗?"

洛卓尼玛活佛笑着回答:"哦呀!"

在康区藏语中，"哦呀"是"是的"、"对"、"好"的意思。

活佛的禅房在寺院后面的山上，活佛先向我打了"预防针"，说要爬山走一段路。我说没有问题，我身体很好。来到玉树，我的身体一直很适应，这让我不由得怀疑自己这么热衷于藏地，反反复复地往这里跑，是不是真的前世生活在这里，与藏地的山水人情结下过缘分，才要用我今生再来继续。

在寺院里，我们不时遇到来拜佛的信徒。他们见到洛卓尼玛活佛，老远就站住，恭敬地向他行礼，一直等活佛从面前走过。我跟在活佛身边，心里美滋滋的，感到特别荣耀。中间，有一对年纪非常大的藏族老人从一排旧房子里出来，恰巧碰上我们，他们对活佛表现出十分的敬重，甚至想要跪下行礼。洛卓尼玛活佛很谦和地向他们致意，才阻止了他们的冲动。

过后，我问活佛这两位老人的来历，活佛说他们是一对无家可归者，寺院给他们提供了简单的住处和膳食，所以他们对活佛感激不尽。

藏地因为一些特殊原因，孤寡老人比较多，大多数寺院都建有类似养老院的地方。给人的感觉，藏地寺院在这方面承担了内地政府救助部门和社会保险业的双重职能，把从普通信众那里得来的供养和布施进行重新分配，让老有所养、有病能医。从这个意义上说，藏地寺院在给人提供精神依托的基础上，还在社会组织层面起到了稳定人心、构建和谐关系的作用。

在去往山上的路上，洛卓尼玛指给我看建在半山的***闭关***中心。当年，洛卓尼玛活佛曾在这里闭关了三年三月三日，获得殊胜证悟。虽然颇为犹豫，我还是小心翼翼地询问洛卓尼玛活佛可否带我去闭关室看一看，活佛欣然应允。

我以前对闭关这事儿充满了想象，最令我困惑的是日常生活和生理上的难题。但其实，闭关室并不像我以为的那么狭小局促、暗无天日。它基本上是一个三四平方米大的房间，正对房门有一个佛台，供奉着闭关要修的佛神，前面有一块可以做大拜（磕长头）的空地。门旁边的角落里是一个类似木箱子的法座，修持者白天就坐在这里诵经，夜晚睡觉也不能躺下，依旧需跏趺而坐。

闭　关:

藏传佛教的一种修行仪式。一般要求身居密室或深山岩洞，断绝与外界的往来，清净六根，集中精力观想、诵经和修持瑜伽，以期获得成就。闭关依时间长短，有七日至二十一日的“日关”，一个月至五六个月不等“月关”，一年至三年的“年关”，也有发大愿的修行者会闭关更长时间，甚至终生。闭关依环境分，有在不见天光的暗室中修行的“黑关”和在露天阳光下修行的“白关”；有室内修的“内关”和在野外山林旷野上修的“外关”等。

本　尊:

是藏传佛教密宗修行者主要崇奉、观修的一位或几位佛、菩萨或金刚。行者具体修哪位本尊，一般在灌顶时由上师根据其根器和心性不同分别指定。主要的本尊有五方佛、八大菩萨、五大金刚等三十七尊。

闭年关的修行者刚进来时，有大约六个月时间不能讲话，要做的是调理身心、清净头脑、驱除杂念、一心观想。修持者刚开始也许不适应，包括晚上的不能安卧；但度过一段时间后，他的内心会升起清净清凉的感觉，脑海空旷、清晰，心情宁静、愉悦。这时候，闭关者通过观想，就很容易跟要修持的**本尊**或佛神见面，得到其的授记和加持。与此同时，修持者再诵读相应的经咒，感悟能力会增加许多，即能够获得证悟。

也有勤奋的修持者，发愿到深山野外异常艰苦的地方独自闭关，那样的事附近藏民大多都知道，他们会自愿担负供养，定期给修持者送去饮食。——至于我一直耿耿于怀的生理代谢问题，我依然没好意思问洛卓尼玛活佛。但我相信了，对于一个不躁不动静心修持的人，这不会成为一个障碍。

洛卓尼玛活佛的禅房的确很高，到后来连洛卓尼玛活佛自己都有些喘息了。我跟在洛卓尼玛活佛后面，尽量深长呼吸调整节奏，不让活佛看出我也已经心跳气短。否则，活佛又会向我致歉的。

活佛指点说就要到他的禅院时，经过一处年代很久的上着挂锁的房子，我在门旁边的墙缝里看到几支孤独的黄罂粟。它们高矮开了几朵小花，特别鲜艳夺目。那花让我笑了，身体的不适顿时减少了许多。在藏地，寺院里的人特别爱养花，任何生命在这里都会受到虔诚的呵护。

果然，我们转了一层梯阶就到了活佛的禅院，那里面养了好大一片花卉，阳台上也摆着绽放的花盆。我随活佛进到院子里，管家立即跑了出来，恭敬地服侍活佛上楼。在二楼的楼梯口，一个老阿妈从一间厨房里出来，笑着恭迎活佛。活佛介绍说这是他的母亲，他随即也向母亲请安。

在藏传佛教的认知体系中，他们对人生命的解释强调业力说前提下的个人轮回，一个家庭中子女与父母之间没有必然的联系，他们只是暂时的结缘和现世的依附，而不是像内地儒文化习俗十分强调的血统承传。所以，在藏地，那些生养出转世灵童的父母对他们成为活佛的孩子仍然万分恭敬，不敢视作常人。

同时，在藏地，你又绝少看到子女不赡养父母或虐待老人的事。报答养育之恩是他们最基本的伦理道德之一。

洛卓尼玛活佛的禅房出乎意料的简朴。我随活佛从山下上来的路上就发现，山上的房子整体上都比较陈旧。山上的房子是僧侣们的住所，我想活佛是把钱都用在了修建经堂和佛学院上面，却没料到活佛自己的房子也是如此。对比之前在寺院大经堂看到的金碧辉煌，我对活佛说他应该有一间更漂亮的房子，活佛温和地说：

“简朴一些好，简朴有利于修行。”

活佛褪去红色袈裟，坐到自己的坐榻上，终于吁了一口气。看上去，活佛是有些疲累了。活佛的房子是传统藏式的，集卧房、书房、客厅于一间，待客的茶几上有糖果、糕点和奶片，此外还有瓜子和葡萄干。我见到葡萄干很高兴，吃了好几把，然后坐着跟活佛聊天。

洛卓尼玛活佛为人谦逊和善，善于倾听和交流，又熟悉各地方文化，跟他谈话是一件非常愉快的事。我之前有不少关于藏传佛教的疑问，向洛卓尼玛活佛提出，活佛都一一作了回答，令我获益匪浅。

去往活佛禅房的路上，一丛开在土墙缝里的黄罂粟。

23 雪山双狮圣水灌顶

不知不觉，三个多小时过去了，我和洛卓尼玛活佛依然大有谈兴。这时，管家躬身进来，递给活佛他的手机，用藏语向他报告着什么。活佛像一个英国绅士，先向我说了对不起，才接过电话。我坐在一旁什么都听不懂，除了看到活佛不断点头表示了解，连说："哦呀，哦呀！"

通完电话，活佛向我解释，说文成公主庙那边有些事情需要他过去处理，他不能继续陪我了。我起身对活佛的款待表示感激。活佛忽然问我：

"你去过文成公主庙吗？"

我说没有。

洛卓尼玛活佛说："那不妨一起去好吗，坐我的车？"

我说："真的吗,我可以跟您一起去吗？"

活佛说："没问题，我只是去处理一些简单的事，然后可以陪你在那里看看。"

我大喜过望，简直喜出望外。省旅游局考察嘉那玛尼城和勒巴沟那天，原本要一线去文成公主庙的，后来阿宝局长把省局工作组的人带到勒巴沟深处，就没去成文成公主庙。返回时我还遗憾，想即使改天再来，也不会像有阿宝局长陪同的这一次，能听到这么专业和有文化水准的讲解了。

文成公主庙里的大日如来像。大日如来藏语称“囊巴南泽”，梵语为“摩诃毗卢遮那”，其用自己的智慧之光遍照一切处，能使三千世界永放光明，开发众生之善根，是集万佛于一身的佛，至高至尊、无与伦比。

可是，这一回，洛卓尼玛活佛却说要亲自为我作导游呢。

我不由得在心中感想：有时，缘分真的是需要等待的啊。在藏地，你不必为没达成心愿而太过沮丧，也不必为失去什么而耿耿于怀，缘分终会给你你应该得到的。

文成公主庙坐落在贝纳沟里。贝纳沟连着勒巴沟，是另一条山川，藏语意为“十万佛经沟”。相传，当初菩萨感动于文成公主的敬佛之心，在沟里的每一块石头上都刻上了六字真言、经文和佛像，保佑玉树百姓。但这些石刻都是隐形的，普通人肉眼无法看见。

一天，噶举派传承祖师达波拉杰的三大弟子、人称“康巴三杰”的三位高僧传法路过贝纳沟，在此歇息烧茶，想找三块石头搭灶，

可他们跑遍了整条沟也没有找到一块可用的石子。因为他们法力高强、天眼已开，看见这里的每一块石头上都有自显的经文和佛像。“康巴三杰”领悟到这里是佛陀大力加持过的地方，十分敬重，遂施法术将他们自己的膝头变作三块石头，在上面煮了茶。

喝过茶后，高僧们为这条沟起名“贝纳”，然后扬长而去。

从此，勒巴沟里石头上的自显佛像和经文便清晰地显现了出来。

文成公主庙的始建年代比禅古寺早许多。相传，元朝初年，蒙古兵侵犯藏地。一天，他们来到贝纳沟，准备毁掉文成公主庙，幸得禅古寺的护法神显灵，作法打败了蒙古兵，保护了寺庙。从那以后，文成公主庙便归属于禅古寺。

我们越过小溪，踏进石壁锁道、岩石嵌门的寺庙，里面是一个卵石铺地的小院。文成公主庙外表共分三层，内部实为一堂。庙宇顶部的石罅中，一棵千年古柏傲然挺立。当地人传说，是佛祖特意播撒下的一粒树种长成的大树，专门作文成公主的保护伞。

进到庙里，洛卓尼玛活佛吩咐一位年轻喇嘛先带我去参观佛堂，他处理完事情随后就来。

相传，文成公主远嫁吐蕃路过这里时，被玉树人民的热情好客所感动，为答谢藏族人民和神灵的深情厚意，亲自设计、督率工匠艺人雕塑了各种佛像佛塔和石刻数十处，文成

贝纳沟里连天蔽日的经幡。

公主庙内的崖壁浮雕佛像就是当时雕凿的，是藏地最早的佛教浮雕像。

浮雕佛像一共九尊。居于中央的是大日如来佛，藏语叫“囊巴南泽”，梵语为“摩诃毗卢遮那”。佛经上说，大日如来佛用自己的智慧之光遍照一切处，能使三千世界永放光明，开发众生之善根，是集万佛于一身的佛，至高至尊、无与伦比。文成公主雕刻的大日如来高约7.3米，头戴朝冠，两耳佩有垂至两腮的金环，身着唐代盛装，手施禅定印，结跏端坐在双雪狮莲花宝座上，仪态端庄娴静、慈悲安详。佛像头顶上方刻有梵文六字真言，头顶后部嵌有象征“光明普照、佛慧无量”的五彩光环。

在主佛像的两侧，分别各有四尊约4米高的八大菩萨。其姿态各异、表情逼真，手持宝瓶、宝剑、莲花、金刚杵、并蒂莲、宝瓶和如意宝碗。整个石雕佛像因山就势、布局精巧、结构奇妙，浮雕形象体态丰满、容貌秀美、神形兼备，有强烈的立体感，体现了盛唐时代高超的雕刻艺术和吐蕃早期的绘画风格。

佛像两边的石崖上是两组大型壁画，内容为文成公主进藏经过玉树时，山神砍树清道、龙王现身迎驾、当地头人和群众齐来欢迎的动人情景。佛像右侧的崖壁上，刻有古藏文的发明者吞米·桑布扎撰写的“尕恰”(即“说明”)。可惜岁月侵蚀，字迹已然模糊难辨。

堂内光线暗淡、香烟袅袅、空气清凉，置身其中有一种神奇迷离、飘飘欲仙的感觉。

我还在殿堂里观赏佛像，洛卓尼玛活佛处理完事情进来。活佛询问了年轻喇嘛接待我的情况，又将我引到九尊佛像前，向我一一介绍了几位菩萨各自的功德。洛卓尼玛活佛问我是否拜过佛像，我惭愧地说没有。

我说:“我忘了。”

活佛对着佛像作出恭敬的手势，介绍说这九尊崖壁石刻浮雕佛像在这里一千三百多年，比四川的乐山大佛还早一百年。在佛教的理念中，造像经历千年即可当真佛来拜。这些千年古佛经过历代高僧大德的加持，无数信徒的供奉膜拜之后，其法力与真佛无异，都是功德圆满的再世之佛和再世菩萨，具有保佑加持的无比威力。活佛劝我说：

“你应该拜一拜。”

我按照活佛的指示，到大日如来佛面前合掌敬拜。——可我一如既往，依然没有许愿。洛卓尼玛活佛站在我旁边，他的法眼何等敏锐，居然看出我其实是有口无心的，心中并没有想着什么，便问道：

“你不知道该祈祷什么，是吗?”

我睁开眼睛，像被抓到作弊的小学生，尴尬地点头承认。活佛温和地说：

“那么，你就为众生祈祷好了。不管怎么说，祈祷总是好的。”

我忽然被说动，心想是啊，即使我自己不求什么，也可以为其他人祈福啊，怎会每次都放弃向佛许愿的机会呢。自己这么多年的困惑终于得解，而它居然如此简单。

我于是再又合掌闭上眼睛，虔诚而认真地许下了此生第一个心愿。

"好了么?"洛卓尼玛活佛问我。

我说好了。活佛引我到佛龛的近前来，交给我三只酥油灯，要我点上献到佛前。我照着做了。活佛向身边的年轻喇嘛示意，年轻喇嘛双手递给他一只镶着珠宝的镀金铜壶。洛卓尼玛活佛指示大日如来佛像莲花宝座下的雪山双狮说，雪山狮的尾部常有甘露凝出，为佛祖所赐，乃神圣之水，有着无量功德和加持力，寺院用七宝妆成的金瓶收集，是藏族信徒们最渴望得到的。

活佛问我:"你希望要吗?"

"哦，当然。"我叫道，停了一下，又说，"可是，我可以吗?"

我想到我的非信徒身份，不知道这样合不合***形式仪轨***。洛卓尼玛活佛仿佛看出我的心思，只说了一句:

"佛有说:'慈悲为根本，方便为究竟'。"

我立即了悟，心中升起感激，连忙弯腰到洛卓尼玛活佛面前。活佛持宝瓶举过我的头顶，将一些圣水洒到我头上，然后以手掌按住，口中诵经。

我感到一股清凉从头顶贯穿而下，瞬间传遍身体。我整个人像被置换了，每一个细胞都变成崭新的。那种感觉真是妙不可言，犹如重生。

仪式结束，我告诉洛卓尼玛活佛我的感受。活佛意味深长地说:

"你的根器很好。你应该珍惜，用以利乐众生才是。"

我随洛卓尼玛活佛从庙堂来到院子里，活佛介绍说，当年文成公主只刻下大日如来等九尊佛像和石刻壁画，这座庙宇是七十年后的公元710年，唐蕃第二次联姻，大唐金城公主远嫁吐蕃王赤德祖赞，路过此地看到姑祖文成公主雕凿的九尊佛像极为壮观，为公主之千秋功德不被风雨剥蚀，她令侍从、工匠和当地匠人一道盖建了佛殿加以保护，并赐名"文成公主庙"。

洛卓尼玛活佛引我到院门旁一块不大的石碑前，石碑上用古藏文简略记载了修建文成公主庙的大体原由和时间，活佛替我翻译，其中写道:

> "为了祝愿万民众生、赤祖德赞父子幸福平安，祝愿佛教昌盛宏大，依照佛中年时的容貌和体型，依岩壁雕刻佛像，修建此庙。"

形式仪轨:

藏传佛教有着严格的规矩，"三入门"是最基本的修行格式，不能乱来。"皈依"是第一道门，指入佛教之门；"发心"是第二道门，指要发菩提心进入大乘菩萨境；之后才能接受"灌顶"，即入神圣密教之门。

24 一个叫做“德”的王

大概因为文成公主的名声与功德太过炫目，遮住了她这位后代公主的光芒；又可能因为当时的唐朝已从盛世走向衰落，许多事情也有着身不由己的苦衷。历史典籍中，金城公主入藏和亲的记载远没有文成公主的丰富。实际上，无论对唐蕃两国的安定和睦，还是佛教在藏地的传播与植根，金城公主的作用都十分巨大，一点儿不在她的祖姑之下。

金城公主在藏地的故事，要从她的丈夫赤德祖赞说起。

赤德祖赞是松赞干布的玄孙、吐蕃第三十七代赞普。一天，赤德祖赞在王宫里巡视，碰巧看到先朝大臣刻在铜板上的松赞干布的那份遗嘱，赤德祖赞心想，先祖说的后代子孙中一个叫做“德”的赞普会在藏地将佛法弘扬，那指的不就是我吗！

于是，赤德祖赞决定继承先王遗愿，继续弘扬佛法。

赤德祖赞派遣两位使者去印度求法，他们法缘尚未具足，只迎请到《阿笈摩经》、《金光明经》、《业缘智慧经》、《事部》、《行部》等佛经，整理成经卷后回来献给赞普。赞普为安放这些经卷，建造了拉萨喀札、札玛郑桑、钦浦南热、札玛噶若和玛萨贡五座佛堂。

这期间，赤德祖赞为姜查拉温王子向大唐求亲，迎娶到唐睿宗

藏地壁画：金城公主占卜图。在藏族传说中，金城公主是一位聪慧而博学的汉家女子，尤其擅长占卜问吉，对吐蕃藏王推行佛法帮助很多。

的女儿金城公主。不幸，金城公主来吐蕃的路上王子病故，抵达逻些后，金城公主只好嫁给赞普赤德祖赞。

金城公主喜好读书，笃信佛教，从唐朝带来大量佛经和佛教贡品。金城公主对赤德祖赞传播佛法给予了鼎力支持，她将神变寺扩建为大昭寺，把之前安放在惹摩且寺的文成公主带来的释迦牟尼十二岁等身佛像移到这里供养，并将受难于于阗、安西、疏勒、勃律、克什米尔的僧侣请到吐蕃，安置并供养了三四年。

当时，吐蕃本土还没有出家僧尼，金城公主收容接待如此数目可观的外地僧众，是一件很不容易的事，对佛教在吐蕃的发展是一个很大的促进。

公元742年，赤德祖赞的小王子赤松德赞降生。

关于赤松德赞的身世，有一个传奇故事。藏地人相信，赤松德赞是金城公主所生。传说，王子出生后的第二天早晨，赞普的另一位妃子纳囊氏将王子抢去，毫不讲理地说是自己生的。大臣们为了弄清真相，把王子放在一个山洞里，让两位妃子去抱。金城公主先抱到了王子，纳囊妃子上来拼命抢夺。金城公主不忍心王子受伤，就放开了手。由此，大臣们确信王子是金城公主所生。

——这只是传说故事。据古藏文记载，金城公主死于公元739年，而赤松德赞生于公元742年，文献也明确记述赤松德赞是纳囊王妃所生。如此看，王子其实还是纳囊氏所生。所以有这样传说，大约因为纳囊王妃家族信奉的是本教，而藏地民众希望他们拥戴的赞普出自信佛倡佛的汉家，并且能够将佛教弘扬光大吧。

有关赤松德赞出身的传说，代表了新兴的佛教文化和传统的本教文化之间的冲突，也是这两种宗教势力在吐蕃争夺政治统治地位的又一次较量。

相传，到了王子一周岁的时候，按照吐蕃的习惯要给王子举行“能步庆典”。赞普请来了汉族和纳囊氏的亲友。纳囊氏的亲友每人手中拿一件斗篷，逗引王子说：“到舅舅怀里来！”王子朗声说道：

“赤松德赞我是汉家好外甥，纳囊家族怎能当舅舅！”说完扑到汉族亲舅怀中。

这样，王子赤松德赞的名字也就由他自己取定了。这个王子，就是松赞干布遗嘱中预言的那个叫做“德”的王，他后来被尊为“吐蕃三大法王”之一。

公元755年，赤德祖赞被信奉本教的贵族末氏、朗氏家族谋杀。

叛乱虽然迅速被平息，但因为嗣位的赞普赤松德赞只有十三岁，尚未成年，权力落在赤松德赞的舅舅、辅政大臣玛尚·仲巴杰手里。仲巴杰是一个顽固的本教徒，憎恨佛教，他颁布法令不准民众信仰佛教，否则没收财产，流放边地。

仲巴杰命令拆毁五佛堂，撵走住在拉萨的外地僧众，将大昭寺和小昭寺改成作坊和屠宰场。当时，小昭寺遍地是畜生的尸骨，剥下的皮子滴着血搭在佛像身上，肠子和内脏挂在佛手上。文成公主带来的释迦牟尼像被用皮绳从大昭寺里拖出，准备送回汉地。可是，佛像只拖到喀扎洞就怎么也拉不动了，皮绳纷纷断裂，仲巴杰只好命人将佛像埋进沙坑。

藏族人最相信转世，他们终日祈祷、刻苦膜拜，就是希望能够获得一个好的来生。

后来，佛教信徒冒死将佛像挖出，用两头骡子驮着送到了邻近印度的芒域。

当时拉萨一个管理佛像和经塔的香灯师是汉地来的僧人，受驱逐回中原。相传他走时把一只靴子忘在了吐蕃，事后这位汉僧说：

“这预兆着吐蕃佛法还会像星星之火，再度燃烧兴旺起来！”

赤德祖赞时期，吐蕃王室和大臣中一些人已经接受了佛教，确信有今生来世。可是，大臣仲巴杰灭佛以后，传统的本教文化在藏地兴起，人们渐渐地开始怀疑起自己的信仰。

拔·塞囊是赤德祖赞的一位大臣。玛尚·仲巴杰灭佛以后，塞囊的一对儿女先后夭亡了。塞囊心里万分悲伤，他秘密拜访了一位隐匿起来的汉地和尚，请求他给自己死去的子女指引来生的道路。汉地和尚问塞囊：“你愿意让死去的儿女转生为神呢，还是让他们转生为你的子女？”塞囊说：“希望他们转生为神！”而孩子们的母亲思念孩子，希望他们继续转生为自己的子女。

为了满足这对父母的愿望，和尚对男孩的尸体做了法事，他的尸骨遂变成舍利。和尚说这预示着男孩已经转生为神。接着，他又把一颗豆粒大的珍珠放到左腮上涂了朱砂的女孩尸体嘴里，作为转生后的标记。和尚举行完法事后，把女孩的尸首装进一只陶罐，埋在她母亲床下，预言：“明年她即转生为你的儿子！”

第二年，塞囊的妻子果然生了一个男孩。他的口中含着那粒珍珠，左腮上有一个红痣。塞囊和妻子打开床下的陶罐看时，那粒珍珠已经消失了，而女儿尸体上的朱砂标记还有清晰的痕迹。这孩子没人教他就知道自己的来历，塞囊于是相信了这男孩正是他们死去女儿的转世。

这是藏族传说和历史文献中，最早记录人死后投胎转世的故事。

这以后，塞囊开始秘密跟随汉地和尚习法修行。后来，塞囊向已经继位的赤松德赞请求到印度和尼泊尔取经。赤松德赞派他到芒域地区当地方长官，以便秘密求法。

再后来，赤松德赞迎请莲花生大师到西藏弘法，塞囊成为第一批出家的七位和尚之一。

赤松德赞成人继位后，和亲信大臣们设计，将玛尚·仲巴杰骗至事先修好的墓穴中，封住墓门将其处死。赤松德赞随即废除仲巴杰的禁佛令，从芒域迎回释迦牟尼佛像，重新归位到大昭寺主神殿，又派塞囊去尼泊尔请来了佛学大师寂护。

此时，大约是公元763年。

寂护又名静命，出生于孟加拉国，是当地萨霍尔王之子，后来在那烂陀寺出家，受具足戒，是一位著名的中观自续派论师。在藏地，寂护开始传授《十善法》和《十二缘起》等佛教教法。

赤松德赞的这些做法，自然引起本教徒特别是王室和贵族中本教人物的激烈

寂护离开藏地前对赤松德赞说："在印度的乌仗那地方，有一位叫莲花生的比丘，他必将能降伏吐蕃的一切妖魔鬼怪，协助赞普弘扬佛法。"

反对。这时，刚好藏地发生了一系列旷世难遇的自然灾害，雷电摧毁了拉萨的红山宫，大水淹没了山南的旁塘宫，冰雹打毁了庄稼，瘟疫到处流行。长期接受本教文化的吐蕃人很容易将这一切与佛教联系起来。一时间，吐蕃上下谣言四起，都说是佛教的异端邪说得罪了吐蕃的神灵，它们愤怒了，才降下这么多可怕的灾难。

赤松德赞难以抵抗这样强烈的反对之声，只好从金库中取出一升碎金，率领塞囊等大臣，接连三个晚上到寂护住的幔帐外转圈，迟迟不能开口。最后，还是寂护将赞普请进住处。赞普献上金子，说：

"大师，我的福份不够，实在无法奉行佛教，我非常难过。"

当时，寂护正在龙促宫房顶的白绸幔帐中静修。作为一名圣者，寂护当然清楚这次文化复辟的原因所在。虽然本教的代表人物仲巴杰已经从吐蕃的政治舞台上消失，但在民间，吐蕃人的神灵鬼怪观念仍然是支持他们认知体系和生存观的基点。因此，降服神灵是藏地弘扬佛教的关键。寂护对赤松德赞说：

"佛法在吐蕃无法推行，因为这里的神灵鬼怪不喜欢佛法，施放恶术危害藏地生灵。在印度的乌仗那地方，有一位叫莲花生的比丘，他的法力十分高强，可以将他请来，他必将能降伏吐蕃境内的一切妖魔鬼怪，协助赞普弘扬佛法。"

25 生于莲花的佛陀

藏族历史上，有几个人物是我特别崇拜的。若按时间顺序，松赞干布是第一位；若按程度论，则数莲花生大师为最——虽然莲师本人并不是藏族人。

莲花生大师使佛教在雪域高原真正扎下根来，并且赋予了藏地佛教以独特的气质。莲花生大师是一位传奇人物，他具备一个“偶像”的全部要素：他有纯正高贵的血统、奇特的成长经历，法力高超且脾气火爆，说不了两句就动手，但面狠心善、慈悲为怀，不真的置人于死地，而以传播佛法劝人皈依为旨归。

另外，莲大师极有人格魅力，“个人生活”也不错。他有两个明妃，都貌若天仙，又法力高强。——这也是我对莲师特别向往和敬服的地方。

二千多年前，佛陀在八十岁圆寂前曾预言：“我入灭八百年后，东印度海子中将出生一位圣者。他是以我之心、阿弥陀佛之身、观世音菩萨之口三者所化，功德无量，智慧极高。”

这个人，指的就是莲花生。

莲花生是古代乌仗那国（今巴基斯坦境内）人。相传，莲花生的父亲增巴南喀是普贤菩萨的化身，头上长有三只眼睛，心脏的地方有一朵八瓣金莲花标记，左脚掌中心有智慧眼的标记。莲花生降

莲花生大师原名“白玛久乃”，因小时候母亲将其藏于一朵莲花中，后被一对国王夫妇发现，所以取名叫“莲花生”。

生时，面罩光彩，二目圆睁，鼻子上方因愤怒而生的皱纹非常突出，三角形的嘴巴长得很大，双手作破坏的姿势，双脚成舞蹈状。莲花生是他父母的第二个儿子，父亲为他命名“白玛久乃”。

莲花生的母亲荼伽女俄丹是婆罗门种姓的一名女子，她性情刚烈、心气很高，一心向往踏上智慧之路。为了实现理想，荼伽女俄丹不惜离开丈夫，只身带着小儿子白玛久乃外出求法。一次，荼伽女俄丹为赴一个法会，嫌儿子累赘，竟异想天开地将白玛久乃藏在一朵盛开的青莲花的茎杆深处，自己一人赶路走了。

荼伽女俄丹在法会上获得法力完成了心愿，这时才想起被自己藏在莲花里的儿子。可是，等荼伽女俄丹匆匆赶回去，收藏白玛久乃的那朵莲花已经不在了。

荼伽女俄丹以为儿子被野兽吃掉了，她伤心地痛哭，后悔不已，竟迁怒于她的丈夫，不肯回家，而是在外继续四处学法。

其实，白玛久乃并没有死。他被一对受到神谕的国王夫妇从莲花茎中找到，成了他们梦寐以求的王子。

因为王子是自然出现在一朵莲花里，所以人们叫他“莲花生”。

莲花生从小就显露出与众不同的品质。一位相术师看了莲花生的胎记，预言：“这位神圣高贵的王子具有佛陀完美的品德，将被上天选中。他那白里透红的肤色，预示他将用强有力的语言降服世间的所有神鬼；他鼻尖上愤怒的皱纹，预示他将挫败强大的夜叉军队的抵抗；他那三角形的嘴巴，预示他将成为空行母的首领。”

莲花生后来的行状果然如此，他在三岁时就以非凡的法眼看穿一个魔鬼的化身，用石块将其击毙，保卫了王国的安全。莲花生的神奇故事像风一样流传开去，被莲花生的母亲荼伽女俄丹得知。荼伽女俄丹没想到还能重新见到自己的孩子，欣喜万分。荼伽女俄丹这时已经修习达到了智慧之地，她应允送给儿子一份珍贵的礼物，告诉他在南方一个叫僧格南充的崖洞里，藏有许多顶级的经典秘籍。同时，荼伽女俄丹也决定回到丈夫的身边，协助他作他的修法女伴。

莲花生跟随母亲回到家，接受了父亲给他的畏怖灌顶，然后离开父母，只身前往南方。莲花生找到母亲告诉他的山洞，从中取出五只镶着珍宝的盒子。莲花生从一个珍贵的铁盒中取出了金刚橛真言和教义；从一个兽角盒中取出了无上瑜伽、变幻经和心经等经文；从一个水晶盒中发现了正净见、真言和阿含经等经文；从一个铜盒中找到了大圆满法的经文；从一个骨盒中找到了一些女魔和罗刹王弟子们的经典。

根据母亲的指点，莲花生携带着秘籍到南方的魔山墓穴中修炼金刚橛。作为完成修法的标志，他将一根仪轨橛投向了山崖之中。在西方的罗刹魔窟，莲花生修持完了大圆满法，所以他的推断理解能力达到了最高的境界。在北方的习武洞穴中，莲花生修习获得了女魔和罗刹王之果，所以他能使鬼怪归附在他的教派之下。由于莲花生在东部的秘密顶觉洞窟中实现了真言和正净见的阿含经之果，所以他获得了大乐的境界。在中部的吉祥之地，莲花生修习了无上瑜伽、变幻经和心经之果，所以他实现了发光的身体。

从此，莲花生在世间修习、传法，名声响亮。

吐蕃这边，赤松德赞送走寂护之后，过了一段时间，局势慢慢平息了下来。赤松德赞按照寂护大师临走时的嘱咐，派塞囊去尼泊尔迎请在那里修行的莲花生大师。莲花生对自己到吐蕃降服魔怪的因缘已有预感，他于是离开修行洞到喜马拉雅山南麓的门域，见到了塞囊率领的使团。

在藏地，有关莲花生大师降魔镇邪、弘扬佛法的功绩，一直以来被以各种各样的形式记录和流传着。《莲花生大师本生传》中这样描写：

莲花生来到芒域东拉城
遇到象雄山神札拉赞门
她用两座大山挤对莲花生
莲花生腾飞至天空

山神连惊带怕献名号
从此成为护法神
分派她保护一伏藏

大师来到南塘卡尔那
岗嘎南满嘎茂女神来阻拦
放出电光打惊雷
大师把雷电撮在指尖上
女神一看吓破了胆
赶紧跳入巴姆巴塘湖
莲花生大师施法术
湖水滚烫又沸腾
煮熟了女神的骨与肉
女神跳到岸边说
佛祖的代表金刚骷髅师
请你手下宽恕我
我再不狂妄设障碍
愿意顺从作部属
女神献出名号听训诫
成为一部大伏藏的护法神
……

莲花生来到香保沟
雅拉香保山神变成山大白牦牛
大师用铁钩手印扣其鼻
绳绑镣铐它难动弹
游泳铃子手印变其身与心
山神驯服献名号
甘作护法守卫大伏藏
……

莲花生大师最早降服的著名神灵是念青唐古拉山神。念青唐古拉山是藏地最大的一座山脉，绵延几千公里，穿越广袤的藏北无人区。念青唐古拉山神曾经是藏地最大的一个山神，雪域十八雹神之一，在吐蕃众神当中极有威信。几年前寂护在藏地弘法，当地神灵降灾作对，念青唐古拉山神是其中最主要的一个，布达拉红山遭遇雷击便是他干的。莲花生大师知道，要降服吐蕃藏地的妖魔鬼怪，首先要制服念青唐古拉山神。

念青唐古拉山。在藏地古老的传说中，念青唐古拉山是众神山之首，头戴白盔，身披白甲，一手持鞭一手仗剑，坐下骑一匹白马的白衣巨人，十分英武强悍，威震八方。

莲花生大师一行刚刚进入吐蕃境内，念青唐古拉山神就得知了此事，作法掀塌了雪山，掣动闪电，砸下巨雷，降落冰雹，大雪霎时落满莲花生大师的肩头，他的脚下也喷出雪瀑、扬起迷雾，遮住了前进的方向。念青唐古拉山神还神变出一条白色巨龙，堵住了大师的去路。

莲花生大师脾气多大啊，他非常恼怒，用金刚杵插住巨龙的腰，对念青唐古拉山神说："山神你给我听好了！我一定要捉住你，让你发誓保卫佛教，做佛教的护法神！"

莲花生大师遂在雪山之巅建起五座***坛城***，接连三天作法与山神和白龙大战。莲花生融化雪峰为洪水，使山顶露出青黑的颜色，山神感觉烧灼难耐。莲花生又发力击碎山上的岩石，岩石轰然坍塌，砸住了白龙的身体。最后，山神和白龙都受不了了，跪倒在莲花生面前。

这时，狂风暴雪停止了下来，雪山也不再坍塌，雪域高原变得异常宁静。念青唐古拉山神发誓作佛法的保护神，白龙也皈依了佛法。

后来，念青唐古拉山神还成为建有布达拉宫的拉萨红山的保护神、藏地财宝保护神和吐蕃赞普后代的保护神，是莲花生大师身边最忠诚的一位神灵。

莲花生大师降服念青唐古拉山神的消息从藏北草原传遍整个藏地。吐蕃的大力鬼神慑于莲花生大师的威力，大多数都向大师许下了从此不再作恶，愿意守护佛教正法的誓言。但还

坛　城:

梵语称“曼荼罗”，藏语称“吉廓”，意思是“坛”或“坛场”。早期的坛城是古代印度高僧进行密宗修法时，为防止魔众侵入，在修法场地筑起一道圆形或方形的土台，后来被佛教密宗引用。在藏传佛教密宗仪轨中，坛城是本尊佛土的构成结构，也包含着宇宙构成的结构。坛城的作用是聚福、消灾、观修，因本尊不同，佛土不同，故而有各种各样的坛城。

圆光占卜:

本教时代最神圣的一种占卜方式。藏地先民相信，本教巫师或占卜师可以从铜镜中观察到所求的事相。这个占卜方法后来被藏传佛教吸收，演化为从圣湖中观察神示和预言，特别用来寻找转世灵童，成为藏传佛教中最神奇的一种宗教仪轨。

是有一些鬼怪不服气莲花生大师，他们依然如故，各行其事。莲花生大师并不担心这些高傲自大的凶神，他知道等机缘一到，他们都会成为佛法的卫士。

在拉萨的王宫，莲花生大师受到藏王赤松德赞的欢迎。出于礼节，莲花生大师要向赞普行礼，赤松德赞急忙阻拦，说:“我不能接受出家人的敬礼!”莲花生大师就向一块巨石行礼，巨石立即崩裂。赞普接着向大师敬礼，大师也向赞普致以问候。

次日清晨,莲花生大师画好坛城,从寝宫中选出拉龙地方的儿童措协年勤巴,协助他举行了***圆光占卜***。措协年勤巴指认出用洪水淹没旁塘的雅拉香保山神，还有制造旱灾、荒年、瘟疫的十二女神，以及其他危害雪域的夜叉、火神和恶龙。

接下来,莲花生大师用法力一一对付这些神怪。对于他们中的万恶者,莲花生使用他的威猛法力加以震慑;对于他们中的善神,大师则予以劝善,叫他们立誓护法;如果这样做了还不驯服,莲花生大师就以火祭的方式让他们在烈火中毁灭。其中,夜叉和火神是最早臣服莲花生大师的。恶龙自知魔力难与莲花生抗衡,便主动来找大师,说:“大地之上,赞普最大;大地之下,龙王我最大。藏王要修建寺院,我愿意布施十四匹骡子驮的金子。”说完,也立誓接受护法。

莲花生大师又以其高超的密法，降伏了党党灯笼药面神、独角鬼、曼母神、罗刹鬼、龙王、二十八星神等等。莲花生大师所到之处，鬼魔无不惊魂丧胆，纷纷为大师摆设祭坛，表示臣服。

最后，莲花生大师降服了雅拉香保山神和珠穆朗玛长寿五姊妹女神及十二女神，使他们都成为佛教的护法神。

雅拉香保山神居住在雅砻河谷的雅拉香保山上。相传，吐蕃第一位赞普从天梯来到雪域，就住在这座神山的脚下，雪域的十亿战神都归他管辖。作为西藏四大山神之首，雅拉香保山神是傲慢无礼的，并不把莲花生大师放在眼里。

莲花生大师也知道雅拉香保山神的厉害，所以当他到达雅砻河谷，看到骑在白色神牦牛背上的雅拉香保山神时，早已做好了准备。雅拉香保山神先喷出排山倒海似的洪水，试图淹没莲花生大师。莲花生跳到脱布那的高山上，举起金刚法杖一指，洪水立即倒流，将雅拉香保山神的座骑逼到了大湖里。大师跳进湖水，用金刚法杖猛击湖水。一时间，狂风大作，波浪冲天。

雅拉香保山神看在湖中战不过莲花生，只好驱赶着白牦牛逃到雪山之顶。莲花生大师高举金刚，在后面紧追不舍。山神喊道:“外乡的巫师，不要欺人太甚!”莲花生大师说:“你侵害过雪域众生，如果不发誓投降，我就用金刚之火将你和你的座骑烧死在山顶!”

大师说完，举起金刚指向东面的一座雪山。一团火焰腾空燃起，雪山顷刻间在烈焰中化为灰烬。雅拉香保山神看到这个可怕的情景，立即变成一头山一样的白牦牛，企图逃离雪域。莲花生大师用铁钩手印扣住牦牛的鼻子，金刚镣铐使他难以动弹。雅拉香保山神知道自己不是莲花生大师的对手，他从牦牛的背上跳下来，将他的水晶剑插在雪地上，向大师敬礼，说：

“我是神灵鬼怪的恶者，没有奉行佛法的愿望。但是，从今以后我再也不破坏佛法了。不过请别让僧人到我跟前来，不然我还是会发火的。”

说完，雅拉香保山神面对太阳立下誓言。

从此，雅拉香保山神成为莲花生大师最忠诚的护法卫士，常以一头白牦牛的身形显现给莲花生大师。

离开雅砻河谷，莲花生大师又沿着雅鲁藏布江逆水而上，前往喜马拉雅山的珠穆朗玛峰，降服了十二丹玛女神和长寿五姊妹，使她们都成为佛教的护法神。

莲花生大师降服了一切八部的鬼神之后，回来对赤松德赞说：

“大王，现在您可以在吐蕃弘扬佛法了!”

莲花生塑像，其后为大师的两位明妃康珠益西措杰和拉江本达热瓦，也都是法力高强的藏密修行者。

莲花生大师把藏族人千百年来熟悉的本教神祗、宗教仪式融入到佛教的传播过程中，尊重并适应了藏民族传统的心理和习俗，对藏传佛教的形成产生了巨大的影响和深远意义。

26 除妖降魔 佛教生根

莲花生大师在吐蕃降伏妖魔之旅，对后来佛教在藏地的传播产生了巨大的影响和重要意义。

莲花生大师在入藏途中极力显示他的咒术法力，使那些曾经被藏族人认为是喜怒无常、神力无边的自然神灵败在他的手下，那些到处游荡的精灵成为他的部属。作为佛法的传播者，莲花生大师让吐蕃民众从对自然神灵的恐惧中解脱出来，从千百年来统治着藏地生活的思想桎梏中解脱中来，获得了精神上的自由，这是莲花生大师对藏族人民最大的功德。

莲花生大师降服吐蕃妖魔的最终目的不是消灭他们，而是给他们以悔过自新的机会，将他们中的大多数接纳入佛教的万神殿，使他们成为佛教的护法神。莲花生大师在降服妖魔的过程中，尽量模仿本教驱鬼摄魔、祭祀神灵的宗教仪轨，特别是运用极具神秘色彩的幻术功能。莲花生把藏族人千百年来熟悉的神祗、仪式融入佛教的传播过程中，既使佛教思想得到宣扬，又适应了藏族传统的心理和习俗，便于他们接受。后来，本教的这些内容被藏传佛教吸收，成为其最神秘和富有特色的部分。例如像圆光占卜、堆玛尼石、扯风马旗、“跳神”等，都是从本教的宗教仪轨中演化过来的。

从某种意义上讲，藏传佛教是“佛教化”了的本教，也是“本教化”的佛教，佛教是在与本教的矛盾、冲突和争斗中，形成了藏传佛教这一独特的教派形式。

而这一形式的最初确立，是至高无上的莲花生大师一手缔造的。

莲花生大师在吐蕃传法获得成功后，赤松德赞再次从印度请回了寂护大师，请他同莲花生大师一起在藏地弘扬佛法。

寂护大师在佛教在藏地的传播过程中，也是一位青史留名的伟大人物。莲花生和寂护一个是密宗大师、一个是显宗大师，两人对藏地的传法缺一不可。莲花生大师法力高强、无所不能，他负责扫清障碍、开拓局面；寂护大师胸怀宽广、学问深厚，他致力于佛教体系在藏地的建立。

莲花生和寂护对赤松德赞说，要想佛法在吐蕃扎下根基，一定要兴修寺庙、翻译佛经、剃度僧人。于是，赤松德赞下令筹建藏地第一座佛教寺院——桑耶寺。

桑耶寺的建筑蓝图是由寂护亲手设计的，选址在山南扎囊雅鲁藏布江北岸。传说，莲花生大师曾到海波日山上，召集附近的山神妖魔，命令他们协助藏王赤松德赞创建佛寺，违者将粉身碎骨。所有山神鬼怪无不诺诺连声，一口答应下来。

桑耶寺从公元762年动工，历时五年修建完成。据藏文献记载，共有六万名民伕参加了这项浩大的工程。可是，寺院的石墙才砌到靶板高，民伕们就疲劳不堪了。莲花生大师遂命令那些驯服的神灵鬼怪也来修建寺院。他让大梵天和帝释天二位天王去砌围墙，让四大天王做领班，带领男女神灵一起工作。

藏地壁画：七觉士出家图。桑耶寺的建立和“七觉士”的出家，标志着佛教正式在雪域高原扎下根基。

寺院修建到一半，吐蕃国库就再也拿不出一点钱来了。赤松德赞一筹莫展，莲花生大师说他有办法。大师领着藏王来到墨竹大湖边，让藏王藏在湖边的林木中，自己在湖畔支起帐篷，面对大户修炼起密法。不一会儿，有位美女从湖心飘然升起，她询问大师有何事。莲花生大师说：“美丽的龙女，现在人间藏王赤松德赞要和龙王交朋友，藏王的寺院没有建成，请龙王给一些财宝。”

龙女带着口信潜下水中。第二天早晨，果然有一条巨龙跃出水面，往湖岸推来一大堆金沙。

五年过去了，桑耶寺终于修建完成。桑耶寺完全按照佛教的宇宙观布局，居中的主殿分三层，底层是藏式的石头结构，主神为石头雕刻的释迦牟尼像；中层为汉式的砖瓦结构，主神为青铜铸造的如来像；顶层为印度式的木质结构，主神为药泥塑造的如来像。周围建有四大洲、八小洲、十二座神殿。这座宏伟的寺庙取名为“桑耶格松祖拉康”，意思是“超乎想象的三样永固释迦殿”。

桑耶寺建成后，莲花生大师降服了非人的木鸟鬼白哈尔神和凶恶可怖的载乌玛保神，要他们作桑耶寺的保护神。从此，藏地形成传统，每一座寺院都有自己的保护神。

赤松德赞为桑耶寺的落成举行了盛大的典礼。赞普将王妃、众大臣、贵族和吐蕃全体民众都召集起来，熙熙攘攘挤满了桑耶寺的周围。莲花生大师从格如殿托着盛满鲜花的铜

吐蕃早期，剃度出家者均为贵族子弟。及至后来，佛教成为雪域藏地全体民众的信仰，那些立志走上修行之路的僧侣，也大多是从小即有理想、心智聪慧的有为之人。这使藏传佛教区别于内地佛教，长久以来具有了神圣高贵的气质和令人敬仰的精神品格。

盘出来，走到白色佛堂前面。赤松德赞观看大师时，却是一尊三面六臂手拿宝花的文殊金刚佛。

莲花生大师以禅定力，将正殿下层佛殿中的众神都请到殿外，绕白色塔而行，然后面向东方站立，大师向众神抛撒鲜花。之后，众神走回殿内，照原来的次序就位。——这中间，还出现了一个小插曲。有两位忿怒神的背后忽然燃起智慧之火，把土地烧着了。莲花生大师用小便浇灭了智火，桑耶寺的地上至今还留着火烧过的痕迹。

在寺院的开光典礼上，赤松德赞请寂护大师担当堪布，为塞囊等七名吐蕃贵族剃度授比丘戒。按照佛教戒律，授比丘戒必须有十名受戒十年以上的僧人参加方可。为此，寂护大师特地从印度请来了十二位小乘僧人。

寂护开创了藏地佛教史上自行剃度僧人的先河，他们是藏地佛教史上第一批僧侣，史称“七觉士”。

桑耶寺的建立和“七觉士”的出家，标志着佛教正式在雪域高原扎下根基。

桑耶寺建成后，赤松德赞从印度、汉地等地邀请了许多佛教学僧和大师到吐蕃，与吐蕃本族的学僧一起从事翻译佛经的工作，这是自佛教传入吐蕃以来规模最大的一次译经。

此后，佛教寺院在藏地纷纷建立，许多吐蕃贵族子弟剃度出家。佛教逐渐改变了藏族人世代相传的好战性格，他们也以令人难以置信的热情，笃信起佛教来。

然而，莲花生大师最后的消息却十分模糊。

有人说大师在藏地完成传法宏愿，又回到了印度；也有人说他就留在了藏地，一直护佑

"如我一般"。藏地所有的莲花生塑像都是根据"如我一般"塑造的，人们从大师愤怒圆睁的双目中，看到的是如日月般光芒无限的慈悲。

着雪域众生。我奇怪一个为雪域大地做出过如此巨大贡献的至圣，为什么没有被善始善终地记录。一向痴迷于神灵故事、爱创造神话传说的藏族人，哪怕为莲师"编造"一个归宿呢。——要不，就是莲花生大师本人刻意这样吧，他实在是心胸博大、心怀慈悲，而又骄傲无比的密法大师呢，世间的一切形式于他都是不介意的。

幸运的是，藏地还是留下了对莲花生大师真切的纪念。当年修建桑耶寺时，一位造像师曾为莲师塑了一尊镀金等身像。造像师捕捉到莲师最传神的一瞬，将其塑造为双眉紧锁，嘴唇激启，表情威严寂静，目光炯炯，如洞察世间一切，又似要喷出愤怒的火焰，镇伏所有魔怪。据说，此塑像很为莲花生大师欣赏，赞许说："如我一般。"并给予了加持。藏族人视其为至宝，藏地后来的莲花生大师像，都是根据这尊塑像再造的。

莲花生大师既是藏传佛教的开山鼻祖，也是藏传佛教密宗的始祖。在藏传佛教造像中，显宗佛像的形象一般为慈悲、和善之姿。密宗佛像则大都显得威严、愤怒。显宗注重理论，密宗注重事象；显宗树立理想，密宗强调实相。藏传佛教密宗认为，佛和菩萨各个都有两种身：一是正法轮身，即佛和菩萨由所修的行愿得到的真实报身；二是教令轮身，即佛或菩萨因为大悲而示现的威猛之相。在密宗看来，世界的实相本就是道德沦丧秩序混乱，要救赎众生脱度苦海，光靠温和劝善是不够的，必要时就得有拍案而起的愤怒与威猛才可以。

只是，这样一件圣物也在"文革"浩劫中被毁掉了。

我后来去西藏山南的桑耶寺，看到的只是供在佛台上的塑像的照片。对这一切，莲花生大师早有预料，他以自己千年真身像被粉碎的残酷事象，警示人们世间的险恶与罪孽，劝喻人们只有皈依佛法、勤持修炼，才是解脱之正途。莲花生大师并没有因为愚昧的人们曾对他犯下罪过而放弃引导，千百年来他化现千万，骄傲地宣告：

"每个信仰者面前，就有一个莲花生！"

莲花生大师以其至圣至密的无上法力，令所有有缘亲见"如我一般"法像的人，和如"我"一般只能缘浅敬拜照片的人，都从大师愤怒圆睁的双目中，看到了如日月般光芒无限的慈悲。

27 如牛乳溢满高原

历史的进程走到这里，我们可以再回过头审视之前站在日月山上得到的有关藏族历史和藏地文明的观想了。

藏族是一个单一起源、多种成分融合的民族。最早的藏族人应该是生活在西藏山南一带的土著民族，经过长期发展，在雅砻河谷地区形成了稳定的吐蕃部落。公元7世纪初，松赞干布以其雄才大略、英武善战，驰骋于雪域高原，征服、兼并了周边诸多部落部族，第一次统一了相当于今天西藏全境的广大地区，建立起强大的吐蕃王朝。

此后，吐蕃王国开始了向其周边地区强有力的武力扩张。

公元8世纪，吐蕃已经将其东北面占据青海一带的吐谷浑部落、东部横断山脉区域的党项、白兰诸羌为首的众多部落和部族以及东南面今滇西北一带的西洱诸蛮悉数征服。他们的原有领地，即从甘肃青海到川西高原及滇西北一带的辽阔地区，均并入吐蕃疆域。

8世纪中叶，吐蕃乘唐朝“安史之乱”大举东进，数年之间攻陷唐西北数十州。到公元9世纪中叶吐蕃王朝崩解之前，这个盛极一时的高原王国国土面积覆盖了今天西藏和青海全部、甘肃大部、陕西西部、川西高原及滇西北高原等大片辽阔区域。

在吐蕃王国存在的二百多年间，随着征战和国土扩张，原先世居西藏高原的吐蕃藏族大量迁入这些周边地区。他们与当地人混居、融合，形成不同区域的藏族人。例如，青海藏族是吐蕃藏族与当地羌族、吐谷浑、苏毗、羊同等民族融合而形成，甘南及川北藏族是吐蕃藏族与当地党项、白兰等人融合形成，他们合起来被称为“安多人”。

康巴藏族是古代羌人、苏毗人、党项人等部族与吐蕃藏族融合而形成，他们的男子拥有英俊潇洒的气质，豪放强壮的外型，坚韧不拔、桀骜不驯的性格，勇敢尚武、生猛骠悍，在藏族人中独树一帜、令人赞叹。

尽管各地方的藏族人有着不完全一样的血统，他们最原始的血缘都来自吐蕃藏族。不同地域的藏族文化虽然不尽相同，他们最根本的内核是古老的吐蕃文明。

这个，既是藏族文明的原点，也是了解藏文明的要点。

西藏位于青藏高原的西南部，它在地理单元上与环绕其东北、东部和东南的甘青、川西北及滇西北一带是一个天然的整体，有着强烈的内在一致性。这样的地理环境，决定了吐蕃文明在其发展历程中，必然会像“流淌的牛乳一样”由发源地西藏向东部广大外围地区扩散，直至溢满整个青藏高原。

公元763年，吐蕃曾攻破唐朝都城，唐代宗仓皇出逃。吐蕃立金城公主的胞弟广武王为新皇帝，改元大赦、设置百官，很是热闹了一阵儿。但不久，他们即撤离出长安及陕西。公

元783年，饱受边境侵扰的唐朝不得已与吐蕃在清水会盟，将黄河以南从六盘山、陇山，沿泯江、大渡河，南抵磨些诸蛮，即今天云南丽江地区以西都划给了吐蕃，吐蕃王国的版图获得空前的扩张。然而，藏族人最终还是退回到青藏高原，并没有在六盘山、陇山等黄土高原上扎下根来。

既是如此，藏文明仍然呈现明显的东向发展走势，与汉地文明有着渊源深厚和难以剥离的关系。

从地理上，整个青藏高原是一个由西北向东南倾斜的地质板块，大体分三个地形阶梯：藏北高原、青南高原、甘南川西南及滇西南高原。令人注目的是，青藏高原的这个地理特点，与整个中国“三台阶式”的地形构造，即由西部的青藏高原向中部黄土高原和东部华北平原倾斜过渡的走势极为相似。青藏高原又恰好处于第一级台阶上，两者形成叠瓦式的交错覆盖地形板块。从大的地理构造上讲，青藏高原与中国内地是天然的一个整体，同属于一个地理单元。这一地缘政治因素，对藏文明的东向发展起到了关键性的作用。

任何一种文化的产生、发展和传播，总是与一定的自然生态环境相关联。一般说来，一种整体文化往往更容易在与产生这种文化相似或相近的地域环境中得到传播和发展，而不宜向与其差异较大的地域环境中传播和发展。从藏地往与汉地相反的方向看，吐蕃的南部和西

青藏高原是世界上最激越高拔、浑厚庄严的高原大陆，藏文明是这块冻土地奉献给世界的绚烂奇迹。

在吐蕃王国存在的二百多年间，原先世居西藏高原的吐蕃藏族大量迁入周边地区，与当地人混居、融合，共同形成了今天的藏民族。

部边境横卧着世界上最高的山脉喜马拉雅山，山脉全长2 400公里，宽200~300公里，平均海拔6 000米以上。喜马拉雅山脉在吐蕃南部和西部与之接壤的天竺、泥婆罗等邻国之间构成了一道巨大的、难以逾越的地理屏障。吐蕃王朝最强大时期，它对南部近在咫尺的小国泥婆罗都从未实现过如同对东部吐谷浑和党项等部族那种直接的占领和统治，而仅以臣属国的形式实行羁縻统治，便是一个例证。

吐蕃的北部，边境上有自西向东横亘的昆仑山脉。昆仑山脉平均海拔6 000米左右，高出其北侧辽阔的塔克拉玛干沙漠约3 000 ~ 5 000米，有如一道巨大的高墙耸立于藏北高原的北端，形成了天然的地理屏障。公元8世纪初，吐蕃虽曾实现了对葱岭以西小勃律等二十余个中亚小国的短暂统治，终因路途遥远、兵力不易到达而放弃。

另外，西藏南部尼泊尔、印度等国炎热潮湿、降雨丰沛的海洋性亚热带气候，和西北部中亚多谷湖地区温暖湿润的内陆型亚热带气候，对习惯了高原、高寒地区的藏族人来说，几乎都可说是“灾难性的”。

所以，可以说，吐蕃文明和藏文明的东向发展，既是藏族人主动的选择，也是冥冥之中自然之神的安排。

藏文明的东向发展过程，并不是一个简单的覆盖和推进。那些地方原先已经存在着文化和文明，吐蕃文明是在和它们的交锋、交流、冲突和相互吸收与融合当中完成它自身的成长的。

古代羌人是青海、甘南和四川西部最早的世居民族，他们最先把野羊驯养成藏系羊，把野马驯服为藏系马，把凶猛的狻猊驯服成忠实的藏獒，把桀骜不驯的野牦牛驯养成性情温顺的“高原之舟”家牦牛。羌人还使公黄牛和母牦牛杂交出犏牛，这种牛比牦牛驯顺、比黄牛力气大，产乳量高、肉质优良，被后来的藏族人视为他们赖以生活的“母亲”。除了畜牧，羌人擅长农业开发，青稞就是最早由羌人培育出来的。羌人对人类历史的这些贡献，后来被吐蕃人吸收，成为青藏高原全体藏族人的财富。

整个吐蕃王朝时期，在周边所有国家或政权中，吐蕃同唐朝之间的政治、经济和文化联系最为密切。从公元634年松赞干布首次遣使入唐开辟“唐蕃古道”，到公元846年吐蕃王朝灭亡的213年间，唐蕃之间使臣交往共计二百九十余次，其中蕃使一百八十余次，唐使一百余次，一时间“金玉绮绣，问遣往来，道路相望，欢好不绝”。

公元641年，文成公主由江夏王李道宗护送，携带陪嫁队伍离长安沿唐蕃古道赴逻些。文成公主除随身带去珍贵佛像和大批佛经，另有几百种食品、工艺、医疗、天文历算著作，蔬菜种子、纺织和酿酒技术，及许多能工巧匠。据说，茶叶和饮茶方法就是由文成公主带进西藏的。

吐蕃地处青藏高原，难以种植蔬菜，茶叶补充了当地人所需的大部分维生素，还对以肉类和奶制品为主的食物起到消化、舒缓的作用，加之当时佛教开始在吐蕃盛行，教徒坐禅修行需要饮茶驱困，所以茶叶后来成了藏族人最赖以生存的必需品之一，到了“可以一天无食，不可一日无茶”、“一日无茶则滞，三日无茶则病”的地步。藏族人进而又发明了酥油茶和奶茶，将茶叶和盐巴混合了牛奶与酥油一起烧煮，成为藏地饮食和藏文明的“代表作”。

反过来，中原唐朝也从吐蕃及西域草原民族那里学到了加工乳制品的技术，例如从牛乳或羊乳中提炼“酥油”，从马、牛、羊和骆驼乳汁中提炼“酪”，用牛乳炼制出的精华食品“醍醐”，以及称为“乳腐”的乳饼和类似今天酸奶的“乳浆”等等。乳制品和其加工技术传入内地，对于丰富中原民族的饮食内容、改善他们的食物结构、促进内地牲畜和家禽食品的深加工起到巨大的推动作用，产生了深远影响。

所以说，藏文明的形成和发展，本身就是一个开放的、多元的、融合了不同文明的动态过程。藏文明与中原文明的这种相互吸收与影响持续进行，直至13世纪元朝统一中国，将藏地纳入帝国版图，藏文明也终于成为中华文明的一个重要的组成。

千百年来，藏族人就是这样徜徉在广袤辽阔的草原上，过着他们自由自在而充满艰辛的生活，将人类的意志力顽强地扎根在那块高原冻土之上。

我时常困惑藏族人的资讯渠道。他们总是能知道生活中必须要知道的事，并在你意想不到的时候，告诉你一些意想不到的事。

28 藏地古老丧葬仪式

今天要去“要坝子”。

“要坝子”是玉树方言，就是去草原上玩。州旅游局开办的旅游培训班即将结束，从各个县乡来的学员想出去放松一下。省局工作组的人参加完赛马会开幕式也要返回西宁了，之前一直说要到草原来。

去巴塘草原的路上，经过通天河畔时，我注意到山路边隔一段就有一座石块垒起的煨桑台。我问阿局它们的作用，阿局说是为了迎接一位从印度回来的活佛。我说：“您怎么知道？”阿局就笑，说：“哦呀！”

阿局可能觉得我的问话很离谱，是对他权威的藐视。

我其实没有，只是好奇而已。我时常困惑藏族人的资讯渠道，你看他们平时不怎么联络，但他们总是能知道生活中必须要知道的事，并在你意想不到的时候，告诉你一些意想不到的事。

巴塘草原离结古镇19公里，为两座山脉中的一条平川，辽远广阔，景色壮丽。特别春夏季节，这里绿草如茵，鲜花遍野，大地像铺上一层厚厚的花毯，谁看了都会喜欢。巴塘草原是玉树的“美丽后花园”，每到夏天，远乡近壤的人都聚集过来，他们在草原上扎下帐篷，狂欢歌舞，尽情享受短暂而绚烂的美好时光，一年一度的赛马会也是在这里举行。

我们带来了帐篷和野炊的器具。到了巴塘草原，大家三下两下就把帐篷搭好，速度之快令人惊叹。藏民族原本就是一个游牧民族，逐水草而居，习惯了迁徙漂泊，野营搭帐篷一类的事是他们最拿手和最快乐的活儿。

阿宝局长陪工作组在附近草原上散步。我们来到一处山崖下，崖壁上有一个如牛鼻子一样的石洞，当地人称这个洞为“母恩洞”。据说，通过钻这个洞可以看出一个人对自己母亲的养育之恩报答得怎样。方法是从左边的洞口钻进去，从右边的洞口出来。如果进出顺利，说明过去已报答了母亲的大恩大德；如果不顺利，则是说对母恩报答不够；如果进去后卡住出不来，则被认为负有罪孽，需要很好地忏悔和赎罪。因此，它也被称为“赎罪洞”。

州旅游局的扎西科长率先垂范，“噌噌”几下就钻进了洞，片刻又从另一个洞口探出脑袋，钻了出来。大家一片掌声，为他叫好。阿宝局长要我也试一试，我到洞口探头进去观察了一番，里面有一个不到半平米的狭小空间。我想了想，没敢尝试。

我对母亲挺孝顺的，而且孝顺有加，可万一我卡住，那该有多丢人啊。阿局他们一致保证，说不会让我卡住的，肯定可以把我搞出来。我最终还是没有答应。

我不想测试自己。有时候，还是不要事事都了然的比较好。

挨着“母恩洞”不远，另有一处崖壁石洞，外观极像女性阴部的矢状面，几乎每一个器官都有，比例距离关系也都十分到位，令人称奇。俄要科长似乎有意为难我，故意问我这个崖壁像什么，我脱口道：“像一个女阴洞。”俄要科长很惊讶，说：“你怎么知道它的名字？”

原来，它真的就叫“女阴洞”。

诚信洞。据说若能将石子扔进洞里，则说明这个人有信义，反之就很可疑。在藏地，至今仍有许多自然景观被赋予着神奇的意义，受到人们的膜拜。

对着自显度母崖壁行触头礼的藏族信徒。

俄要科长不知道，我在成为一个作家之前曾经是一名优秀的医学科研人员。我在医学院学习工作了十二年，准确判断并说出人体任何部位的器官名称——包括性器官，是一件再简单不过的事了。

我的大方自如让曹处他们也都放松下来，不然，猛然看到崖壁上的那些洞，他们也很尴尬。藏族自古有母性崇拜的传统，在藏地的其他地方，也有不少这样的自然景观受到人们膜拜。

在女阴洞的旁边，离地面大约八九米高的崖壁上，有一个类似佛龛形状的凹陷，里面堆了一些小石子，周围崖壁上是一片石头相撞留下的白色。阿宝局长介绍说，这个浅坑叫做“诚信洞”，如果一个人有足够的诚信，他扔上去的石子会留在上面，否则便要掉下来。

这个比较有趣，我们找来一些石子尝试。刚开始我和工作组的人都不行，屡屡不能得逞，只有阿局和扎西科长扔得准，十有六七都能如愿。我不甘心，一定要扔上去一颗，几经尝试，终于有一颗石子飞上洞口，稳稳地落在一堆石头上面。

在我锲而不舍地往诚信洞上扔石头的时候，阿宝局长自己走到一边的崖壁前，默默将头触到崖壁上，恭敬地行礼。

我后来听说，这面崖壁上有二十一尊自显度母像，一般人看不见，只有有修行或是有缘分的人才能见到。

离开自显度母崖壁，阿宝局长说巴塘天葬台就在这附近。我十分兴奋，嚷着想去，曹处赵萍他们却反对，觉得去那种地方不吉利。我很失望，又不好强求。阿宝局长悄悄安慰我，说以后找时间专门陪我来一次，我这才转沮丧为欢喜。

在藏地，我特别喜欢去天葬台。青藏高原是离天堂最近的地方，它同时也离死亡最近。在这块高原冻土上，生命是那样的脆弱，随时可能被死亡置换。严酷的生存环境造就了藏族人特有的生命观，那就是“和死亡在一起”，向死而生。

我最早去天葬台是十几年前，那时藏族人对天葬这种丧俗还很保密，不让外人接近。当时流传着一种说法，认为外族人看天葬会惹秃鹫不高兴，妨碍死者灵魂升天。我揣想，大概因为秃鹫不熟悉外族人的气味，一开始不敢下到天葬台来，令天葬进行得不顺利，藏族人才有这种附会。

后来，到藏地的旅游者多了，藏族人的观念有所开放，秃鹫怕也习惯了这些不穿藏袍的人身上的味道，天葬台才逐渐不那么森严和神秘。现在，巴塘天葬台开放成景点，普通人都可以去了。

不过，在一些交通不便的地区，各种宗教传统依然严格，天葬台还是极为神圣的一个地方。

藏族传说中，吐蕃第一代赞普和他之后的六个赞普都是顺着天梯降到人间的天神之子，他们因此被称为“天墀七王”（“墀”指台阶）。吐蕃赞普们在完成了天神授意的人间事业后，又顺着天梯回到天上，他们的肉身“如虹散失，无有尸骸”。

藏族实行土葬是从第八代吐蕃藏王止贡赞普开始。止贡赞普在跟大臣罗昂达孜比武时被杀，其尸体被装入铜篋中，由儿子尼雅墀在强多拉普造陵墓下葬。这是藏民族有关土葬的最早记载。

从那以后，吐蕃每一代赞普就都建造陵墓实行土葬。

遍插经幡的天葬场，像极了一个盛大华丽的舞台。

巴塘草原，玉树美丽的后花园。

吐蕃赞普陵墓群在西藏山南地区的穷结地方，那里埋有自止贡赞普至最后一代赞普朗·达玛一共三十五代赞普。

吐蕃赞普的陵墓由山坡自上往下为“上二陵、六善陵、中八德陵、下五赞陵、吉祥八代陵、吉祥五代陵、底层一陵”，呈珍珠链状。陵墓的建筑随历史的推移由简变繁，内部的随葬品也越来越丰厚。吐蕃前期，藏地盛行本教，而本教又奉行杀牲祭祀，所以赞普、贵族、豪门以至平民遇葬，都要尽其财力宰杀牲畜，数量从数十至数千不等。此外，随葬品中还包括大量金银珠宝和其他生活用品。吐蕃时代对死者厚礼重葬的观念，反映了当时人们对第二世界的认识和重视。

藏地这种隆重的土葬风俗，随吐蕃王朝的崩溃而消失。

在今天藏地的大部分地区，土葬被认为是最差的一种葬法，一般只对暴死、患恶性传染病和夏季死亡的人才用。其目的一是为了防止疾病传染；二是怕违反“夏季法”而得罪神灵。

火葬在古代藏地原本就存在，它作为一种有着复杂仪轨的丧葬仪式，则是与佛教的传入有关。释迦牟尼圆寂后，他的遗体用香木焚烧火化，所得骨灰被子弟信徒迎取，分别封入8座佛塔中，以纪念佛祖一生中的八大功德。在后来的藏地，火葬一般在僧人中进行。另外，一些地方的达官贵人死后也进行火葬，他们认为这是最好的葬法。

在藏地，无论哪一种葬法，都要请喇嘛念经，做超度法事。

塔葬是最高贵的一种葬法，只在大活佛中进行。公元8世纪晚期，著名的印度佛教大师寂护在吐蕃圆寂。他的弟子先为寂护大师举行了火葬，然后在西藏山南桑耶寺旁边的哈布山上为大师建造了一座舍利灵塔。这是藏地佛教史上第一座佛灵塔。

佛教强调人的灵魂不死，淡化肉身的独立价值，在相当长的时期里，高僧大德们的塔葬都是和火葬结合在一起的，即所谓的“灵骨塔”或“舍利塔”。藏地第一个保留肉身的塔葬，是黄教创始人宗喀巴的肉身塔。公元1419年，宗喀巴在西藏甘丹寺圆寂，他的尸体经过防腐处理后被其弟子封入一座金质灵塔中。之后，历代达赖和班禅圆寂后肉身都被塔藏。

水葬是藏地又一种丧葬习俗，起源也非常古老，大致在佛教传入之前的吐蕃时代。佛教传入藏地之后，水葬被赋予了新的意义，类似于天葬，作为人生最后的布施与积德。——但在藏地的一些地区，水葬又被认为是卑贱的，用于对乞丐、疯人、赤贫或小孩子的死者。

在藏族古老的灵魂观念中，他们认为人是由“朗西”、“索”、“喇”三部分组成。“朗西”即灵魂，人死后朗西通过中阴而转生；“索”是命，人死以后，索就消亡了；“喇”是一种无形的影子，它能幻化成各种形象与人为害，即所谓的“鬼”。要阻止“喇”的危害，就必须事先请喇嘛测算合适的日期，还要作一系列法事。

藏族丧葬仪式中还有一些其他葬法，如楼葬、壁葬、陶罐葬等，它们统称为“家葬”，在较传统封闭的地区仍可见到。我后来到玉树囊谦县的乡下，看到过放在家里的陶罐葬。家葬大多用于安葬家族中德高望重、身负名望的老人，他们高寿而死被认为是有福气的，称为“拥”。后辈把他们葬于家中屋子里，为了把福气留住，要老人继续保佑他的家人。

这种风俗显然仍带有人类最原始的生命和生存观念的痕迹。

最惊心动魄的丧葬仪式还是天葬，它是藏地最具特征的标志之一。

天葬起源于藏地本土。当初，吐蕃第八代藏王止贡赞普与大臣罗昂达孜比武被杀后，止贡赞普的儿子尼雅墀为父王报仇，处死了罗昂达孜。他然后唱了一首歌记述这件事——

啊哇呢嗫呗呢！
鸟尸是用长矛刺死的，
兔尸是用铁铛刺死的。
捣碎尸体，
抛撒尸体。
没有洞穴（墓穴），
没有尸体。
……

我们从这首敬祭歌的字里行间，可以窥见古老的藏地先民在人死后对尸体的处理方式。一些学者更认为，在藏族传说中，吐蕃前七代赞普死后重返天上的传说，以及他们的肉身“如虹散失，无有尸骸”的记载，本身就是进行“秘密天葬”的史实。

及至后来，佛教传入藏地并盛行，天葬被赋予了宗教的神圣意义。当藏族人确信，他们在死后还能以血肉之躯行最后一次布施，积累了往生善趣的功德，心里莫不异常欣慰，连对死亡的恐惧也减弱了不少呢。

天葬是与青藏高原独特的自然环境和藏族人特有的生活方式相适应的，是人与自然和谐相处的一种结果。至于带着佛教色彩的天葬仪式在藏区的流行，据说与印度僧人帕·当巴桑结有关。

帕·当巴桑结是公元11世纪末12世纪初的人，显密双修，获得了大成就，为藏传佛教史上著名人物阿底峡大师的法师。当巴桑结曾五次来藏地传教，被尊为圣人。

公元11世纪末，帕·当巴桑结将天葬仪俗传入藏地，此后开始传播。

29 千年王朝的毁灭

在草原上吃过野餐,我们去拜谒巴塘深处的班庆寺。班庆寺里有着青海最大的一间大经堂,还有许多壁画和造像,在康区颇负盛名。

班庆寺建在法螺山下。据说，当年噶举派著名高僧、第四世桑吉念巴格莱尖措发愿，要在玉树建一座寺院弘法。这一天，他来到巴塘草原，忽然看到远处这座山形似法螺。在藏传佛教中，法螺是特别具有吉祥意义的象征，大师遂选址在这里，寓意噶举派法音不断、永世流转。

班庆寺创建于公元1600年。关于班庆寺的大经堂，还有一段曲折哀婉的故事。班庆寺原有的大经堂建成历史并不长，1954年由第九世桑吉念巴活佛主持修建的。当时修建经堂，没有任何拉运材料的现代化交通工具，全靠僧侣和信众背驮肩扛，整整修筑了四个年头，到1957年才完工。大经堂非常宏大，可供三千个喇嘛同时在里面诵经做法事，是当时青海最大的一间经堂。

工程完毕后，在开光仪式上，第九世桑吉念巴活佛却预言："这座经堂的修建，如同在一条河边修一座沙丘巨塔一样，时间不长就会被河水冲得无影无踪。"周围僧众听闻很吃惊，不知是怎么回事。活佛又说：

"不过，为了大家的修福积德，也是值得的。"

果然，第二年，寺院就被迫关闭。过了没几年，"文化大革命"降临，班庆寺大经堂和其他建筑一道被摧毁了。

瞿昙寺壁画。藏族人发明了用翡翠做蓝色、用珍珠做白色、用珊瑚做红色、用松石做绿色、用赤金做黄色的“五原色”，分别象征蓝天、白云、火焰、河流和土地。用这些矿物质制成颜料所绘的图画，据说可千年不毁。

班庆寺现在这座大经堂是1999年动工修建，2003年完工的，耗资1 300多万元，建筑面积1 200多平方米，高36米，一底挑空到五层，非常宏伟、壮观。大经堂的整个墙壁、立柱和顶棚上都绘有藏传佛教壁画。这些画主要是释迦牟尼本生传、藏传佛教密宗坛城、藏传佛教的宇宙观，以及各种劝喻众生的宗教故事。班庆寺因为有着巨大的大经堂，所以寺院里面壁画的面积也极为可观。

藏族人是一个聪慧的民族，他们很早就发现图形和色彩是人类感知体系中最有效的两个符号系统。对于过去大多数没有阅读能力的藏族人来讲，直观的图画比什么都更能在他们的脑海中留下深刻烙印，宗教绘画因此成为藏传佛教文化中十分重要的组成部分。

藏族人在宗教绘画上倾注了无数心血，他们发明了用翡翠做蓝色、用珍珠做白色、用珊瑚做红色、用松石做绿色、用赤金做黄色的“五原色”，分别象征蓝天、白云、火焰、河流和土地。这五种物质是藏族人生活中最重要的存在，也是他们敬祭天地神灵的风马旗的颜色。这些矿物质制成的颜料，据说可千年不毁。

可是，在藏地你已经找不到千年以上的绘画了。藏地现存最古老的完整的宗教壁画在青海海东的瞿昙寺，它距今不过六百年而已。瞿昙寺是明朝开国皇帝朱元璋赐名修建的佛教寺院，寺院因总体布局仿照内地故宫设计，被称为“藏地小故宫”。

瞿昙寺内两厢“七十二间走水厅”回廊中，有五十一间完整的壁画，总面积八百多平方米，描绘了释迦牟尼从降生到圆寂的生平经历和许多其他佛教故事。这些壁画色泽鲜艳，人物形象生动，场面宏大壮观，早就有佛教壁画“隋唐看敦煌，明清看瞿昙”之说。据说，瞿昙寺壁画得以保全，是因为当时寺院被驻地部队征作粮仓，属军事重地，造反派们才没敢造次。

对于藏传佛教的发展史，六百年不算很远的一个数字，关键是其他寺院的壁画大多在“文革”中毁掉了，现在人们看到都是后来的补修重绘之作。画上的颜料没经过岁月风尘的磨蚀，没有时间的加持，色彩怎么看都是“飘”的，终究没有“生根”。

在内地，“文革”似乎已经很遥远了，许多年轻人甚至不相信有过这么一回事。但在藏地，至今依然能看到许多那个时代留下的痕迹。在藏传佛教历史上，“文化大革命”并不像内地对它的描述，是“史无前例”的。一千一百六十多年前，藏地还发生过另外一次空前激烈的“文化大革命”。

四十年前的那场运动距我们还太近，它的破坏意义和历史功德还难以恰当评说；而发动

兴佛石碑。此碑为纪念赞普赤松德赞主持佛本大辩论，宣布佛教取得胜利而立。

朗·达玛的灭法活动，是藏传佛教史上一个具有划时代意义的重大事件。

于公元843年的“达磨灭法”，则被之前的史学家们称为藏族历史和藏传佛教史上最意义深远的一次法难事件。

在藏地的古老传说中有这样一则故事。很久很久以前，有兄弟三人共修一座祈愿塔。塔修完后，三人发愿回向（愿以所做善业换回某种善果之意）。长兄说：“我愿来世作雪域边地的国王，造福众生。”二弟说：“那我就作戒修具洁的大德，去雪域弘扬佛法。”三弟说：“我愿作修密的大师，帮助兄长降伏魔神鬼怪。”

三兄弟身边有一头驮运泥石的牛，它因为主人未替它祝福回向，心生怨恨，便恶毒地发愿：

“将来你们在雪域弘法时，我将令佛法摧毁！”

话音未落，突然从塔尖飞下一只乌鸦，对牛说：“你摧毁佛法时，我必将你杀掉！”

斗转星移，世代流转。后来，三兄弟中的长兄转世为藏王赤松德赞，二弟转世为高僧

藏传佛教历史上，发生过不止一次的毁灭性法难。

寂护，三弟转世为密宗大师莲花生。他们共同在吐蕃弘扬佛法，将佛教推向了一个历史的高峰。而那头牛呢，则转世为吐蕃第四十二代赞普朗·达玛。

“朗”在藏语里是“牛角”的意思，因为达玛出生时，头顶上一边长着一只牛角。就是这个长着牛角的赞普，后来果然让佛教在雪域遭受灭顶之灾，并因此葬送了延续了一千七百多年的强大的吐蕃王国。

赤松德赞时期，佛教得到强有力的扶持，在吐蕃有了突飞猛进的发展。但是，佛教与本教之间的矛盾依然激烈。信佛的大臣和汉地和尚、印度大师等人向赞普说，佛教与本教比如水火无法共处，应该让佛教和本教双方做一次教理辩论，比试孰优孰劣。如果本教胜利，我们各回家乡；如果佛教获胜，则应废止本教。

公元759年，赤松德赞在墨竹苏浦的江布园宫室前，举行了一场佛教与本教僧侣的大辩论。辩论后，赤松德赞宣布佛教胜利。赤松德赞借此机会颁布法令废除本教，并立碑纪念。本教经籍被收集起来，或抛入水中、或压在桑耶寺一座黑塔下面。本教的各种禳灾祈福仪式被禁止，不肯放弃本教的教徒统统流放到了阿里象雄。

之后，赤松德赞去世，其子牟尼赞普继位。牟尼赞普奉行父王赤松德赞的兴佛国策，三次下令平衡臣民的贫富悬殊，倡导臣民积极向佛教三宝布施，制定了桑耶寺的供养制度，定期举办法会，使僧俗和政教双双得到兴旺发达。

不幸的是，牟尼赞普在位执政仅一年零九个月，便被他信奉本教的母亲察邦萨派人杀害了。

牟尼赞普去世后，其弟赤德松赞继位(你会发现，吐蕃这几代赞普的名字非常相似，就那几个字来回倒腾，比较容易混)。赤德松赞在位期间，继续推进佛教的发展，维修和扩建历代赞普创建的佛殿与寺院，在大昭寺和桑耶寺等寺院建立了十二处讲经院，在耶尔巴和青浦等圣地建立了十二处修行院。

赤德松赞去世后，其子赤祖德赞继位，成为吐蕃王朝第四十一代赞普。

赤祖德赞，又名赤·热巴巾，是吐蕃佛教历史上著名的“三大法王”之一。

在之前历任赞普奠定的良好基础上，赤祖德赞将吐蕃佛教推向高潮，造就了一个前所未有的佛法鼎盛时期。赤祖德赞组织力量重新核订了旧译佛经，编纂佛经目录，使译经工作走向标准化、正规化。他还为出家僧侣创造优厚的物质生活条件，并给予特权。赤祖德赞规定，每七户人家供养一位僧侣，并制定刑法，如有人反对佛教或轻视僧侣，便予以严惩。相传，为了提高整个僧众的社会地位，赤祖德赞将自己的发髻系上长丝巾，丝巾下端敷于僧座，令僧众坐在上面。

赤祖德赞时期，佛教寺院在吐蕃社会中成为一个独立的社会实体。许多寺院不仅拥有属民和特权，而且占有土地、牧场和牲畜，这说明佛教僧人已经成为吐蕃社会中享有崇高地位的社会阶层。

然而，由于赤祖德赞在吐蕃推行佛教至上的政策，在政治上赐予僧人特权，在经济上扶持寺院，利用佛教巩固王权，激化了与本教贵族和信众之间的矛盾。例如，赤祖德赞曾颁布法令，称“如有人恶视僧人，抉其目；恶指僧人，断其手；恶言僧人，割其舌。凡偷盗寺院及僧人财物，罚款八十倍。”这一系列极端推崇佛教的措施，直接损害到不少本教臣民的政治和经济利益，引起他们的强烈不满。

这期间，以本教大臣伯达纳为首的贵族集团，私下秘密策动推翻现政权和取缔佛教的政治运动。他们串通术士编造卜语，首先谋杀了宗教大臣，之后又将赤祖德赞的哥哥、崇信佛教的臧玛陷害。

公元842年，伯达纳等人谋杀了赞普赤祖德赞。他们在宴会上将赤祖德赞的颈骨击断，把他的头扭向背后致死，并推举不喜佛法的赤祖德赞的哥哥朗·达玛继任吐蕃赞普。

终于，一场毁灭佛教文化的浩劫开始了。

朗·达玛也称“达磨”，从小在伯达纳侍奉下接受本教教育，公元842～846年间执政吐蕃。

朗·达玛即位后，发起了残酷的灭佛运动。他取消了昔日由吐蕃王室保护广大僧众的一切法令，剥夺了寺院及僧众的所有财产和享有的一切政治特权，使佛教在吐蕃的整个组织被彻底粉碎。朗·达玛强迫佛教僧侣还俗，逼迫他们去狩猎或者当屠夫，不从命者皆被杀戮。他还下令封闭所有寺院和佛殿，命人用泥巴抹在寺院墙上，外面画上出家人饮酒作乐的图画，以此来戏弄羞辱佛教徒。

疯狂的人们在赞普的鼓动下，开始大肆毁坏寺庙。他们将佛教经典烧毁，将佛像从经堂里拖出，准备抛入水中。供奉在大昭寺里的释迦牟尼像才被拉到大门槛，就怎么也拉不动了，皮绳纷纷断裂，将人跌倒。无奈，朗达玛只好照以前玛尚·仲巴杰的做法，命人把佛像埋进了沙坑里。后来五世达赖阿旺罗桑嘉措在他著名的宗教历史著作《西藏王统记》中，这样描述当时的情形：

> "……此后，王之疆土犹如冬水，日渐下落，十善法律，如坏麦束，绳断分散，藏民福德，如油尽灯，利乐王治，如虹散空，罪恶行径，如大漠风沙，狂吹乱起，行善之心，如服径无人，各返乡里。所翻经典，其未竟者，亦唯弃之而已。诸喜乐佛法臣民，徒有悲伤而亦无可如之何也。……"

朗·达玛的灭法活动，是藏传佛教史上一个具有划时代意义的重大事件。后来的史学家们以此为界，将藏传佛教史分为前后两个截然不同的断代，即"前弘期"和"后弘期"。

"前弘期"指从公元7世纪中叶松赞干布时期引进佛教开始，至公元9世纪中叶朗·达玛灭法为止。这段时期持续了二百年之久。

朗·达玛是一个残暴的君王，最后被人杀死。

相传，朗·达玛头上长着一对牛角，怕人看见，因而整天用头巾裹住，只在沐浴时才拆解开来。每次洗完澡，朗·达玛就会将伺候的仆人杀掉灭口。

这一天，朗·达玛的一个仆人到拉萨河里取水。他一边取水一边忧伤地说："哎，我的生命将要到尽头了。我们的赞普头上长了一对牛角，他会杀掉所有给他洗澡的人。"仆人的这句话浸到河水里，传到下游札耶尔巴的地方，恰巧被在这里的山洞中修炼密宗的一个佛教徒白吉多杰听到。

——白吉多杰不是别人，正是当年三兄弟修祈愿塔时，落在塔尖的那只乌鸦的转世。

白吉多杰修行结束后走出山洞，看到一些佛教僧侣正在山上打猎。他很错愕，问他们为什么不守戒规。被迫还俗的僧侣无不痛哭流涕，他们告诉白吉多杰在他闭关修行期间外面发生的事。僧侣们说："赞普摧毁了佛教，吐蕃已经成了一片黑暗之地。"白吉多杰听后，气愤得将自己的衣裳撕扯成一条条碎片，发誓说：

"我一定要除掉这个对佛祖大逆不道的昏君。"

当时，白吉多杰好像忘记了佛教徒不可以杀生的戒律，他宁愿自己担当此罪过，而要为佛法献身。白吉多杰将僧侣们猎获的乌鸦羽毛贴在自己白色绵羊毛斗篷外面，又用炭灰涂抹他的一匹白马，他拿过僧侣们手中的弯弓和利箭，趁着夜色策马向拉萨奔去。

这天晚上，朗·达玛做了一个噩梦，梦见一只乌鸦向他吐口水。清晨醒来，朗·达玛感到心慌不止，他于是乔装打扮，将自己伪装成一个屠夫的样子悄悄溜出宫殿查看情形。

朗·达玛来到大昭寺广场。大昭寺不复往日的庄重与尊严，已经变成一个喧闹杂乱的集市。这时，白吉多杰也来到广场上。他在人群中搜寻，试图发现朗·达玛的线索。忽然，白吉多杰在唐蕃会盟碑前看到了一个人的背影。

那正是他要找的朗·达玛。

白吉多杰并不认识朗·达玛，但他多年修炼，法眼已开，看到了朗达玛缠扰在头巾底下的牛角。白吉多杰想起之前拉萨河水传递来的朗·达玛仆人的话，于是认定了目标。白吉多杰搭箭上弓瞄准仇敌，大喝了一声朗·达玛的名字。朗·达玛下意识地循声回头，白吉多杰手里的箭已经飞了出来。

朗·达玛被这突如其来的袭击惊呆了。他中箭倒在地上，双手死死握着箭杆，身体像蠕虫一样痛苦地扭动，大叫道：

“天哪，要么早杀我三年，要么晚杀我三年！”

说完，吐血而死。

对于朗·达玛临死前的话，后来的人们揣测朗·达玛说要么早杀他三年，指那时他还没有灭法；要么晚杀他三年，意思是他那时可能会改信佛教。

一个对佛教犯下滔天罪行的人，就带着这样复杂的心情结束了他的生命。

大昭寺广场一片大乱，白吉多杰趁机逃走。吐蕃王室派出九名快捕手去捉拿白吉多杰。白吉多杰经过拉萨河时，河水洗掉了马匹身上的炭灰，捕手因而迷失了目标。等捕手们追到白吉多杰修行的山洞时，发现洞口散落着许多黑色的羽毛，白吉多杰已经不知去向。

据说，刺杀了朗·达玛的白吉多杰后来从康巴逃到了青海安多地区。

朗·达玛被刺杀后，吐蕃王族内部为继任赞普发生政治斗争，王室分离成几派，各自挟持年幼的王子以对抗。随后，吐谷浑、党项诸族趁乱脱离吐蕃举旗另张，各地爆发平民奴隶起义，国家陷入内战，地方割据，小邦林立。

至此，曾经强大一时、威震东方的吐蕃王朝，就这样以摧枯拉朽之势分崩离析、不复存在了。

吐蕃王朝从聂赤赞普缘天梯降世到朗·达玛被杀，一共传了四十二代，延续近1 750年。

随着达磨赞普的死去，从九天降到雪域的神圣赞普终于退出了藏地的历史舞台。自公元7世纪开始，经数辈赞普的不懈努力才为吐蕃迎来了佛教文化，而一代赞普的叛逆就把他们的事业毁灭得干干净净。

直到几个世纪以后，佛教的曙光才重新普照雪域。

但是，那段苦难的历程有谁会忘记呢？

30 我的藏地版《保镖》

玉树终于盼来了它一年一度的盛大节日——赛马会。

康巴人热情奔放，赛马会是玉树人生活中一件重要的大事。之前还辽阔宁静一望无际的巴塘草原，一夜间竟不知从哪儿冒出来成百上千顶五彩帐篷。它们在清晨朦胧而又透明的光线里，像夏天一场大雨后地底下突然冒出的蘑菇，漫山遍野，连绵起伏。帐篷间或有炊烟飘起，看上去宛若仙境之中。

玉树赛马会的历史由来已久，可追溯到吐蕃时代。古代藏族人骁勇强悍，善骑好斗，不仅往来征战于青藏高原，还有过东攻盛唐、南降毗邻、广拓疆域的辉煌历史，赛马会集中了他们祭天敬神、选拔人才、竞技习武和昂扬士气多项内容，是他们生活中非常重要的一件事。当年文成公主进藏，在玉树停留休整，玉树民众为她举行了隆重的赛马会，据说连山神和龙王也都赶来参加了呢。

后来，佛教传入藏地，藏族人逐渐放弃了他们性格中强烈的尚武性情，而保留下可敬的善良与勇敢、热情与豪爽，传统的赛马会也由原先以实用功能为主，转向更多的娱乐和欢庆主题。

赛马会通常持续一个星期。它以煨桑揭开帷幕，之后有庄严的祭拜仪式，然后是赛马竞技、服饰表演、玉树歌舞等等项目。赛马主要有跑马射箭、乘马射击、跑马拾哈达、跑马倒立、跑马悬体等，以及牦牛赛跑、抱石头、摔跤、拔河、倒立牛鞍上添酸奶，以及远

玉树赛马会的历史可追溯到吐蕃时代，集中了古代藏地人们祭天敬神、选拔人才、竞技习武和昂扬士气等多项内容，是他们生活中非常重要的一件事。

距离跑马赛、走马赛、牦牛赛，这些项目都是男人参加，许多来源于吐蕃时代。

康巴服饰是藏地三大地区里最华美艳丽的，玉树服饰也不例外。我随同旅游局工作组坐在观礼席上，旁边恰巧是玉树州广播局局长嘎玛昂江。嘎玛局长是玉树本地人，对玉树文化深有感情，是一个“玉树通”。我们一边看演出，嘎玛局长一边给我作讲解，让我有幸上了一堂玉树民间文化赏析课。

藏族人“会说话就会唱歌，会走路就会跳舞”，玉树更是著名的“歌舞之乡”，歌舞成了玉树人生活中最重要的组成部分。玉树歌舞分许多种类和曲调，基本以集体舞为主，也有表现男女爱情的对唱。总体上讲，玉树歌舞糅合体现了康巴人热情奔放、勇敢豪迈的民族性格，和优雅端庄、高贵虔诚的宗教文化。舞姿既有舒展、张扬的欢快，也有俯身、下腰的谦卑。

开幕式最后是展现宗教风格的“跳神”。“跳神”藏语为“拉强”，大致有两类：一类为“神舞”；另一类为“娱舞”。“神舞”主要表现佛教故事或护法神镇魔禳灾等内容，动作庄重肃穆，气氛森然可怖，有对亲临现场的信教群众产生除障免灾等加持作用的说法。“娱舞”是旨在活跃节日气氛，愉悦信众的一种娱乐功能较强的舞蹈，如雪狮舞、汉童舞、清朝满族舞以及模拟珍禽异兽的各种表演形式等。

这些表演项目和集体项目之后，就是群众自由的跳舞和狂欢，场面十分热闹。

开幕式的第二天，省旅游局工作组启程返回西宁。

因为太早，我没有起来送他们，只在被窝里跟赵萍告了个别。我们都装作若无其事，——至少我尽量装作若无其事。我已经不习惯向人表达我的依依不舍了，我习惯了给人坚强、勇敢的印象，怕过于温情于己无益。

其实，我是很想向曹处表达一下感激的，他作为工作组的负责人，半个多月来给了我很多照顾，让我没有因为自己是一个外来者而感到不自在。前一天晚上，州旅游局为工作组饯行，趁着气氛和酒劲儿，我好几次想给曹处一个拥抱，但都克制住了。

过后又觉得，那种克制很没意思，没有意义。

曹处叫曹冀青，听名字就知道祖籍一定河北，父母支援青海来到这里。他是在青海出生的第二代。

身穿传统节日盛装、佩带腰刀和子弹夹的康巴汉子。

玉树歌舞的舞姿既有舒展、张扬的欢快，也有俯身、下腰的谦卑，体现了康巴人热情奔放勇敢豪迈的民族性格，和优雅端庄高贵虔诚的宗教文化。

来青海之前，我在北京的朋友把我介绍给青海省军区参谋长龚凤森少将，请他关照我在青海的行程。我到了玉树，龚参谋长将我“转交”给玉树军分区郑继虎参谋长，郑参谋长答应旅游局工作组走了以后，我可以搬到军分区去住。

这天下午，郑参谋长派车来宾馆接我。令我意外的是，来的司机不是别人，正是那次我在飞马集市上被康巴汉子“堵截”，我打了对方，从围观人群中站出来帮助解释误会的藏族小伙子。小伙子叫永登塔生，他敲开我宾馆的房门，我们两人愣愣地对视片刻，然后都笑了起来。

永登曾经当过兵，后来转为军工，现在在囊谦县武装部开车。永登就是玉树人，已经结了婚，家安在结古镇，所以他没事儿就回州上来。这次是武装部政委回内地探亲，他被参谋长临时抓了个“差”，派来接我。

永登后来成了我的保镖和翻译，直到我离开这个地方。

猛一看，永登长得特别吓人。永登特别黑，特别特别黑，又极壮实，哪里都厚厚的，像美国新奥尔良街头的非裔，以致好长时间里，我都不怎么敢仔细看他，看一眼就赶紧把目光移开。

固然，藏族人都比较黑，这是高原紫外线辐射的结果。但像永登那么黑的藏族人，我以前还真没见过。莫盖或许比永登还要黑一些，但莫盖已经老了，他脸上的肌肉是松弛的，失去了力量感。而永登是一个小伙子，他黑黝黝的脸上闪着亮光，浑身鼓鼓的，每一寸皮肤底下都是肌肉。——永登特别爱吃肉，我后来亲眼见他闷不声响地一口气吃掉半条前腿的风干牛肉。

永登当过兵，又给首长开车，十分懂礼貌有分寸，体贴、周到，并且忠诚。永登的忠诚可以从他的眼睛里看出来。永登的眼睛特别大，里面清澈见底，不表达任何感情。永登的表情很少，只有两种：要么面无表情，要么突然一笑。永登笑的时候眼睛依然是鼓鼓的，一点都不缩小。——单从这一点，你就知道他脸上的肌肉有多么的坚韧有力了。

永登心思缜密，举止得体，却从来没上过一天学，是一个理论意义上的"文盲"呢！虽然没有上过学，永登却是一个非常聪明能干的人，在结古特别玩得转。永登在镇上的朋友多，——只是，似乎"太多"了一些。我跟永登在街上走，他总不停地停下来同人打招呼，用藏语唧唧咕咕地跟人交谈，每次都要我忍不住了催促，他才肯走。

永登然后会向我诚恳地解释，说这个人跟他是什么什么关系，那个人跟他是什么什么关系。给我的印象，似乎永登跟结古镇所有的人都有"关系"。

永登有一个老婆。我在飞马集市上见到她时，她穿着一条工装裤似的蓝色粗布孕妇服，怀孕八个月了，可我看那肚子至少已经十个月。我问永登的恋爱史，得知永登结婚前居然没见过女方一面。我难以置信，问永登："你结婚前真的没见过你老婆吗？"

——在内地我是不说"老婆"这个词的，觉得它有失文雅；但在藏地，这个词在我嘴里就变得特别亲切。永登说是的，他说他当时在外地出车，母亲让他回来结婚，他就回来了。

说完，永登想了想，忽然又笑起来，说："啊，我见过一面。就是结婚那天，她盖着头先进到我家，我在门旁边站着，这么一扭头看到了一点点，但是没有看清脸。"永登用手比划着，模拟当时的情景，和自己跟新娘错身而过时飞速回眸的动作。

我被永登的神态逗得捧腹。你可以想象一个黝黑、粗壮得像美国新奥尔良非裔的康巴汉子，会因为在婚礼上意外提前窥见到自己的新娘，而至今难抑心中的窃喜与羞涩吗？永登美滋滋的笑容，让我觉得他是那样的可爱。

说起内地，永登并不陌生。永登历数他去过的内地城市——上海、广州、武汉、青岛、兰州。我问永登去内地的感受，永登说去了内地以后他感觉自己有许多地方需要改进。我好

康巴女人的头饰，极尽繁复、华丽，是最值得炫耀的。

过客酒吧:

北京一家名声响亮的自助旅行主题酒吧，位于西城南锣鼓巷里。店老板“小辫儿”是我一位多年朋友，过去的十年里，小辫儿骑单车走完了青藏、新藏、川藏、滇藏、康藏所有进藏的五条线路，非常令人佩服。小辫儿是一个十足的理想主义者兼义无反顾的行动者，为人善良、热情，肯于奉献。所有与藏地有缘的人，心都特别好。

笑永登煞有介事的语气，追问：“那是什么呢?”

永登说:“一个是我需要增强时间观念，另一个是要加强个人卫生。”

我看着永登开心地笑——但愿那笑容不会被永登误解，可我是真的心里喜悦呢。要知道，时间观念和个人卫生恰恰是藏地人普遍欠缺，也是许多关心藏地的朋友希望这里的人们有所改善的呢，而永登一矢中的，说到问题的关键，可见他是用心做了思考的。

郑参谋长对我优待，特许永登带车全天陪同我。永登开的是一辆白色普桑，但他车技极好，能在草原上开出三菱越野的味道来，尤其在刹车和沟坎的地方，一点儿也不颠人，十分舒服。我想这是他多年给首长开车练就的本事，部队里的军官就是这样，既希望风驰电掣的速度，又喜欢运筹帷幄的感觉。

那几天，适逢玉树一年一度的赛马会。我和永登去赛马会玩，意外碰到了虫虫。虫虫是中国传媒大学的学生，一个勇敢而又纯洁的北京女孩儿。我之前在小辫儿的“***过客酒吧***”里认识了在那儿打工的虫虫，那是一年多以前的事了，后来再没见过。

这一次，虫虫只身到藏地旅行，在玛多结识了另外两位内地朋友，相伴一起来赶玉树赛马会。那天晚上，我把随身带来的帐篷也扎到了赛马会上，跟虫虫他们在一起。我们聚餐、喝酒、唱歌、跳舞，玩了整个通宵。

次日，虫虫和她的伙伴离开玉树，起程往四川甘孜藏区去。中间，他们又从四川返回青海果洛州，去了西木措湖。西木措是阿尼玛卿山神的妻子玛日羌热的居住地，还没有开发，十分美丽。

在西木措，虫虫的一个伙伴遭遇了爱情，跟当地一位藏族小伙子共坠爱河。那位北京白领后来辞了职，在第二年的春节又去了西木措。

是这样的，藏地是一个适合爱情的地方。

（在我写完这本书的时候，虫虫又告诉我，北京美眉终于作出决定，嫁去了西木措。祝福她吧。）

31 永登说没有朋友的人很可怜

我给永登布置了一个“任务”，要他每次见面时给我带一条藏族谚语来。

我喜欢了解各个民族的谚语，它们是不同地域民众千百年历史文化的缩影、智慧的结晶和语言的精华，透过它们，你可以最直接生动地触摸那里人们的生活细节。而细节是最感人的。

永登把我下达给他的任务“分派”给他的朋友们，他走在结古镇上，碰到朋友又多了一件唧唧咕咕的事，就是问人家要谚语。

藏地谚语大多与藏族人的日常生活有关，最多的是对生活经验和生存哲理的总结，如“大地虽用鲜花装扮，人还是靠五谷养活。”、“享福时羊羔皮还嫌扎身，受穷时山羊皮也觉暖和。”、“即使雪山是糌粑，一次也只能吃一碗。”还有对人生境遇的精辟见解。“人不知幸福，骑在马背上也会叹息；人不知悲痛，压在重负下也会唱歌。”、“最欢乐在父母膝下，最温暖在阳光底下。”、“在家的女儿想出嫁，出嫁的女儿想娘家。”、“初遇小悲的人泪水多，久经大悲的人叹息多。”读起来都很深入浅出，耐人寻味。

藏族人是一个善良热情、珍惜友谊、懂得友爱与共生的民族，他们的谚语中有很多这样的教导，例如，“一根木杆支不起帐篷，一块牛粪烧不开茶水。”、“自己有胆量不要在别人面前炫耀，别人有缺陷不要在众人面前揭短。”、“想把人推入河里，自己也得到河

我喜欢了解藏族谚语，它们是雪域千百年文化的缩影、智慧的结晶和语言的精华。透过它们，你可以最直接生动地触摸藏地人们生活的细节。而细节是最感人的。

边。”、“油灯不照油灯底，自己不见自己错。”、“品尝美酒，须有吉祥的祝福；否则同畜牲饮水一样。”说的都至情至理。

在藏族人的价值追求中，有两个特别重要的关键词。一个是“英雄”，一个是“智慧”。英雄和智者是藏地人最为看重的形象，也是他们的谚语最热衷于歌颂和赞美的。他们说，“英雄幸存在拚死的血战中，懦夫丧命于逃跑的道路上。”、“渴死不饮泥塘水，那是野牛的品格；饿死不吃泥滩草，那是野马的品格；至死不在敌人面前淌泪，那是英雄的品格。”、“英雄的胆量不为死亡所惧，智者的敏锐不为学识所窘。”、“智者遇事勤思多问，愚人遇事不懂装懂。”、“没套嚼子的马嘴巴大，没有学问的人口气大。”

“财富”和“诚信”是藏族人常常提到的另外两个词汇。在藏地这样有着严酷自然条件的地方，财富是生存的基本条件；恰因为如此，藏族人才更加注重培养正确的财富观，他们说，“富裕时要懂得节俭，贫穷时也不要太吝啬。”、“吝啬者的财富如鼻孔里的毛，拔一根就会泪如泉涌。”相对于物质积累，藏族人把“诚信”看作最珍贵的财富。他们深知，这种品质才是处身高原的人们能够生存下去的最根本保障。所以藏族人非常讲究诚信，唾弃搬弄是非、背后说人坏话的人，用各种比喻方式警诫人们，“豺狼吃肉，骗子食言。”、“嘴和手闯下的祸，不得不用头和身去承担。”、“手中失落的石头可以捡回来，口中失落的话语难再追回。”、“食物传众人口越传越少，言语传众人口越传越多。”、“诚心的礼物不在大小，伤人的恶语不在多少。”

藏地的这些谚语，正面积极鞭辟入里，又生动丰富朗朗上口。在玉树的那一阵儿，我的手掌心里每天记满了谚语，有时弄得污土土的。我也非常爱学说藏族谚语，就像内地人爱拿样板戏里一些耳熟能详的段子开玩笑，我常常拿才学到的谚语当“切口”，对着手心“照本宣科”，也不管搭不搭界恰不恰当，逗得我的藏族朋友们开心不已。

永登知道我喜欢藏族民间文学，对此便十分用心。

一次，永登开车载我出门，路上他说给我讲一个故事。我说好啊，问是什么？永登认真地说："讲一只跳蚤和一只虱子的故事。"我听了笑起来，想那会是什么故事啊，一只跳蚤和一只虱子！我鼓励永登，请他讲给我。永登于是一边开车一边讲故事。

一天，跳蚤和虱子上山去砍柴，跳蚤几个筋斗就翻到了山上。跳蚤到了山上后，一会儿爬到树上，一会儿跳到地下，玩了好久才看到虱子气喘吁吁地爬上山来。等到虱子上来后，跳蚤说："啊呀，我的虱子兄弟，你走路怎么这么慢慢腾腾的，你看我多快，几个筋斗就到了山上。"说着骄傲地走进林子。

跳蚤和虱子砍好柴后，捆成了两捆，每人背了一捆。这时跳蚤想，我可不能跟它一起走，这样太慢太慢，于是它说："虱子兄弟，我们俩比赛一下看谁先回到家，由先到的就享受家中的美酒和昨日舅舅拿来的血肠。"

老实的虱子听了后说:"好吧,那我们就开始比赛吧。"

虱子的话音刚落，跳蚤一个筋斗就不见了，虱子背着柴一步步地向前走去，等它刚爬上一个坡时，看到跳蚤的柴撒了一地，跳蚤正一根一根地拣。跳蚤看到虱子赶来了，就匆匆捆了几下，又一个筋斗跳走了。跳蚤就这样，翻一个筋斗，柴撒了一地，又一根一根地把柴捡起来，而虱子背着柴一步步地走着。

最后，跳蚤一个筋斗到了家门口，柴又撒了一地，它正准备一根一根地拣时，虱子背着柴非常踏实地走进了家门。

虱子先走进家，得到了家中的美酒和舅舅拿来的血肠，骄傲的跳蚤只好羞愧地躲在门外。不好意思进来。

说到这儿，永登郑重地看了我一眼，期待我发言。

我问:"完了?"

永登说:"完了。"我就又开始笑。

其实永登一开始讲我就笑了。这个故事显然类似于内地版的《龟兔赛跑》，意在告诫人们做事应该踏实而不应该轻浮；可在我看来，跳蚤和虱子之间似乎没有什么道德高下之分，藏族人为什么把虱子美化成一个正面人物呢？他们居然说"老实的虱子"，真是笑死我了。

——尤其好笑的是，这个故事由永登讲出来。你想啊，永登是一个那么黑、那么壮的小伙子，却煞有介事地在说一只跳蚤和一只虱子的事儿，这有多么好玩啊。

真是笑死我了。

后来的一天，永登来到我的住处，抱着脑袋坐在沙发上，闷闷不乐。

永登特别爱吃肉，他浑身鼓鼓的，每一寸支肤底下都是硬硬的肌肉。

我问："永登你怎么了，不舒服吗？"永登唉声叹气，显出从未有过的失落。在我的追问下，永登吐露说他遇到一件麻烦事，让他十分头疼。我说："有什么事能难倒你呢，说出来听听吧，看我能不能帮你。"

原来，永登认识的一位在内地定居的活佛想请永登过去给他开车，永登为此举棋不定。我问："他给的薪水多吗？"这是我首先关心的。永登报出一个将近六位数的年薪。我很惊讶，说那很好啊，很多耶！永登说钱不是问题的关键，他在玉树也挣得到这么多。我说：

"那你犹豫的是什么呢？"

永登说："我老婆快生了。"我替永登着想，说是啊，你老婆一个人在这儿，生活上会很难。永登说："可是，我没有办法拒绝活佛。"我说："为什么呢，你可以告诉他实情啊。"永登愁苦地说："你不知道，那个活佛对我很好，他对我特别信任，专门派人来请我。"

我对活佛是否派人"专门"回来请永登这个细节有一点点怀疑，但藏族人对活佛的尊敬我是可以感知一二的，永登又是一个非常诚恳、重信义的人。我说："那么，你就跟活佛说过一段时间再去，等你老婆生了。"永登摇头，说：

"问题还不在这儿。"

我说："那问题在哪儿呢？"跟永登说话是这样的，他常常有他的逻辑，你需要耐心。

永登说："我去过内地，也喜欢那里，但有一点我很清楚，我不能一辈子呆在内地。那不是我们久呆的地方，我最终还得回到玉树来，这儿才是我们的地方。"

我对永登的这一见解表示认同。"可是，"永登说，"等我老了回到玉树，我一个朋友都没有了。就算我有很多钱，我的日子也会很难过。"

我安慰他，说："你中间又不是不回来，你在这儿有很多朋友啊。"我想起在街上永登动不动就跟人攀谈说话的情形，不禁笑起来。永登却说不是的。永登说：

"朋友是必须要交往的，必须要经常联络。你不能等你老了，等你需要朋友，才去找人家。"

我无话可说，不得不承认永登的话有道理。永登又捧起脑袋，说："好像有一个哲学家说过：'没有朋友的人是多余的。'在这个世界上，没有朋友的人很可怜！"

在藏族人的价值追求中，“英雄”、“诚信”、“友情”和“智慧”，是最重要的几个关键词。

我当时正坐在沙发上吃一碗泡面作为早餐，永登的话让我愣住了。我停下，打量着永登，说:“是一位哲学家说的吗，‘没有朋友的人是多余的’?”

“是的，”永登说，“是一位哲学家说的。”

我没有问永登是哪一位哲学家说的，——依照我一贯的好学精神，我是会问的，这次我没有。我在想这位哲学家说的话和永登说的话。我想，我可能没有永登那么在意朋友，因为都市的生活不像藏地，藏地自然环境恶劣、生存条件差，朋友是很重要的。内地物质丰富，社会机构健全，人的生活相对独立。但我一样需要朋友，离开了朋友一样觉得孤独，可我不会像永登那样直白地表达我对朋友的需要，我从没有跟哪一个要好的朋友说过：

“你对我很重要，我真的很需要你!”

有时，我的确很想这样说。

我不好意思。我怕暴露了自己的软弱，让人瞧不起；我怕得不到想要的，反被笑话；我怕对方不愿意承担，觉得我麻烦。我即使需要，也只悄悄的、蹑手蹑脚地“偷”对方的友情，不让他（她）看出来，不让他(她) 感到负担。总之，我从没有像永登这样坦率和情真意切，从没有像他这样恰如其分地表达内心。看着永登坐在沙发里愁眉苦脸的样子，我很为他感动。我说：

“永登，没有朋友的人真的很可怜吗?”

“是的，”永登瞪着他鼓鼓的大眼睛，认真地说：

“没有朋友的人很可怜!”

32 由毁灭而粲然重生

人是很奇怪的。对于历史的了解，固然主要依赖从间接知识中获得，但若有真迹存在，还是愿意不辞辛苦亲眼一见。这其中的心理和情感渊源，竟跟人类最原始的自然崇拜类似，迷信时间和经历会使一个存在变得如同有灵。

我听说玉树有一座由印度佛教大师弥底亲手修建的佛塔，十分珍贵和有意义，便搭了一辆车前往拜谒。

佐娘古塔藏语全称为“佐娘切旦巴吉仑波”，意思是“佐娘古塔旺伟自成”。古塔位于结古镇西北80公里的通天河南岸一个叫“佐娘”的地方。佐娘古塔是弥底大师于公元1030年在玉树地区弘法时所建，距今已有970年的历史。

弥底是印度著名的佛教班智达，于公元10世纪末来到西藏。弥底在藏地的经历颇为坎坷，他的译师在途中患病死去，弥底不懂藏语，无以为生，被迫在后藏达那一户人家放羊，直到弟子南坚赞寻找到他，出黄金将他赎出。

弥底是在朗·达玛灭佛之后的历史背景下从印度来到西藏，当时后藏和前藏地区都尚未有成熟弘法条件，史称“卫藏百年无法”，弥底辗转来到康区，在玉树通天河一带传播佛法，期间建造了这座佛塔。

在藏传佛教传统中，佛塔是最神圣的敬拜物之一。

佛经记载，释迦牟尼得道成佛后，四处传教。一个名叫须达的居士十分敬信释迦牟尼，拜见时请求："您经常到各国巡游，我不能常见到您，请您送我一点纪念之物吧！"释迦牟尼便把自己的一些指甲和头发送给了他。须达于是建塔以供养，这便是佛教史上的第一座佛塔。

释迦牟尼圆寂后，遗体被火化，弟子将其骨灰分成八份，分别封入八座佛塔中，以纪念释迦牟尼一生的八大功德。藏地寺院外面通常都有八座佛塔，因为它们基座和塔体多为白色，统称"***八白宝塔***"。

佛塔也是藏地最早传入的法物之一。吐蕃赞普拉托托日年赞时期，在著名的"天降佛宝"事件中，从上天降下的四件宝物里有一件就是舍利金塔。

弥底大师在"佛法黑暗"时期来玉树传法，对藏传佛教的再度兴盛作出了不可磨灭的贡献。佐娘古塔的修建，标志着藏传佛教在康区"后弘期"的开始，在藏传佛教发展史上有着重要的意义。对此，《大藏经》、《青史》、《红史》等多部藏汉史籍中都有记述。

通常，人们将藏传佛教"后弘期"的起始时间界定为公元10世纪下半叶，这个时间是严格意义上藏传佛教形成的时期。但其实，佛教复兴的火种却是在朗·达玛发动灭佛的当时，就已经存在了。

公元9世纪40年代初，吐蕃王朝取缔佛教，有藏饶赛等三位吐蕃比丘驮负着《律藏》等典籍辗转逃到青海河湟地区，在那里驻锡静修，史称"三智师"。"三智师"晚年，收当地牧童穆伊赛巴皈依受戒。按照佛教教义规定，受比丘戒必须有五位比丘参与，"三智师"人数不够，特地请了两位汉族比丘一同为穆伊赛巴受戒。

戒律传承是佛教仪轨中十分重要的部分，就如同火种，表示这一支脉的佛法一直没有断过，穆伊赛巴的受戒皈依因此成为藏传佛教史上具有里程碑意义的事件。穆伊赛巴的父母原是本教徒，赛巴聪明好学，知识渊博，后被尊称“贡巴绕赛”，为“河湟藏人第一比丘”。

当时，贡巴绕赛先后在今天青海省化隆县和平安县修建丹斗寺和玛藏寺，在那里传播佛法，丹斗寺和玛藏寺因而成为藏传佛教“后弘期”河湟地区最早的寺院。在平安县的玛藏寺，贡巴绕赛长期供养“三智师”及参与传戒的另外两位汉族比丘。“三智师”圆寂后，贡巴绕赛用药泥塑其真身供奉在寺庙。

公元10世纪前叶，西藏桑耶地区领主查那益西坚赞慕名派卢梅等卫藏十弟子来安多向贡巴绕赛求得戒律。他们返藏后建寺修塔，弘扬佛法，西藏中断近一个世纪的佛教得以复兴。这一条由青海安多地区经玉树等地沿唐蕃古道回传到西藏的路线，史称“下路弘法”。

八白宝塔:

即“莲聚塔”，纪念释迦牟尼降生时行走七步，步步莲花；“菩提塔”，纪念释迦牟尼修成正觉；“四谛塔”，纪念释迦牟尼初转四谛法轮；“神变塔”，纪念释迦牟尼降服外道时的种种奇迹；“天降塔”，纪念释迦牟尼从天堂重返人间；“息诤塔”，纪念释迦牟尼劝息诸比丘的争端；“胜利塔”，纪念释迦牟尼战胜一切魔鬼；“涅槃塔”，纪念释迦牟尼证入涅槃，不生不灭。

回首藏传佛教“后弘期”，佛法在安多地区重燃了余火，从阿里地区回传了教法。这后一条路线，史称“上路弘法”。

吐蕃王朝崩溃后，吐蕃王族后裔扎西贡在西藏阿里地区建立古格王朝。扎西贡之子柯日继承王位后，热衷于佛教，他将王位传给弟弟，自己出家为僧，取法名益西沃（意为“智光”）。益西沃是阿里地区复兴佛教的著名人物，在藏族历史上占有重要位置。

益西沃一心弘法，派人到克什米尔等地求经学法，其中有仁钦桑布等学成归来，在阿里从事佛经翻译事业，成为“后弘期”著名的大译师。为了发展佛教事业，益西沃还在象雄仿照桑耶寺建立托林寺，请来印度名僧达磨波罗及其三个门徒传授佛教戒律，史称之为“上派律学”或“上部律传”。

益西沃的弟弟死后，他的儿子继承王位，益西沃继续大力推行佛教。当时，佛教大师阿底峡在印度已经很有名气，益西沃极想请他来藏传教，但需要大量黄金，致使益西沃与周边国家发生战争。在与西北部一个伊斯兰教小国噶尔洛作战时，益西沃不幸战败被俘。噶尔洛国王向益西沃提出，或是改信伊斯兰教，承认象雄从属噶尔洛；或由古格王朝用与益西沃等身重的黄金赎回；若以上两者都不从，就将他处死。

益西沃的后辈，已出家为僧的王族绛曲沃四处筹募黄金，益西沃却认为与其赎回自己，不如用这些金子去迎请阿底峡来古格传教。绛曲沃无法说服益西沃改变心意，遂返回古格，派人携带黄金到印

玛藏寺。玛藏寺是我在藏地见过的最小的一座寺院，其实只可称为“半间寺院”。但就是这样一间危险而窄小的寺院，却是藏传佛教“后弘期”重要的发祥地之一。

度去请阿底峡大师，益西沃则被处死。

益西沃复兴佛教的结果，不只是维护了阿里地区的主权，而且抵御了当时咄咄东逼的伊斯兰教势力，对于捍卫整个西藏和藏地的统一，都有重大的历史意义。

阿底峡本名达哇宁波，意为“月藏”，“阿底峡”为梵语“殊胜”之意，是人们后来对他的尊称。当时有本尊授记（预言），说阿底峡去吐蕃将缩短寿命二十年，阿底峡也毅然前往。公元1042年，阿底峡大师经尼泊尔到达阿里，在那里传播佛法。三年后，前藏居士仲敦巴听说阿底峡在阿里，他一路步行前往，终于在阿底峡准备返回印度前三天见到了他，并将阿底峡请到卫藏地区弘法。

阿底峡到达卫藏地区，是佛教复兴势力由阿里进入卫藏的标志。

自公元843年朗·达玛在吐蕃灭佛，到10世纪中叶佛法再度从安多和阿里两路回传，卫藏地区的佛教进入长达一个世纪的黑暗时期，历史上称为“卫藏百年无法”。然而，如果我们详查历史，可以发现，实际上这一时期卫藏地区的佛教并没有因为朗·达玛的暴逆而完全禁绝，吐蕃王室的覆灭及藏地社会的大动荡，反而给藏传佛教的复兴和发展创造了良好的外部条件。

“前弘期”时，信仰佛教只是吐蕃王室和贵族阶层的特权，只有贵族子弟才可以出家为僧。朗·达玛灭佛后，佛教流入民间，在普通家庭中秘密传承，成为民众个人的信仰选择和动荡时期人们的精神慰藉，不再像以往那样受王室权力机构的统一领导和宗教团体的严密管理，从而形成了更广泛的群众基础。

为了躲避迫害，佛教本身被迫与藏地的原始宗教本教大规模地结合，将自己的教义附会

托林寺。益西沃在古格的复兴佛教，不仅维护了阿里地区的主权，而且抵御了当时咄咄东逼的伊斯兰教势力，对于捍卫整个西藏和藏地的统一，有着重大的历史意义。

上具有神秘色彩和巫术性质的本教形式。当百年之后佛教从安多和阿里回传到西藏，它已经完成了重要的**本土化**过程。佛教在藏地的传播并非原封不动地植入，藏民族在接受佛教的同时对佛教进行了较大改造，并最终形成了适合自身文化特点的藏传佛教体系。关于藏传佛教形成时间，人们较为一致的看法是，吐蕃王朝时期的佛教尚不能称作“藏传佛教”，只能称为“佛教”；藏地佛法“后弘期”兴起的佛教才真正可以称作“藏传佛教”。

也就是说，藏传佛教最终形成时间应是公元10世纪后半期。

若以达磨灭佛为吐蕃王朝时期佛教发展的一个终结，那么从达磨灭佛后到公元10世纪后半期“后弘期”兴起的这百余年时间，就应该是“佛教”最终向“藏传佛教”发生转变的最重要和最关键的时期。这一过程主要是通过佛教向民间的普遍转移，扩大和建立了广泛的信仰基础，以及在民间的自发发展，培养了旺盛的生命力，来得到完成的。

从这个意义上说，公元843年发生在雪域藏地的那次法难事件，却促成了佛教在藏地浴火涅槃，粲然重生。这或许是佛法转轮必然经历的令人痛心的轨迹吧，而这个过程是以坚韧聪慧的藏族同胞对佛法的重新***判教***，和藏传佛教各大宗派的建立为最终结果的。

判　教：

就是在佛教中根据各种经典、学说的义理思想的浅深、说时的先后，甲乙分科组织、统一安排，最后对各种经典和学说，按高低、深浅、先后进行秩序排列，以表现各自宗派的特殊教法。

33 藏传佛教诸派别

佛教起源于公元前6世纪的印度，是产生最早的世界宗教，迄今已有二千六百多年的悠久历史。

佛教在印度的发展经历了一个由原始宗教、部派别、小乘、大乘再到密教的变化过程；而它传入藏区时，则打乱了这种内在的发展顺序。佛教传入藏地是在公元7世纪中叶，此时印度佛教正处于大乘显宗衰败、密宗渐盛的时期。随着佛教输入和佛经翻译的不断增多，藏族人面对纷繁驳杂的佛教思想，必须按自己的理解水平，对各种经典和各宗各派进行秩序排列，以表明自己对佛教的看法。于是，就出现了“判教”。

判教的出现，表明藏族人从单向的吸收佛教，到开始阐发自己的佛教思想，实际上是一个再创造的过程。因此，判教也带有极强的个体特性，见解相同或相似的人越来越趋于一致，久而久之便形成了各种宗派。

吐蕃灭亡后，西藏地方先后出现了没卢氏、悉朗氏等十一个割据政权，西藏社会进入封建农奴制。这些地方势力虽然各霸一方、统辖自己的属民，但新政权仍不很巩固，与这种封建割据的政治、经济相适应的意识形态还不健全，重新寻找和创立新的适应封建统治的思想体系，成为封建领主们面临的重要课题。这些大封建主中，很大一部分是崇佛的吐蕃王室后裔，他们对利用佛教统一民众思想已显得驾轻就熟。于是，在公元10世纪后半期，藏地各割据统治者们分别派出人员到多康和印度等地求法学经，并请来高僧大德传法译经，再次推转了佛法的甚深巨轮。

另一方面，民间成长起来的佛教徒们也深知，只有依靠政治经济实力雄厚的大封建主的扶持，与他们结为一体，佛教才能得以生存和发展。因此，藏传佛教各大宗派的形成，又是与地方封建割据势力相伴而生的。这些宗派首先依据正确的佛教显密经论，按照佛教的讲修和修道之规矩开场，从根本上讲都没有超出佛教的思想范围。藏传佛教各宗派都是大小兼具、显密并举，尤重密法的共同性，而且将佛教与藏民族的传统文化有机地融为一体，将佛教的修行思想变为藏民族的日用伦常。

随着佛本文化的不断融合，佛教藏族化程度的加深，佛教信仰已无需外力加持，而成为藏族人的自觉行为，渗透到他们的理想信念、思维模式、价值观念、审美趣味、道德规范、性格习俗、行为方式的深层结构中，成为藏族人内在文化心理特质的现实存在和精神支柱。它同时又成为藏族哲学、文学、教育、法律、制度、天文、医学、美术、建筑等***五明文化***的核心内容，使藏族文化获得了长足发展。

五明文化：

分为“大五明”和“小五明”。大小五明文化是随着佛教的传入从印度、中原等地流布到藏族地区，与藏族的土著文化交汇融合，逐渐形成的具有藏族特色、藏族风格、藏族品味、藏族气派的完整的文化价值体系。其中，“大五明”指工巧明，即工艺学；医方明，即医学；声明，即声律学；因明，即逻辑学；内明，即佛学。“小五明”是指修辞学、辞藻学、韵律学、戏剧学、历算学。

各种判教体系的形成和诸大宗派的建立，标志着藏传佛教已完全摆脱了印度佛教的规矩与限制，成为藏民族自己的思维理性，走上了一条独立的发展道路。

可以说，到这个时候为止，佛教最终完成了其藏族化的文化历程。

佛法“后弘期”以后，藏地先后产生了宁玛、噶举、萨迦、噶当、希解、觉宇、觉囊、郭扎、夏鲁等佛教派别。它们都曾教化一方、兴旺一时，但其中希解等后五个教派由于缺乏政治权力作靠山，势小力弱，先后融于其他教派或被迫改宗其他教派，消失于历史长河之中。

现在，藏传佛教主要有宁玛派、噶举派、萨迦派和由噶当派衍生而来的格鲁派四大教派。

宁玛派：“宁玛”意为“古旧”。宁玛派是藏传佛教中最古老的派别，它别开门庭，独成宗趋，最富藏族人的创造性。宁玛派尊莲花生大师为其创始人，藏地第一座寺院桑耶寺即属此派。因该派僧侣传统戴红色僧帽，宁玛教派又被俗称为“红教”。

从教法仪轨的历史渊源看，宁玛派是以佛法“前弘期”的旧译教传经论为基础，吸收和保留了大量藏地原始宗教本教的形式内容，重视寻找和挖掘古代达磨灭佛时佛教徒藏匿的伏藏经典，其密法传

承以“大圆满法”为最高法门，以无上瑜伽部密法为基本特征。

藏传佛教各宗派都是大小兼具、显密并举，尤重密法的共同性；但在这其中，宁玛派是最推崇**密教**的一个教派。宁玛派认为，密宗比显宗殊胜的地方，不只因为显教人人可学，密教则非人人皆可学，只有具备了密乘根器的极少数人才能够修学；更因为要想通过学习显宗来破除无明烦恼，断尽轮回链条，证得涅槃佛果，须经过累世修行，承受不可胜数的磨难，而密教则不需要那样长的时间，一旦修成即生即世就会得到解脱，证得佛果。

密教也是藏传佛教的一大特点，其称“戒律为佛法之根本，般若为佛法之心要，密宗为佛法之精髓。”佛教在印度泯灭后，只有藏传佛教保留和发展了密宗四部修习的完整形态，成为印度佛教的延伸部分。藏传佛教密宗有着自己的传承、法脉和传轨，在所据经典、修习次第、仪轨、制度等方面有其鲜明的特色。

宁玛派流传比较分散，没有领导全藏地的中心寺院，历史上与各政治势力的结合也

密　教:

又称为“密宗”，源自梵文tantra，故又音译为“坦多罗教”，本义为“续”，正式应称为“金刚乘（Vajrayana)”或“咒乘（Mantrayana)”。密教是大乘佛教吸收了印度教和印度古代民间信仰的一些内容，如其中的神祇、咒语、巫术等而形成的一种特殊宗教形态。相传佛陀在世时只将它传给了文殊、普贤、大势至等根器特优的弟子。当时传授修炼方法极密，保护措施极严，故佛陀示寂数百年未曾为外人所知。直到公元7世纪，密法修持才逐渐成为一种佛学教派。

密教以高度组织化了的咒术、坛场、仪轨和各种神格信仰为特征。密教仪轨极为复杂，对设坛供养、诵咒、灌顶皆有严格的规定，主张修三密，即手结印契（身密）、口诵真言（语密）和心作观想（意密），三密相应，即身成佛。

较松散，未能形成政教合一的寺院集团，也从未建立过掌管藏地的地方政府。但因宁玛派源远流长的传统，和各教派公认的它在密宗所有教法中最为殊胜的“大圆满法”，宁玛派历来一直受到其他教派和藏地民众的尊敬。

噶举派：“噶”意为佛语或师长的言教，“举”意为传承，“噶举”是“口授传承”的意思，表示该派所修密法是通过师徒口耳相传继承下来，故而得名。又因为该派祖师在修法时效法印度古俗，身着白布僧裙，噶举派又称“白教”。

噶举派始于玛尔巴大师，中经米拉日巴，形成于达波拉杰（公元1079－1153年），故又称“达波噶举”。之后，达波拉杰的弟子又将噶举派发展为帕竹、噶玛、巴绒、蔡巴四大支派。帕竹噶举再派生出止贡、达垅、周巴、雅桑、绰浦、玛仓、修赛、叶尔巴等八个小支，总称为“四大八小支派”。其中，噶玛噶举派内部又分为红、黑帽二系，以黑帽系最有影响。黑帽系噶玛噶举在青海玉树地区传播过程中，又派生出乃多、苏莽两个支系。

历史上，噶举实力雄厚，支系最多，其中一些曾直接控制过西藏地方政权，或为独占一方的封建势力。

噶举派密教部分的特别教法是“大手印法”，即通过实修沟通个体本性和宇宙神秘本体之间的联系，由个体本性扩展到宇宙本体，最后使二者融为一体，实现“佛我合一”、“我佛一体”、“即身成佛”的境界。修持这种密法达到成就时，修持者可以恢复起对自己历代前世所发生一切的回忆，前世所有修行的法力就可以被转移到修持者身上。这一密法和噶举派“那若六法”（包括拙火成就法、幻身成就法、梦境成就法、光明成就法、中阴成就法和迁识成就法）共同构成“活佛转世”的密法理义。因对藏传佛教的这一独创性的贡献，噶举派历来在各教派中享有崇高地位。

到了这个时候，佛教信仰已无需外力加持，而成为藏族人的自觉行为，成为他们内在文化心理特质的现实存在和精神支柱。

藏地寺院是最集中体现藏族五明文化的地方。

噶举派提倡苦修，注重实际体验，强调坚韧不拔的毅力和非凡的意志。这对藏传佛教的风格和藏族信徒的气质有着极大影响。

萨迦派：藏语“萨迦”意为“灰土”，得名于该派主寺建于西藏萨迦地方一片灰白色岩石的山坡上；又因为该教派寺院的围墙涂有象征文殊菩萨、观音菩萨和金刚手菩萨的红、白、蓝三色花条，故又称“花教”。

萨迦派由昆·贡却杰布（公元1034－1102年）于1073年建成萨迦寺而确立。昆·贡却杰布的先祖昆·鲁旺布是吐蕃赤松德赞时期最早出家的七位藏僧之一，家族世代信佛。

萨迦派与别派不同的特殊见解是“道果法”，即“因中有道，因中有果，果中有道”。“道果法”主张“最初舍非福，中断于我执，后除一切见”，认为通过这三个修行次第，及可达到其修行境界，成为觉悟了的得道者。

萨迦派从创立之初起，教主法位实行家族内的血统承传，包括当地政教两权都集中在昆氏家族手中。公元1216年，贡却杰布的孙子贡噶坚赞继承萨迦派第四任法主，他因博学获“班智达”称号。这便是在藏族历史和中华民族关系史上占有重要位置的，受到人们尊称的萨班·贡噶坚赞。

公元13世纪初，成吉思汗统一蒙古各部，即蒙古大汗位，发兵攻掠金朝、西夏，金戈长矛直指青藏高原。公元1244年，成吉思汗的孙子驻守河西走廊的阔端王，以强硬态度邀请萨班·贡嘎坚赞前来凉州会谈。迫于当时情形，为饶益众生，萨迦班智达审时度势、心怀大局，毅然以六十二岁高龄携侄子八思巴前往凉州会晤蒙古统治者，以宗教领袖身份签定了附降纳贡协议，顺应时代潮流，保全了雪域藏地生灵免遭涂炭，为藏地归入中国版图、藏民族融入中华大家庭，作出了历史性的贡献。

萨班·贡噶坚赞去世后，他的侄子八思巴继承萨班的法螺和衣钵，成为萨迦派第五任教主。八思巴使元朝皇帝忽必烈皈依了藏传佛教，任其上师。之后，八思巴又以元朝“国师”和“帝师”身份，统领全国宗教事务。八思巴在元朝统治者的扶持下，最早在西藏建立“政教合一”的行政体制，这自吐蕃末代赞普以后，青藏高原长达四百年的分裂割据局面终于结束。“政教合一”的体制成为藏地特有的社会结构模式，延续了将近七百年的时间。

《大藏经》：

主要由《甘珠尔》、《丹珠尔》两大部分组成。“甘珠尔”意为佛说，是佛祖释迦牟尼的语录藏译本，计1 108种，7大类；“丹珠尔”意为“论疏”，是佛祖门徒及后世佛学者的论述和注疏，计3 461种，18大类。

噶当派：藏语“噶”指佛语，“当”指教授，“噶当”意为用佛的教诲来指导凡人接受佛教道义。

噶当派的创立源于印度佛教大师阿底峡，所持教义以显宗为主，不排斥密宗，主张先显后密，严格按第次进行。佛法“后弘期”，阿底峡大师应仁钦桑布之邀来藏地传法。在阿里的托林寺阿底峡大师完成了《密宗道次第解脱》和《菩提道灯论》两部重要著作，讲说从学法到成佛的修习内容和必须要遵守的阶位次第。阿底峡后来又有诸多论著，在“后弘期”藏地佛教界尚处于较混乱的时期，这些著作对整个藏传佛教提出了一个系统的看法，其作用和意义尤为深远。

公元1054年，阿底峡在西藏聂塘圆寂，仲敦巴成为其教义继承人。之后的两年，仲敦巴分别在阿底峡大师传法地聂塘、热振建立寺院，并以热振寺为根本道场，发展成为噶当派。噶当派在传承中形成了三个主要支派即教典派、教授派、教戒派，它们各有自己不同的经典和教义。

公元13世纪晚期，一位名叫求丹热赤的噶当教典派僧人把聂塘寺保存的藏译佛经编订成为《甘珠尔》和《丹珠尔》，这就是在藏传佛教历史上具有重要地位的***《大藏经》***最初的编纂本。

噶当派由于教理系统化、修持规范化，因而对藏传佛教其他各教派都有重要影响，藏传佛教中一切大论的讲说，都导源于噶当派。公元15世纪，格鲁派兴起。格鲁派是在噶当派教义基础上发展起来

公元13世纪中叶，萨迦派在西藏建立起第一个“政教合一”行政体制。青藏高原自吐蕃灭亡后长达400年的分裂局面趋向统一，藏地也正式并入中国版图。

晒大佛。所有的人都期待的庄严场面。

的，因此原来属于噶当派的寺院和僧人都改宗格鲁派，以此流传。

格鲁派:“格鲁”意为“善规”，以该派倡导严守戒律而得名。格鲁派的创始人为宗喀巴大师。宗喀巴（公元1357－1419年）原名罗桑扎巴，出生在今天青海省湟中县塔尔寺。这地方在吐蕃时期被称为“宗喀”，宗喀巴成名后，藏族人为表达对他的崇敬，尊称他为宗喀巴。

宗喀巴三岁即入佛门，十七岁赴西藏深造。四十六岁那年，宗喀巴完成了《菩提道次第广论》。第二年，宗喀巴又完成了《密宗道次第广论》。这两部著作是宗喀巴一生最重要的著作，也是格鲁派最坚实的基石教法。

宗喀巴立教开宗的当时，藏地的佛教已经显出普遍的腐败和堕落，僧侣阶层成为与官吏、地方领主一样的剥削阶级。藏地上层僧人不仅直接参与政治、经济权力的角逐，而且生活糜烂、奢侈腐化，借宗教之名欺骗信众，在社会上逐渐失去民心。面对当时戒律涣散的状况，宗喀巴极力主张僧侣应该遵从严格的戒律，把回归释迦牟尼当时所推行的教团戒规作为理想目标。宗喀巴的宗教改革，依据的是阿底峡大师创建的藏传佛教噶当派教义，格鲁派因而被称为“新噶当派”。

公元1409年藏历正月，宗喀巴在拉萨大昭寺创设举行了著名的“祈愿大法会”，标志着宗喀巴创立的格鲁派正式形成。由于宗喀巴及其追随者戴黄色僧帽，故格鲁派又俗称“黄教”。祈愿法会结束后，宗喀巴派弟子前往西藏今达孜县境内旺古山兴建甘丹寺，成为该派的根本道场。之后，宗喀巴的几个弟子分别建立哲蚌寺、色拉寺等寺院，格鲁派遂具规模。

自元朝萨迦派在藏地实行“政教合一”统治后，公元1351年，噶举派取代萨迦派政权，在西藏建立了帕竹地方政权。公元1372年，明太祖封帕竹政权第二任领袖甲央为西藏法王，令其统管西藏。以后，历代法王继位均由北京中央政府正式加封，从此成为定例。

明朝末年，格鲁派势力崛起，与帕竹地方政权冲突日益加剧。为了寻求政治力量支持，格鲁派上层首领与盘踞青海的蒙古人结成联盟，将其势力引入西藏。这是“达赖”和“班禅”名号最初的由来。清人入主中原后，格鲁派借满蒙关系求得清政府的扶持，在五世达赖阿旺罗桑嘉措时期取得了西藏的统治权，此后三百年间，成为藏地最后一个“政教合一”的地方宗教政权。

34 三十五条人命的罪孽

藏传佛教“后弘期”历史上，米拉日巴是我最敬佩的一个人物。

米拉日巴是藏传佛教噶举派第二代祖师，他一生坚忍不拔，实修密法，成为全藏最著名的瑜伽大修士和罪孽深重却即身成佛的典范，被历代藏族人敬仰。

公元1040年，米拉日巴出生在西藏芒域贡塘的一户富裕人家。

七岁时，米拉日巴的父亲不幸去世，家产被米拉日巴的叔父和姑母霸占。米拉日巴和他的母亲及妹妹被迫沦为奴隶，为叔父和姑母家做苦力。

米拉日巴的母亲含辛茹苦地拉扯两个孩子，终于等到儿子十五岁这一年。在藏地，十五岁是一个男孩成年的年纪。这一天，米拉日巴的母亲请来家族成员，当着他们的面要求米拉日巴的叔父和姑母按照先夫的遗嘱归还他们母子的财产。米拉日巴的叔父和姑母非但不肯，还狠狠殴打羞辱了米拉日巴母子。

米拉日巴的母亲是一位性格刚烈的女性，不甘心自己一家人的苦难命运。米拉日巴终究还是一个孩子，不能时时体会母亲的痛苦。一次，米拉日巴在外面喝了一点酒，回来的路上不由自主唱起了歌，竟被气愤的母亲将灶灰洒在脸上，用拨火棍追打。母亲一边打一边哭喊道：“米拉日巴的爸爸！你生了这样一个孩子，你的血脉要断

在古代藏地，一些用雷电、冰雹、风雪等来伤害人畜和庄稼的法术称为“黑咒术”；那些从事防雹、防霜、祈求降雨等于人有益的法术称为“白咒术”。

绝了！请你看看我们母子的命运吧！”

说完，米拉日巴的母亲昏倒在地。米拉日巴的妹妹白拉也跑出来，一边摇晃母亲一边哭，对米拉日巴说：“哥哥啊，好好想一想，请看看母亲哪！”

米拉日巴的眼泪像泉水一般涌了出来。兄妹二人一面哭，一面拉着母亲的手呼唤。不一会儿，母亲醒转过来，她痛苦地对米拉日巴说：“儿子啊！比我母子更悲惨的人，这个世界上是没有的了！你还有心肠唱歌！你还那么快快活活地唱歌！你母亲这样的老婆子，心中一想，不只有绝望地流泪吗？”

说罢，母亲又大哭起来。母子三人一同大哭，米拉日巴对母亲说：“母亲哪，您说得对呀！请不要这样悲伤啦，您所希望的事情，我无论如何都给您办到！”

母亲说：“我希望你立即能穿上绫罗的披风，蹬上长筒的马靴，骑上高头大马，从我们憎恨的仇人的脖子上踏过去。可是，这样的愿望已经不可能了，恶人对我们一家会更加残酷。我只想让你去外地学习黑咒术，回来降伏、降雹把你的叔父和姑母还有那些乡邻中的帮凶都斩尽杀绝，让他们断子绝孙！”

上面这个故事是米拉日巴后来讲给他的弟子们的，记录在《米拉日巴传》中。我从来没有见过像米拉日巴母亲这么暴烈、坚强而又仇恨满怀的藏族妇女呢，她又是那样的生动感人，令人扼腕！在藏族的风俗中，灶灰是镇邪驱魔时用的东西，有着最愤恨怨毒的含义，米拉日巴的母亲竟把它撒到自己的儿子身上。这是对儿子不肖，

米拉日巴的母亲一直等到看不见儿子的身影，才哭着回到村子里。

不知自己悲惨遭遇的痛恨，也反映了她对霸占他们财产的仇人深入骨髓的痛恨，和她被复仇的烈焰焚烧煎熬的痛苦心情。

在母亲的要求下，米拉日巴启程去外地学习黑咒术。在古代藏地，一些咒师善于用雷电、冰雹、风雪等来伤害人畜和庄稼，这样的法术被称为“黑咒术”。相反，那些从事防雹、防霜、祈求降雨等一类于人有益的法术，被称为“白咒术”。米拉日巴的母亲让儿子去学习黑咒术，她自己也知道这样不好，可她实在是仇恨得没有办法了。她要儿子发下毒誓，一定要学会灵验的咒术，并说他若无功而返，自己会死在儿子面前！

米拉日巴流着眼泪上路了。他的母亲在山路口一直等到看不见儿子的身影，才哭着回到村子里。

这是这个可怜的女人最后一次看到自己的儿子。

米拉日巴分别在雅隆和鲁库地方拜师，学得了十分厉害的黑咒术。

这一天，米拉日巴的叔父家里娶媳妇，所有的亲戚都前来贺喜。米拉日巴在远方施放咒术，令整座房屋坍塌，砸死了除了米拉日巴的叔父和姑母外全部家族的三十五个成员。而幸存的叔父和姑母，

日复一日地修房子，米拉日巴的脊背全都磨烂了，露出里面的血肉。玛尔巴却一直不肯给他灌顶，还羞辱谩骂他。米拉日巴绝望极了，几乎要逃走。

恰恰是米拉日巴刻意留下，要他们作为善恶报应的见证。

米拉日巴的咒术应验后，母亲又给他来信，要他学习降雹术，把曾经帮助叔父姑母虐待过他们的邻居村人的庄稼全部打落。于是，米拉日巴又去学降雹咒术，回来打坏了邻居村人所有地里的粮食。

做完这些，米拉日巴不敢回家，逃到了定日。

家仇得报以后，米拉日巴没有感到轻松和痛快，反而非常后悔。米拉日巴整日回想着被他施咒杀死的那些族亲死时惨不忍睹的样子，想着被他放雹毁坏了庄稼的村人痛苦的表情，心灵备受折磨。米拉日巴决心追求正法以消除自己的罪孽，最后他来到山南洛扎，投到玛尔巴大师门下。

起初很长时间，玛尔巴一直不肯给米拉日巴灌顶教给他密法，而是让他不停地修碉房。可是，每当米拉日巴把碉房快要盖好，玛尔巴就过来说这样那样的理由，命令米拉日巴拆了房子重盖。因为整日不停地盖房子，米拉日巴的脊背全都磨烂了，露出里面的血肉。

中间，玛尔巴的妻子达梅玛心疼米拉日巴，在玛尔巴给别人灌顶传法时，悄悄让米拉日巴坐到接受灌顶的位置上。玛尔巴竟然打米拉日巴，揪着米拉日巴的头发把他从座位上撵了下来，还用十分不堪的话辱骂米拉日巴，说他没有任何供养，修了那些小破房子，就想得到自己千辛万苦从印度求回来的密法，根本是白日做梦不可能。

米拉日巴回去后哭了整整一天。师母安慰他，说师父从印度学回殊胜大法，就是为了利益众生，她也不明白丈夫为什么会单单对米拉日巴这样，但她要米拉日巴千万不可动摇信心、心生邪见。事后，玛尔巴又让米拉日巴另外修一条有十二根柱子的走廊。米拉日巴的背上又磨出一些伤口，有的伤口溃烂化脓，后来竟烂成了一片大疮。师母为米拉日巴擦洗时，难过得哭了。

晚上，达梅玛来到玛尔巴的静室，对丈夫说："我以前只见过牲口的背磨出大疮，从没有听说过人的背会成这样。这是罪孽啊，请您多少传一点法给这个可怜的徒弟吧。"

玛尔巴听后，命人把米拉日巴喊来。玛尔巴查看了溃烂的伤口，冷淡地说这比他的怙主上师那若巴当年求法时经受的苦行小多了。玛尔巴给了米拉日巴一个背垫，要他继续去修房子。

无休止的折磨使米拉日巴有些动摇，他差点离开洛扎另访名师。但是，当他冷静下来思考，还是觉得除了玛尔巴大师以外，不会再有人知道即生成佛的密法。米拉日巴想自己作孽太深，今生若不能成佛，来世必然要坠入恶道，他于是下决心坚持下去，直到获得师父的愉悦。

一天，达梅玛把自己嫁妆里的一颗又大又好放着光芒的绿松石悄悄送给米拉日巴，要他献给玛尔巴作为供养，请求灌顶。玛尔巴得知绿松石的来历后笑着收下，却依然不肯给米拉日巴灌顶。玛尔巴说达梅玛是自己的妻子，她连身体都是自己的，绿松石当然也是他的。达梅玛和周围在座的喇嘛都向玛尔巴顶礼膜拜，请求他给米拉日巴灌顶。玛尔巴却突然大怒，呵斥米拉日巴，将他推倒在地，要他滚出去！

米拉日巴惹师父暴怒，害怕极了，就从窗口逃了出去。这一回，米拉日巴是真的忍受不了了。他知道自己若是没有钱，师父是绝对不会给自己传法的。米拉日巴离开洛扎，走了一天的路程。他又饿又渴，就进村乞讨。一位老人答应给米拉日巴饭食，条件是要给他念几天经。

在老人的家里，米拉日巴天天念《般若八千颂》，其中萨陀波岑（汉译常啼菩萨）一生求法的经历对他启发很大。米拉日巴想，常啼菩萨为了求法，能够牺牲身体和生命，掏出心脏卖了换取供养。相比之下，自己为了求法，受这一点困苦就放弃怎么能行呢。米拉日巴于是又回到了洛扎。

这边，当师母发现米拉日巴走后，生气地埋怨玛尔巴大师：“你没能制服的冤家已经走了，你安心了吧？”玛尔巴问：“谁呀？”达梅玛说：“谁！就是你像对待仇人一样让他吃苦的那个人。”玛尔巴大师一听，脸阴沉下来，眼泪禁不住簌簌而落，叹息道：“噶举上师、空行母、护法神们，请召回我的有缘弟子吧！”

说罢，玛尔巴捂着头呆坐在静室。正好这时，米拉日巴回来了。师母把米拉日巴领到师父的静室，玛尔巴大师却又换回原先的面孔，说：

“那房子还有三层了，完工后我就给你传法。”

35 即世成佛的藏密典范

米拉日巴仍旧日复一日地造房子。一天，达梅玛趁玛尔巴酒醉熟睡时，从卧室取出作为上师的那若巴的身严（装饰物）、硃砂宝石的本尊像，以玛尔巴大师的名义写了一封信，要米拉日巴带着去雄地，向俄巴大师求法。

俄巴大师看到玛尔巴的东西和信，相信了米拉日巴。米拉日巴接受了俄巴大师的灌顶后，开始在一个山洞中修习。但是，毫无应验的征兆。不久，玛尔巴大师知道了米拉日巴偷学密法的事情，要

求俄巴大师送回弟子。米拉日巴回到洛扎后，玛尔巴举行了一次法会。在法会上，玛尔巴大师解释了他对待米拉日巴前前后后的缘由，说：

“我是为了清净米拉日巴的罪业才让他吃苦的。本来，我要让这个弟子灰心九次，以后才可以不取人身，没有余蕴而成佛，可惜未能实现这个愿望，这都是达梅玛之仁导致的结果。然而，米拉日巴已经经过了八次大的灰心和无数次小的灰心的调伏，从现在起，我将把如我心脏一般的诸教法授传给你，修道的资粮也由我供给，你就专心修持吧。”

米拉日巴像。从此，米拉日巴在洞中开始了漫长的苦修生活。经年日久，米拉日巴骨瘦如柴，肤色像荨麻一样，毛孔里长出了绿色的长毛。

接着，玛尔巴大师为米拉日巴授了居士戒和菩萨戒，给他取法名米拉·多吉坚赞。这个名字，是玛尔巴大师多年前在梦中与米拉日巴首次相遇时，那若巴大师给他取定的。

米拉日巴接受灌顶后，开始一步一步循序渐进的修习。米拉日巴的根器非常好，之前的法会上，他能够将玛尔巴大师赐给的装在天灵盖骨碗里的酒一饮而尽，而那酒在玛尔巴的法力加持下沸腾成为甘露，放射出无色的光芒。

在洛扎附近的一个山洞中，米拉日巴将盛满酥油的供灯放到头顶上，在灯火未熄灭之前，端直坐正，纹丝不动，不分昼夜地勤奋修持。一年后，当玛尔巴大师让米拉日巴第一次打开封闭的洞关出来，他已经能够滔滔不绝地谈论十二因缘因果轮回和大乘小乘。米拉日巴讲述的证悟让玛尔巴大师十分满意。

玛尔巴大师走后，米拉日巴又进到山洞中，用泥封住洞门，继续修持。

又过了一年，米拉日巴离开静修山洞，决定到更遥远的岩山和

就这样，米拉日巴悟知了父母二人都因为自己的苦行与修持，由轮回苦恼中解脱了出来。

一群风尘仆仆的朝圣者

雪山中去修行。

米拉日巴离开洛扎后先回到了家乡。这些年来，米拉日巴非常想念他的母亲和妹妹。可是，当他回到家乡，看到家里的茅屋已经倒塌，母亲和妹妹都不知下落。米拉日巴在茅屋附近的草丛中发现了一堆白骨，他知道这是母亲的遗骨，米拉日巴悲痛难抑、几乎昏倒。这时，米拉日巴记起上师的教授，就把母亲的识神与自己的心相融合，又把它与噶举先祖的心密智慧相融合，以母亲的遗骨为枕，融光明禅定，身语意三业全神贯注，毫不散乱。

就这样，米拉日巴悟知了父母二人都因为自己的苦行与修持，由轮回苦恼中解脱了出来。七天后，米拉日巴出定。经过一番思考，米拉日巴深深感到轮回世间的一切都是没有意义的，便彻底断了贪恋之心。米拉日巴把母亲的遗骸放在衣襟中，背上家里惟一的遗产《宝积经》，发誓去山野修炼。

米拉日巴来到扎耶达苏，那儿有一个岩窟。米拉日巴立下誓言：在未生起殊胜正悟之前，就住在这个洞中，纵然饿死，也不为乞讨布施下山；纵然冻死，也不为寻找衣服下山；纵然寂寞苦闷而死，也不为寻求热闹逸乐而下山；纵然生病而死，也不为寻求一粒药丸而下山！

从此，米拉日巴在洞中开始了漫长的苦修生活。

米拉日巴没有饭吃，就吃荨麻裹腹；没有衣穿，就坐在荨麻杆上面。经年日久，米拉日巴骨瘦如柴，乱发蓬面，肤色像荨麻一样，毛孔里长出绿色的长毛。一天晚上，一个小偷进到山洞里搜寻财物。米拉日巴在黑暗中失声笑道：

“我自己在白天都找不到一点多余的东西，你在夜晚还能找出什么来呢?”

小偷听罢也不好意思，笑着走了。

小偷把米拉日巴苦修的消息带到山下，他失散多年的妹妹白达找到山洞来。白达看到米拉日巴像发霉的骷髅一样，眼珠深陷眶底，骨头像山峰一样从皮肤底下向外戳着，面色发绿，头发乱披着，手脚破烂了，浑身几乎赤裸，长着浓密的绿色长毛，找不到一点东西遮在私处。白达最初以为是鬼，仔细辨认后才看出是她的哥哥。白达又难过又羞愧，掩面嚎啕大哭起来。

白达请求哥哥跟她下山，米拉日巴拒绝了。米拉日巴继续在山洞中修行，最终终于打通了全身的脉结，产生了空、乐、明无分别的境界。从此以后，米拉日巴在白天出现了能够随心所欲的变化，乃至飞腾空中等种种离奇的神变。在晚上，他的梦中则出现大光明境界，自己漫游其中，身心能变幻百种不同的形象。米拉日巴的身体还能够出现起火和涌水的特异现象，非常神奇。

米拉日巴获得成就后，离开了扎耶达苏的山洞，前往其他地方修炼，同时开始传授密法，招纳弟子。米拉日巴一生收过不少男女弟子，最有名的是热琼巴和达波拉杰。达波拉杰后来创造了达波噶举，在藏传佛教史上有极大的影响。

公元1123年，米拉日巴受到一位恶毒的格西喇嘛嫉妒，被他毒害。临终前，米拉日巴选了聂拉木一个野外山洞的清净环境。他修持戒定，将心神调试于与涅槃相应的状态，克制着他那因受怨敌毒害而痛苦虚弱的身体，对聚在身边的弟子们最后一次开示：

“这轮回世间，凡事都是积攒起来的要耗尽；造作起来的要坏灭；聚合拢来的要分散；生了的要死亡。这些苦恼都是确定无疑的，所以，要把这些自己为自己安排的苦难之业抛弃，使不攒、不造、不聚，依照大德上师所说，克实求证无生之妙谛，这就是最殊胜的方便和禳解之法。”

说完，米拉日巴又作了一首赞美歌，赞美并感谢他的老师玛尔巴大师。当他唱完之后，便进入了三昧的定境，抛弃了他的肉身。

享年，八十四岁。

米拉日巴之所以成为藏族人心目中最受敬重的密宗大师，因为他是曾经罪孽深重，却通过苦修一世成佛的典范。藏传佛教主张“如来藏佛性”，即“人人皆有佛性，人人皆能成佛”，这个终极判断给了世代生活在青藏高原的雪域众生以生存下去的勇气和希望，给了他们面对苦难人生的热情和尊严。米拉日巴以自己曲折艰苦而又灿烂辉煌的一生，为后世藏族人提供了极大的精神慰藉和榜样力量。

米拉日巴和他弘扬的教法，充分肯定了人生的价值和意义，说明从六道轮回中求得人身的艰难和不易，故而应该加倍珍视，用它来修持佛法、行善积德，以求解脱成佛。对此，米拉日巴说:“如来之藏遍住于一切有情众生之中，就像黄油周遍于乳奶中一样。”

这是一句多么温暖的心灵抚慰啊!

米拉日巴创造了藏传佛教历史上最经典和最有形式感的修行方式，他最集中塑造了藏传佛教的精神和品格，是藏传佛教当之无愧的“形象代言人”。米拉日巴的苦修经历影响了整个藏传佛教的风格与追求，寺院僧侣的闭关苦修和普通信众的刻苦长跪，是藏传佛教最令人感动的宗教仪式，也是雪域藏地最坚韧顽强的伦常生活。这些修行方式和传统的建立，都与米拉日巴有着直接关系。

藏族人在他们选择的不同苦修中，收获了常人难以体验的幸福与满足。他们在勇敢突破肉体苦难的极限之后，体验到灵魂飞舞的轻盈与璀璨。而所有这些，投射到凡俗如我们的瞳孔里，则是藏族人脸上那份令人尊敬和羡慕的从容与宁静，和他们那双像神山圣湖一样清澈明亮的眼睛。

米拉日巴并不一味是心无旁骛的苦修者，他还是藏族历史上一位著名的诗人。米拉日巴的诗歌经后人整理编辑，命名为《米拉歌集》，又称《十万歌集》，是藏地最早的一本个人诗集。米拉日巴的诗歌大部分为宗教诗，宣传宗教义理，劝谕人们放弃贪欲，皈依佛法；也有抨击官吏的贪暴、喇嘛假借宗教骗取金钱财物、腐化堕落等丑恶现象；此外，还有不少长篇叙事诗、抒情诗和风景诗。

米拉日巴自幼喜欢唱歌（所以，他才会被母亲用灶灰责打!），性格开朗、坚强，他长期生活在僻静的山林里，对自然景色观察细致，描写山川景物的诗歌朴实生动，怡然美丽。米拉日巴诗歌的表现形式和艺术技巧，对后来藏族诗歌创作有很大的影响，藏地民歌对歌仪式中至今还有“你要唱歌吗，请把《十万歌集》带了来!”的开场。

姜秋宗是清静地，沟头雪山耸天上。
下边沟里是人家，施主很多有信仰。
后山宛如绸幔帐，前边丛密林带长。
碧绿草地宽又广，香美可人红莲放。
嗡嗡更有六足蜂，飞来飞去采花忙。
淙淙泉水细细流，水禽怡然引颈望。
枝繁叶茂树梢头，美丽飞鸟鸣啾啾。
微风习习缓吹拂，树枝婀娜舞不休。
高高果树绿枝繁，猿猴上下恣意玩。
草坪平展碧茵茵，牛羊散放绿草间。
照看牛羊有牧童，歌声阵阵伴笛声。
世间众人如仆役，熙来攘往红尘中。

这是米拉日巴离开洛扎后，到一个叫姜秋宗的地方苦修时所作的诗。单只读这文字，你会为这高低错落远近有致、动静相宜生趣盎然的山野风光而陶醉；可如果知道了描绘这一美景的诗人此刻正衣不遮体、骨瘦嶙峋，之前常年吃荨麻身上长出的绿毛可能都还没有褪掉，你的感受一定又会不同。

佛法修行的目的是为了教人去除无明，看透实相；“无明”一旦去除，“慧眼”便会张开，“实相”自然呈现。米拉日巴虽然刻苦自己的身体与生活，他的慧眼观照下的世间“实相”，依然是色彩斑斓、绚丽多姿的呢。

这才是宗教真正的精髓和动人之处啊！

藏族人热衷于苦修，他们在勇敢突破肉体苦难的极限之后，收获了常人难以体验的幸福与满足，体验到灵魂飞舞的轻盈与璀璨。

布达拉宫。藏地宗教和文化的标志，世界上海拔最高的宫殿，同时也是离太阳最近的宫殿，被藏族信徒称为“日光圣殿”。

36 人间关怀的金刚手菩萨

赛马会还在继续，我已不再天天过去。我没有藏族人的歌舞天份和乐天性格，不习惯整日不停的狂欢，玩了两天心里就不忍了，好像我在虚掷光阴似的。

我又开始往寺院跑。——在藏地，去寺院能让人上瘾。

接下来我去了当卡寺、赛巴寺、拉卜寺等寺院，它们各自都有悠久的历史，各有传承。每一处寺院我都会遇到很多来上香和拜见活佛的信徒。

在藏地，没有活佛的生活是难以想象的。藏地民众心目中，活佛的角色有着全方位的涵盖，从精神世界的领袖到世俗生活的智者，无所不及，无所不能。这与藏地历史上由来已久的“政教合一”的社会制度有关，也是这块土地上特有的生存境遇催生出的必然。最

布达拉宫里的五世达赖阿旺罗桑塑像。阿旺罗桑是藏族近代史上一位伟大的人物。他建立的西藏噶丹颇章政府，真正实现了青藏高原再次的统一。因为阿旺罗桑的历史功绩，他被称为“阿巴钦波”，即“大第五”——“伟大的五世”。

早宣称自己是观音菩萨化身的五世达赖阿旺罗桑嘉措，在他著名的宗教著作《西藏王统记》中，对活佛转世的可能性和意义给予了诗性的描述——：

“……菩萨转世的目的，完全是为了帮助众生，因为他们自己已经达到最高的境界了。……他们是出于一种内心里不由自主的悲愿来转世救助众生。通过这种途径，众生也可向上升天，到达成佛的境界。每逢条件适宜，菩萨就会转世重返人间，但是，这并不意味着他们已经脱离了涅槃的敬业。这就好比月亮的倒影一样，每逢条件适宜时，人们可以在平静的湖泊和大海上看到月亮清晰的倒影，而月亮的本体还是留在天空自己的轨道中运行着。如同月亮可以同时在许多地方有自己的倒影一样，佛也会同时以许多不同的形象化身。对这种转世者来说，他们

在印度，罗松活佛在六千多名参加考试的僧侣中以第一名成绩获得格西（博士）学位，从此名扬天下。

的每一生的愿望，都会影响他们重生的时间和地点。对于一些弘法的工作来说，一生的岁月是不够的，它需要更多的时间继续前生已经开始的工作。……”

我后来认识的罗松活佛，就是这样一位慈悲行善、护爱众生的典范。

罗松活佛的家乡在玉树称多县，父母是最普通的牧民。罗松活佛五岁起就跟随哥哥索南松保去草原上放牧，童年生活充满艰辛。虽然家境贫寒，罗松活佛却从小就表现出不同寻常的神奇法缘。一次，冬天天降大雪，大地覆盖上茫茫白色。罗松活佛和哥哥在家门口的空地上堆起一排雪人，让它们一个挨着一个，低首合掌，仿佛在做祷告的僧侣。当时，藏地还处在宗教禁锢期，玉树所有的寺院都被毁掉，僧侣被迫还俗。以罗松活佛的幼小年纪，他从来没有见过宗教活动，也从未听父母谈起过这事，他却像智慧庄重的堪布，对着雪人煞有介事讲经说法。

这一幕恰巧被村里一位还俗的僧人看到，他十分惊奇，问罗松活佛从哪里学来的这些仪轨。罗松活佛回答不上，他其实不知道自己在干什么。僧人更感惊奇，因此相信罗松活佛是一位佛法有缘人。

七岁那年，一天，罗松活佛和哥哥索南松保突发奇想，只带了一点酥油和糌粑离开了家，向着西南拉萨的方向走去。罗松活佛和哥哥在草原上走了一天，又困又累，最后被一个牧民拦下。牧民问他们去哪里，罗松活佛说：“我们要去拉萨朝圣！”牧民听了害怕，忙制止他们，不让他们“乱说”，罗松活佛却很坚定，说：“没有什么能阻挡我们。”之前，罗松活佛和他哥哥连他们居住的村子都没有走出过。

两个孩子当然没能继续走下去，他们被好心的牧民送回到焦急寻找他们的父母面前。然而，此后不久，国家拨乱反正开放宗教政策，允许藏族人的信仰了。罗松活佛和他的哥哥，因为对佛法与生俱来的向往和坚持，被人们当作了先知。

罗松活佛在十二岁那年终于实现了朝圣的心愿。罗松活佛九岁时在家乡卡囊寺出家，学习藏文和佛学知识。三年后，罗松活佛和哥哥索南松保等一批求法者启程前往拉萨。在拉萨，罗松活佛遍访了诸多圣迹，他然后发大愿，磕着长头去了阿里。在阿里，罗松活佛以最虔诚的仪式完成了对神山冈仁波钦和圣湖玛旁雍措各三圈的神圣膜拜，获得了心灵的无上洗礼。接着，罗松活佛出国经尼泊尔抵达向往中的佛教发源地——印度。

在印度，罗松活佛进入佛教三大圣寺之一的色拉寺学习佛学知识和密法传承。罗松活佛从小即对文殊菩萨深怀信心，一直修习文殊诸法。由于文殊菩萨的加持，身心善良、聪明智慧的罗松活佛进步神速，特别对辩学的理解更是无人能及。二十六岁时，罗松活佛在六千多名参加考试的僧侣中以第一名成绩获得格西(博士）学位，从此名扬天下。

罗松活佛被认证为活佛的过程也颇具神秘色彩。罗松活佛的前世十二世郭荣江甘仁波切，金刚手菩萨的化身，他的修行地在尼泊尔和西藏接壤的一个闭塞山区。那个地方当时流行的是印度教，藏传佛教的影响很有限，一千多户人家中只有六十多户信仰藏传佛教。十二世郭荣江甘活佛圆寂后，当地人没有寻找他的转世灵童。这样一过就是二十年。

一天，罗松活佛路过这个山区。他对眼前的山色景象感到亲切，似乎与之有缘。更为神奇的是，罗松活佛开口就能说当地的语言，且流利异常。当地人崇拜罗松活佛，请他讲经传法。罗松活佛以其殊胜的法缘和渊博的佛学造诣，深深打动教化了当地民众，待罗松活佛离开时，要求皈依佛教的竟达到六百多户。

罗松活佛走后，当地信众重燃起对佛教的热情。他们将破败的寺院修缮一新，并议论着寻找活佛的事宜。可是，前世活佛圆寂已经二十多年，人们几乎难以找到线索。这一切罗松活佛并不知道。

这期间，罗松活佛曾回到过阔别多年的家乡玉树，他接着又返回印度，并从那里去往荷兰、瑞士、澳大利亚等多个国家传法。罗松活佛不但佛学知识深厚，而且行为严谨、慈悲亲切、胸怀宽广，他通晓藏文、中文、英文等五种语言，精通电脑等现代技术，游历过二十多个国家和地区，在世界各地拥有五千六百多名子弟，其中大部分是西方人。

罗松活佛是在青海玉树被认证的，宁玛派贝诺法王亲笔写了认证书，认证罗松活佛为第十三世郭荣江甘活佛。

罗松活佛为卡囊格萨尔才智学校的学生们分发学习用品。

值得一提的是，罗松活佛的哥哥索南松保后来也成了一位很有名的格西拉然巴(佛教的博士后学位)。

我认识罗松活佛时，他刚刚成为玉树布荣则贡强巴岭寺的新任住持。布荣则贡强巴岭寺是一所萨迦派寺院，位于玉树县境内离结古镇40公里的通天河边，距今已有七百多年历史。相传，元朝帝师八思巴从内地返藏时路过此地，被这里的景色吸引，遂依缘到一个山洞里闭关。当八思巴结束修行从密室中走出，天上顿时雷声隆隆、花雨纷纷、瑞祥纷呈，八思巴当众赐名此地“西乃日朝” 意思是“最佳的修止山庙”。

此后，不断有高僧大德到这里修行，他们个个证悟了佛法。从此，山庙逐渐发展成为寺庙。公元1398年，高僧加南多德帕旺到这里修行，称赞此地是修练佛法最理想的静地，并给寺庙赐名“则贡强巴岭”。藏语里，“则贡”是“顶端”的意思，“强巴”意为“慈悲”，“岭”指的是僧侣们修行的寺庙。当时，寺庙附近居住着七户布荣家族（当地的百户望族）的后裔，后来人们就称这个寺庙为“布荣则贡强巴岭”。

目前，布荣则贡强巴岭寺还是一间规模不大的寺院，但罗松活佛有更大的志愿，他不仅承担起发展寺院的责任，更希望为更广泛的民众服务。罗松活佛感念自己自幼家境贫寒没有上过学，他发愿要让牧区贫困家庭的孩子从小接受教育。罗松活佛从无做起，以慈悲之心精进之志不懈努力，和他的哥哥索南松保活佛一起创建了玉树卡囊格萨尔才智学校。

卡囊格萨尔才智学校就建在活佛小时候放牧的草原上。活佛到草原深处一户一户访问牧民的帐房，劝说他们把孩子送来学校读书。在学校里，活佛给孩子们提供了先进的现代化教学设施和完善的食宿条件，他亲自给孩子们上课，为他们盛饭、洗澡，照顾他们的生活，身体力行教育他们做人的风范。

罗松活佛说他一生有两个心愿：一是要将慈悲佛法弘扬到全世界；二是要为家乡玉树人民谋求福祉。

37 热水沟的老婆婆死了

我本来就要离开玉树了，却发生了一件意外。

玉树州赛马会闭幕式上，青海其他几个州的艺术团前来助兴，我在海南州的歌舞演出中惊喜地发现了才措吉。

才措吉是我之前去海南州旅行时认识的一位藏族朋友，她当时在州青联工作，是一个美丽、干练的藏族女干部，活泼大方，能歌善舞。我离开海南州的第二年，才措吉参加的“藏族歌舞”还入选上了春节联欢晚会。可惜我当时离开北京到外地，只在电视上一睹了才措吉的风采。

三年后，我再次到海南州，才措吉去了下面一个乡挂职作副乡长，我们又缘悭一面。

我没有想到会在玉树见到才措吉，她同样没有想到在这么遥远的地方见到我。我和才措吉在演出后台热烈拥抱到一起，惹得才措吉的伙伴们也都跟着高兴，围着我跳起舞来。

兴奋过后，我问起我在海南州的那些朋友。王公民是海南支队的教导员，我两次去海南州都承蒙他的接待。拉加才让在州宗教事务部门工作，是一个英俊体面的藏族小伙子，很腼腆，与才措吉形成鲜明对比。才措吉说他们都很好，王公民提升当了副团长，拉加才让当了科长，进步都很大。我和才措吉正有说有笑，她忽然想起什么，说：

“啊，你知道吗，热水沟的那个老婆婆死了！”

我一下没反应过来，说：“哪个老婆婆？”

天下黄河贵德清。黄河在贵德这个地方清澈得像是江南的长江。

才措吉重复她的话，说热水沟的那个藏族老阿妈死了。我这回听明白了，话却结结巴巴，说："啊～？怎么可能呢，我前年去她还好好的，人还胖了呢，她怎么会死了？"

才措吉说，老阿妈原本好好的，后来被人打死了。

贵德是黄河上游的一个重镇，素有"天下黄河贵德清"的美誉。热水沟是贵德的一处有名的地热温泉，在地图上都有标识。据说，这里的温泉可以治疗多种关节病、皮肤病和心脏病。隆冬时节，藏民们从很远的地方过来，在附近搭起帐篷。白天，他们泡在温泉中，聊天、逗趣；晚上就睡在帐篷里，享受地热暖烘烘的惬意，整个冬天就这样愉快地度过。

我第一次到贵德，是因了之前提到的2000年那次"黄河之旅"。当时是夏季，王公民带我去了热水沟。藏民们都去转场放牧了，山沟里空空荡荡，我意外地在温泉旁的半山上发现了"地窝子"。

"地窝子"是一种在土丘上挖凿出来的半地下的山洞。它的名字非常形象地概括了它的特点。我走了几家，门都上着锁，王公民说这里居住的多是青海、甘肃等地的流浪者，他们夏天到各地去转，冬天才回来。一是因为冬天这里非常温暖，可以免受严寒之苦；二是冬天这里聚集了很多泡温泉的人，他们可以要到饭吃。

既然是流浪者，他们还占据着固定的地窝子，可见对于任何人来说，"家"都是一个重要的概念啊。

我就要离开地窝子时发现了一户开着的门。我一边呼唤着希望跟主人取得联系，一边大着胆子走进地窝子，想看一看里面的究竟。地窝子里面的空间还不到一个人高，我站着需要把脑袋低下。我打开随身携带的小手电，看到正对着门口是一个半高的土台，上面铺着一张僵硬乌黑的羊皮褥子。余下几乎没有什么空间了，刚刚够一个人在其中周旋。地上除了两个鼓囊囊的、散发着浓烈霉变气味的化肥口袋以外，几乎空无一物。我从化肥口袋里面抓出来一把干硬的饼和馒头的碎块，想必是主人冬天讨饭得来的，晒干了作为一年的口粮。

我从地窝子里退出来，在门口另一侧的土墙下看到一个老婆婆。老婆婆穿着一件肮脏破败的棉袄，兀自坐在一堆垃圾样的塑料袋中间。我想刚才那地窝子一定是这位老婆婆的，忙抱歉地向她致意。老婆婆并不回答我，却冲我露出奇怪的微笑。那笑容使我心头一紧。

我注意到老婆婆的头上戴一顶污秽的白帽子，帽子后面居然还插着一支羽毛。

我因为这支羽毛，而认为老婆婆在这种生存状况下还有着对美的追求和向往。

这种认识更让我感到难过。

我问老婆婆是否可以给她照相，老婆婆依然只冲我笑。我端起照相机，却忽然心生胆怯。我不知道我为什么胆怯，说不清是怕眼前这个老婆婆拒绝我的拍摄，还是怕神情怪异的她突然扑过来抢夺我的相机？或者，是她的肮脏击中了我？是她的贫穷击中了我？是她那双格外明亮的、带着笑意的眼睛击中了我？我来不及细想，匆匆按下快门。

我端起照相机想给老婆婆拍照时，一个仿佛发自地下的声音突然说："别照了吧，她太老了，太难看了！"

这时，一个一直被我忽略的、躺在我脚边不远处一个坑里的男人突然低声地说："别照了吧，她太老了，太难看了！"

这个仿佛发自地下的声音吓了我一跳。我连忙转身快速离开了几步，接着又停下。

我站在那里，紧紧地、贪婪地、依依不舍地盯着那位老婆婆。

天空下起了小雨，王公民在远处催促我。上车后我才知道，王公民和才措吉居然都认识这个老婆婆。才措吉说那个老婆婆神经有些问题，躺在坑里的男人是她的儿子，他们两人相依为命住在这里已经很多年了。那个男人对母亲非常孝顺，总是千方百计地去为母亲讨要好吃的东西。他为了让母亲在地窝子里睡得舒服些，多年来一直住在外面的那个坑里，即使下雨下雪，他也只是在坑上面搭起一块塑料布而已。

王公民却说这个男人不好。王公民说以前他们每次到温泉，都尽可能地善待前来要饭的流浪者，有多余的吃食总是慷慨地送给他们。可是，有一次，他陪朋友到温泉玩，吃饭的时候这个男人又来要饭。王公民给了他一些烤饼，他却指着鸡蛋开口讨要。不巧那天鸡蛋不够分，王公民说下次再给你吧。那个男人却不高兴，对王公民骂骂咧咧，说："你没有老的时候吗？你没有穷的时候吗？你这样对我，你不得好死！"搞得王公民非常难堪。

王公民说："这些人没有良心，你一百次对他们好，一次不好都不行。"

我不知该如何评价这样的事情。王公民的话大约是真的，我想我可能也不很喜欢老婆婆儿子的作派。可是，面对这一对母子，我对他们充满了痛楚的怜悯。一个儿子，为了养活自己的母亲而变得无礼和下作，我们要求他表现出起码的修养和体面以前，是

在藏地，我总是忍不住被那些苍老的、善良的、满面风霜、满脸皱纹的老阿妈所吸引，她们让我想起我年迈的母亲。

否应该给他和他的母亲一顿饱饭？文明和礼仪终究是丰衣足食的产物，这些高尚而奢侈的光环罩在那些卑微的人的头上，是否过于沉重了呢？

我想起来我们的车上还有一些之前野餐剩下的烤饼、牛肉和烧鸡，提议回去把这些东西送给那个老婆婆。王公民看了看外面的天，外面天色已经暗下来，雨越下越大，王公民犹豫地说："去吗？"他的意思是不想去。司机是一个机灵的小战士，他于是假装没听见我的话，加了一脚油门向着回县城的方向驶去。

出于礼貌，我只好作罢，但心里很遗憾。

我不记得那些饼和肉的下落了。回县城后，我们去饭店饕餮了一顿，那些东西大约被扔掉了，我更后悔没有把它们送给住在地窝子里的那对母子。

回到北京，过了一段时间，我开始写作《左岸的黄河》，又把给老婆婆拍的照片从我黄河之行的一千多张照片中找出来。直到这时，我才有机会仔细地体会老婆婆留给我的每一个细节。

我和老婆婆的目光对视着，她的异常明亮的眼睛竟使我潸然。这双眼睛令我想起了我的母亲那双罹患严重眼疾的已经混浊了的眼睛。我和母亲之间存在着将近四十年的差距，这个差距大到在我自小的记忆中，母亲从来就是苍老的，而且，我的成长永远也赶不上母亲老去的速度。也许由于这个原因，我总是不由自主地从一些衰老的、疲惫的面孔上面看到母亲的神情，并因此产生与我的年龄和生活氛围不相符合的悲悯情感。

在这方面，我的心态在我还是一个小姑娘的时候就过早地衰老了，它变得敏感、脆弱、悲观和宿命。

这是我无法控制的衰变，是我的宿命。

我给王公民打电话，要他买些吃的给老婆婆送去，我说："就算是我用了她的照片付给她的报酬吧。"王公民一向对我宽容，这一次也忍不住责怪我的琐碎，他说：

"你这么'心慈手软'，怎么能当一个大作家呢？"

我听了很惭愧，觉得他说得有理。

38 藏地挡住了我的坠落

我没想到会再见到热水沟的老阿妈，这是我一生中最珍贵的缘分之一。

事情缘于我的另一次“错误的”青海之行。那一次，我又失恋了。那是一次和藏地有关的恋情，我所以错误地把“金海湖”听成“青海湖”，一个人冲动地跑到青海，来救赎我伤心的爱情。

可我到了青海，却发现这里没有我要找的人。那人在电话里问：“你到青海干什么去呀，去旅行吗？”他知道我喜欢藏地，却不知道我为什么喜欢，不明白我为什么一趟趟地到这里。我说：“我是来找你的。”

我的爱情就搁浅在青海湖边。因为我爱的人不能理解我对藏地的爱，和我在藏地发生的其他爱情。他没有来过藏地，不了解这里。而我对没有来过藏地的人，情感上总有一种充满仁慈的傲慢。这一点，是我之前不自知的，而它恰恰伤害了我都市的爱情。

之前我想，是不是上天宽恕了我、怜悯了我，冥冥之中予以安排。如果我们一起到藏地，我们一起在蓝天白云之下，我们一起在浩淼的湖边，我们一起在辽阔的、广袤的、远处可以看到一条弧形地平线的高原大地上，我一定能让他了解，我为什么会这样爱着藏地，以及藏地为什么会这样主宰着我的爱情。

我说过的，青藏高原是这样一块地方，离开了它致命的高度便无法言说。关于那里的一切，只有在缺氧的情况下，在呼吸短促、心脏怦怦跳的时候，才说得出口，才能叫人明白。

他却很无辜，说:“可是，我在金海湖啊!”

金海湖是北京近郊的一个度假村，离城区只90公里；而青海湖到北京的距离是这个数字的二十倍还要多!

“天哪——!”我在西宁机场感到了绝望。

我后来还是去了青海湖。可我并没有因此克制住沮丧和无所适从。以前我到藏地，也不是每次都有明确的行程，有时也就随便走；只要处身在这里，我就十分自在，如同回到家一样。这一次，我却像一个异乡人，脚下连接青藏高原的血脉仿佛被斩断，不能再获得安慰和力量，满心惶惶，不知所归。

从青海湖回来，我整夜在西宁的街上游荡。我最后在南山凤凰台坐了一夜，第二天天蒙蒙亮时，我搭车去了贵德。

我必须要行走，必须要“在路上”。只有这样我才能重新获得青藏高原的滋养，让自己好起来。

对我的突然造访，王公民第一时间表示了欢迎。但他在观察了一会儿后还是小心地问我:“你是不是失恋了?”我否认，说:“谁说的?”王公民撇撇嘴，说：“反正跟感情有关系。”

我让王公民带我去草原，我让他帮我寻找黑色的牛毛帐篷。藏地现在富裕了，生活好一点的牧民家里都是白色帆布帐篷。可我还是喜欢拜访黑牛毛帐篷的人家，因为那里有藏地最传统的生活，你可以喝到用木制奶桶打出的最醇香的酥油茶。

接下来的几天，我天天徜徉在草原，吃住在牧民家里。我居然在距县城二百多公里的山里见到了三年前偶然遇见的一户转场的牧民央宗琼玛一家。三年前，央宗琼玛在她的黑牦帐篷里教会了我做酥油糌粑。琼玛依旧用酥油茶和糌粑招待了我，为了表示对我的疼爱，她在我的碗里放了过多的酥油。

寻找“黑帐篷”，那里有最纯粹的藏地生活。

在草原，我像一块摊在阳光下的牛粪饼。

我和琼玛还有她的孩子们坐在草地上，旁边是摊开的艾实，一只小黑羊在上面小心地移动，利用它的年龄获取额外的美味。我问琼玛的身体，她说别的还好，就是眼睛不行了，一到晚上就看不见。琼玛在这个草原上已经生活了七十年，高原的风将她的眼睛吹坏了。我摸着琼玛编成许多股的辫子，问她："这很麻烦吧？"

老阿妈说："习惯了，就不麻烦了。"

那花白的头发，干涩而纷乱，但还是编在了一起。

吃过午饭，琼玛家的姑娘给我拿来一块羊毛氆氇铺在草地上让我躺下。高原的阳光慷慨而热烈，不一会儿我浑身就暖洋洋的，每一个毛孔都散着惬意，像一块摊在阳光底下的牛粪饼。

之前在青藏高原时时能够体会到的那种幸福的感觉和温存的力量，又从大地深处丝丝缕缕地重新回到我的身上。过了一会儿，我翻身换了一个姿势，让自己更大面积地摊在阳光与大地之间。

然后，就睡去了。

离开贵德前，我们又去了热水沟。

因为前一次我没能坚持把汽车里的烤饼和牛肉烧鸡送给那个藏族老婆婆，心里一直歉疚着；这一回，我嘱咐王公民事先买了好些饼和牛羊肉。

我来到温泉的半山腰，记忆中印象深刻的老婆婆肮脏萎琐的地窝子前面居然矗立着一只白色的帆布帐篷！——我的惊喜丝毫不弱于在草原深处再次见到央宗琼玛一家的黑牛毛帐篷。

真的，它并不大，只是一个单人的圆锥式消夏帐篷，但好干净、好漂亮、好专业，像一个白色的梦，还有一圈蓝色的边儿呢。我掀开门帘往里看，虽然被褥仍然是破烂肮脏的旧东西，有些地方还用废报纸铺垫着，可它毕竟是老婆婆的"新"家啊！

老婆婆的儿子说，帐篷是他替母亲"买的"，我对这个说法持怀疑态度。儿子并不是一个可爱的人，他有些贪婪，还虚荣，不停地向我炫耀他身上不知从哪儿弄来的旧军装和警服，说是他的什么亲戚的特别赠送，好像他"朝中有人"似的。但所有的人都会证明，他是一个孝顺的儿子，对母亲极好。

我在热水沟底见到了正坐在溪流中间一块岩石上泡脚的老婆婆。

老婆婆竟然胖了！脸上多了一些肉，皮肤也有了光泽，并红润了许多，简直可以称其为健康。老婆婆见到我的笑容也不再像前一次那样古怪和凄凉，眼神像落在温泉中的丹蔻，每一条波纹里都荡漾着柔和的温暖和慈祥。

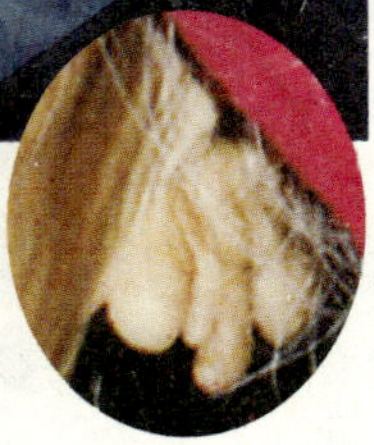

老阿妈竟然胖了，脸上多了一些肉，皮肤也有了光泽，简直可以称其为健康。（可是，你看到阿妈的耳垂了吗，它破碎得像一张用旧了的风马旗。）

老婆婆隐约还记得我，她说她脑子不好用了，但记得我蹲在她前面看她。

我忽然为自己这次“错误地”来到青海，由衷地庆幸和欣慰。

我过去紧挨着老婆婆坐下，不知怎样亲近她才好。我摸着她桃红色头巾上的流苏，摸着她花白的发辫，心里荡漾着牛奶一样浓稠的幸福。

我和老婆婆聊天，拉加才让做翻译。老婆婆说她有一百多岁了，属虎的，不是一百零四岁就是一百零七岁。我十分惊讶，没想到她竟是一位世纪老人。可后来我推算，怎么也对不上，老人怕不是那个年龄；或者，她说的是藏历。但无论如何，她确实很老很老了，老得已经教人分辨不出年龄。老婆婆灰白凌乱的头发里面，裸露的耳垂上有好几道豁口，长的大约有一厘米，样子很触目，像是原先带着耳饰，被强行拽掉的痕迹；或者是那坠子过于沉重，耳孔不堪岁月的重负，裂掉了。

我想，那个过程要么很锐利、很疼痛；要么，就很漫长、很辛苦吧。

老婆婆指着她左手无名指上裹着已经融化在一起的羊毛绳子的银环戒指，又指着我背包上内蒙古伊克昭盟成吉思汗陵的银白色圆形纪念章，说马步芳的时候，钱币用的是银元。老婆婆又指着我背包上一枚金色的西夏王陵纪念章，说：“再往前，用的是金子。”

老人的记忆不在现在，而是一下子跳回到七十年前，或者更早。想必，那个时候，是她最美丽的韶华吧。

我问老婆婆一生中最幸福的时刻。我很庸俗，总是想知道别人的幸福是什么。我以为，老婆婆也许会说是她被丈夫骑马来娶走的时候；或者，她在草原上生下第一个孩子的时候；或者，甚至，第一次跟情人偷偷约会的时候。

拉加把我的话翻译过去，老婆婆迷惑地看着我，摇摇头，说没有。

一个活过百岁的老人，一生中怎么可能没有过一次幸福的时刻呢。我不甘心，换了一个提法，再让拉加翻译过去，老婆婆费力地想了想，还是摇摇头，冲我露出她空空荡荡的口腔，忧伤地说：“都一样，都不幸福，生活很难。"

对于大多数普普通通的人，生命就像一条流淌的河水，是连贯的、被迫的、无始无终的。被大人物掌握和被历史学家书写的那些所谓朝代更迭、改天换地，于他们来说都一样，没有分别，都不容易。生活的内容就像四季的轮回，一样都少不了，也不会多出些什么。老婆婆颠三倒四地说，解放前打仗，解放后也打仗，一拨人来了杀人，另一拨来了也杀人，早年赋税重，后来也重，从来没有过不重的时候。老婆婆挥舞着变形了的手指，说得很夸张、很激动，唾沫都飞到了我的脸上。

我离老婆婆很近，看得清她脸上的每一道皱纹，闻得到她身上的气味。老婆婆破碎了的耳垂随着她的表情晃来晃去，好像有话要说似的。我的好奇心令我很想询问这破碎的耳朵的来历，但我还是忍住了，没有发问。

我并不怕触动老婆婆的伤心，到了她这个年龄，一切痛苦都不再是痛苦，如同一切伤疤都不再是活肉。我只是担心问得太多，婆婆的脑子会乱，——而我还是想知道，她的幸福是什么。

如果老婆婆能说出一件令她感到幸福的事情，我就会心满意足的。

最后，老婆婆终于说:"现在就很好，不愁吃、不愁穿。"

我感激地问:"您真这么觉得吗，——现在就很好了?"

老婆婆冲我露出慈祥的笑容，点点头，说:"是的。"

我问阿妈一生中最幸福的时刻，阿妈摇头说没有。我不甘心，再问她一生中最难忘的事，我想这总会有。老阿妈想了很久，举起双手比划着，说马步芳在青海打仗，逼迫他们搬运子弹，子弹多得像山一样！阿妈确实很老了，回忆的思绪动不动就跳到七十年前。当年，阿妈才刚刚新婚，是一个年轻的姑娘。

我终于要走了。王公民不停地催我，说回县城的路还很长呢。

我从河下跳到岸边，攀上崖壁。站在崖壁上回头看，老婆婆仍坐在沟底的岩石上，山上流下来的泉水从她身边绕过去，又将她围了起来，她的样子因此有了一点顽皮的意思，显得快乐。于是，我在背对老婆婆离开热水沟时，有些"不厚道"地想：

这个自称有一百岁的老婆婆，她即使明天就死去，我也会替她高兴了。

——请相信我，我是真心的。一点诅咒的意思都没有，也没有赌气。想到那个白色的、很有可能是来历不

想再贴一张阿妈的照片，因为她已经不在了，你再也找不到她留在这个世界上的痕迹。

明的、像梦一样美丽的帐篷，和那些生着绿霉的碎饼，我很为老婆婆在她生命的最后，终于能够衣食无忧而由衷地感激。

长久以来，我对生命一直有一个想象。人的一生就是一次从天堂向地狱坠落的过程，像一个自由落体运动，生在天堂，死在地狱。不同的是有的人长寿，坠落的速度就慢些；有的人短命，坠落的速度就快些。有的人富贵，他看到的风景或许好些；有的人贫穷，他体验的周遭或许难耐。但无一例外，都是这样一个过程，终极意义上没有分别。

既然人出生时就决定了要死亡，死亡在所难免，我有时就很悲观，想说不如快点落地，好快点有个着落。——我常常想到死。我并不焦躁，很平静，只是想死而已。我也希望我周围的人死，我爱的那些人，我不希望他们承受生命的痛苦，就希望他们最好去死。我在我的文字中不厌其烦地说着这个意思，我说：

“死亡不过是生命之旅中的一个驿站或一道门，推开它，开始另一段生命。”

然而，谁都看得出，我那时的心思是不在意生命的，我的文字因而冷静和残酷，痛彻骨髓，鲜血淋漓。

那时候，我看重死亡，并以之为美。

我那时很紧张，对生命要求很多。如果不能得到最完美的，我宁可不与它合作。——当然，这都是理念中的和纸上的。实际上，我并没有得到最完美的，而我也还活着，并没有去死。

是青藏高原挡住了我坠落的速度。

我有时想，是因为青藏高原的过于超拔吧。青藏高原是离天堂最近的一块土地，站在这里不容易感受到死亡的“地心引力”。

——其实是藏族人寻常的生活改变了我。

当我行走在辽远、广袤的青藏高原，我看到那些挣扎着生活着的人们，他们如风中的草芥，那么风尘，那么苍凉，那么无助，那么渺茫；然而，仍然那么挣扎着，那么活着，我的心中便被一种巨大的感动充盈。

他们使我觉得，生命是有尊严的。活着是美好的。

当你把视线从一味关注于自身的烦恼与痛苦，转而投向周围其他人的生活，你会因为角度的改变和视野的拓宽，而奇妙地感觉到轻松和从容、感觉到如羽毛一样舒缓飘逸的诗意，坠落的速度也不再那样快了，甚至还有被什么力量托举着向上飞升的美妙体验。只要有心和有慧眼，我们在生活的每一个角落都能感受到这种美妙；但无疑，青藏高原是最能给人这种体验的地方。

在千座雪山环绕的青藏高原，生命和死亡比其他任何地方都更为贴近，它们简直就融为一体，相依为命。如果你切近地看过藏地人的生活，切近地感受过他们，你会觉得，你的生活中那些痛苦和烦恼真的不值一提，而藏族人在面对那样严苛、残酷的生存境遇时，仍然能表现出令人敬佩的体面和尊严、仁慈和博爱。

39 生命中的“坛城”

我当着才措吉的面给王公民打电话。直到得到王公民的亲口证实，我才相信热水沟的老婆婆确实死了。

王公民说，老婆婆死了已经两年了。

那一年，我第二次从海南州回来后，把在热水沟为老婆婆拍摄的照片洗印出来寄给了王公民，请他抽空去一趟热水沟，将照片转给老婆婆的儿子，要他装进他那个时常拿出来向人炫耀的镜框里。我在北京拖延了一阵儿。——你知道，我平时懒得去邮局，那里的人总是很多。王公民收到信后又拖延了一阵儿，那时已经是深秋，他们不怎么到草原活动了。这样，等王公民终于有机会再去热水沟，已经是第二年的春天。

王公民找到老婆婆的儿子，儿子却说，他妈妈在刚刚过去的冬天里死掉了。

老阿妈的儿子说，冬天来热水沟乞食的流浪者很多，有人要侵占老婆婆家的地窝子，老婆婆和对方理论，冲突中被踢到要害部位，没几天就死了。

我对老阿妈儿子的诚信度感到怀疑。不知怎地，听到这话，我立即想到老阿妈一定是为了她的儿子而丧命的。老阿妈的儿子贪婪又没有修养，爱拔份儿，爱与人口角和计较，一定是他先跟人起了冲突，老阿妈上前保护儿子才被人殴打的。

不然，一个百岁的老婆婆，谁会忍心伤害她呢！

而这两年，我一直没再问过王公民老婆婆的事。——好奇怪啊，我第二次见过老婆婆以后，竟对她一点也不挂念了。老婆婆说现在的日子是她最“幸福的时光”，有足够的虽然是发了霉的饼子吃，有白色的帆布帐篷住，有温泉泡害病的腿脚，她觉得很满足，我以为这样的日子老婆婆可以一直过到死。

一个人对另一个人的牵挂，最好的莫过于不再牵挂。我以为上苍终于眷顾了苦命的老婆婆，叫我可以放下对她的牵挂了呢。

然而，上天还是疏漏了啊，老婆婆还是死于非命。在藏族的丧葬风俗中，死于非命的人不得进行天葬。才措吉说老婆婆死后做了土葬，尸体被埋在热水沟后面的山上。

我听了哭了起来，问道:“那么,她的灵魂超度了吗？”

才措吉愣了一下,说:“不知道，恐怕没有吧。”

我也对自己的提问感到吃惊。虽然我以前经常说“灵魂”，文字中也常常写这个词，但那都是借用，是诗意和想象。我没有真的相信过灵魂的存在，或者说，我从没有为哪一个具体的灵魂牵肠挂肚过。藏地有说法，死于非命的人灵魂受到惊吓，会因迷茫而不知所往，成为孤魂在人间流浪。

人一旦相信了，便会迷信。这么多年来我在藏地旅行，对藏传佛教一直持尊重而不信任的态度，警惕被它控制。所以，我向佛像跪拜却从不许愿，我觉得我可以应付自己的生活，包括克服对死亡的恐惧。

可是，此刻，我很想有谁能够告诉我，阿妈的灵魂是否有了妥贴的去处？

我再也没心情看赛马会闭幕式，搭车从巴塘回到镇里。我打电话给罗松活佛，说想要见他。

不巧，罗松活佛启程去广州和香港传法，刚刚离开玉树到西宁。我非常沮丧，拿着电话不知该说什么。我没办法向活佛说清楚热水沟的老婆婆，我没办法告诉他老婆婆脸上慈祥的皱纹让我想起母亲，我也没办法告诉他老婆婆曾经疗治了我失恋的悲伤，让我因为她的存在而觉得生活的美好和有意义。在电话这么遥远匆忙的方式里，我十分语无伦次。

罗松活佛却理解了我。他劝我不要难过，说有一样东西会送给我，要我在住处等候。中午，一位年轻的喇嘛送来一个牛皮纸口袋。

《西藏度亡经》：

相传是莲花生大师所著的一部伏藏典籍，最早由宁玛派高僧仁增噶玛林巴从色旦河畔的甘布达山中发掘出来。后来，仁增噶玛林巴把此书传给他的弟子第十三世噶玛噶举上师多布多杰，多布多杰又把这部经典传给第八代达隆噶举上师晋美丹培。1919年，藏族学者达瓦桑杜格西喇嘛首先将此书从藏文译成英文。1927年由美国伊文思·温慈博士加以编辑，在英国牛津大学首次出版发行。从此，《西藏度亡经》流行于世。

《西藏度亡经》的翻译者达瓦桑杜格西喇嘛和英文编辑温慈博士。

巴塘天葬台上的经幡。我来到这里，希望知道热水沟老阿妈的亡灵是否得到了超度。

我打开看，里面竟是一本精装的 ***《西藏度亡经》***。

我惊讶得不得了。《西藏度亡经》是我心仪已久的一本书，一直无缘得见。罗松活佛怎么想到在这个时候送我这本书，他又怎知道我渴望着它呢？

那天的余下时间，我把自己关在房间里，一直和这本书在一起。

第二天一早，旅游局的阿宝局长来电话，说他明天回西宁，问我要不要搭他的车一起下去。我说好，但我请阿局陪我去一趟天葬台。我说：

“您之前答应过我的。”

阿宝局长在电话里犹豫了一下，——赛马会刚刚结束，有很多工作要收尾，明天一早还要上路，事情肯定忙不过来。但只三秒钟，阿宝局长便回答我，说：

“噢呀！我现在派车来接你！”

阿局带车载着我离开结古。转过巴塘山口，远远地就看到天葬台上那座连天的巨大经幡塔和它旁边大经堂的金顶。经幡塔气势之壮观，格局之优美，是我在玉树所见中少有的。

我将手伸进挎包里，悄悄抚摸着《西藏度亡经》厚实的封面，内心里充满了敬畏。《西藏度亡经》原名叫《中阴得度》。“中阴”是藏传佛教密宗里的一个术语，指生命之中各种不同的意识境界。就人而言，一生有六种意识境界，它们是生处中阴、梦境中阴、禅定中阴、临终中阴、实相中阴、投生中阴。《西藏度亡经》中所提到的“中阴”概念，特别指临终中阴、实相中阴、投生中阴三个时期。这三个时期是每一个人死后都要经历的。

《中阴得度》中说，在临终中阴时期，当人死的瞬间，他会看到一种“清光”。对于修行有道者，这种“清光”会越来越亮，将他从轮回中解脱，成佛升天。对于一般的人，“清光”只是稍纵即逝一闪就没了，升入天堂的门溘然而闭，周围复又一片黑暗。

接下来，到了实相中阴，死者会重新体验过往的生活。死者仿佛又回到了一个美好的人世间，里面有七情六欲、善恶喜悦，有规劝和纵容。这时，死者处于一个二元性的世界中，他的意识有一种双重的平行表现。其一是一条“涅槃线”，其二是一条“轮回线”。死者的灵魂一方面接受劝导，透过诸佛圣尊的慈悲加持而求解脱；另一方面，则要设法避开随他的心相显现的六道轮回中的某一道。

权威十相：

也称“十相自在”，是一种复杂的藏密图案，其意义和作用相当多，其中一个能调整风水，驱凶化吉。

之后，灵魂进入投生中阴。这时，死者的灵魂产生一种积极的意愿，一心想重新拥有一个肉身，以便为灵魂所依。如果死者在之前实相中阴的考验中没有被诱惑和罪恶所迷住，那么就可能在天、阿修罗、人这三善趣中选择自己的投生。反之，如果没有通过欲望的考验，那么就只能投生到畜生、饿鬼、地狱三恶趣中。

一般凡人对中阴阶段几乎毫无感知，他们没有能力获得彻悟，只能因前世修持功德的多少再次进入痛苦的生死轮回中。而生前经过修炼的高僧大德，他们在经过中阴阶段时，有力量控制自己的意识，从容走出“中阴”，实现最佳的投生。

巴塘天葬台是公元1100年由藏传佛教直贡噶举派创始人觉哇久丁桑贡亲自选定的康区最大的优胜天葬台。所谓“优胜天葬台”，是要具备风水方面的诸多条件。天葬台被视作一种吉祥宝地，要求后面要有高高的石山，前方要有广阔平坦的视野，要有河流，且东水西流是最殊胜的。另外，巴塘天葬台还具备着佛经中所描述的“地有八瓣莲花相，天有宝幢九顶相”的景象。一千多年前，天葬台中央地下还伏藏有“***权威十相***”，及上、中、下三个坛城等风水瑞相。

天葬台的中心是剖尸台。剖尸台大多为一块大的扁平盘石，被称作“坛城”。它虽然粗朴、简陋，却是灵与肉筑起的祭坛，豪华庄严得如同最圆满、完美的“曼荼罗”的象征。在这里，血腥与神圣并存，恐怖与虔诚并存，阴冷与热烈并存。这里是生命的终点，也是生命的起点，生死轮回的法轮从这里无休无止地辗过，天界、人间、鬼域在这里融为一个相通的大世界。

天葬台上当年掘出权威十相伏藏的地方。彩绘的嫔石和白石之间铺着羊毛“穆然”，它们反方向搓成，表示希望亡灵脱离苦境、升入天堂。

巴塘天葬台体现出康区的特色，周围绿草茵茵。在剖尸台旁边，当年掘出权威十相伏藏的地方，供奉着一些大小不一的白石头，上方祭放着数尊彩绘的权威十相的“都多”（即嫔石）。在它们中间，从下往上铺着一些用白羊毛绳捻成的“穆然”（即嫔绳），为的是指引亡灵脱离苦境，升入天堂。

——天葬台上的羊毛绳子跟普通家用的不一样，它们必须是反方向搓成的，表示离苦得乐的愿望。

想一想，人们对升入天堂是多么的处心积虑、心驰神往啊。

阿宝局长先引导我拜过经堂，又转了经幡塔，然后在剖尸台旁边的草地上坐下。对面是广阔的巴塘草原。

我只想这么坐着，体验着生死，宁静无语。

在天葬台近旁的草丛里，我意外发现了一只白鹫。藏族习俗中，看见白鹫是非常吉祥的。今天并不是天葬的日子，不知道这只鹫独自到这里来干什么，是寻找失落的东西，还是专门为了来给我神示？

草丛里一只白色的鹰鹫。

在藏地的天葬中，处理的是人的肉身，真正的主角却是这些飞翔的鹫。在藏族人眼里，鹰鹫是一种神鸟，它们虽然体格威猛，力气超大，有锋利的喙爪，但哪怕饿死也从来不伤害有生命的动物，甚至连一只蚂蚁也不会杀死，而只吃死物的尸体。所以藏族人很崇拜这种不伤害生命、天性慈悲的猛禽，视它为“空行母”的化身，相信它能够帮助死者的灵魂寻找到一个理想的投生。

鹰鹫最神奇的地方，在于人们在自然界从来不曾看到它们的尸体。据说，那些专司天葬的神鹫可以预知自己的阳间寿命。当大限将至，它们会自动离开鹰群，一直向着太阳的方向飞去。它们奋力地飞着，空气越来越稀薄，回推力越来越小，飞翔变得越来越艰难。它们不得不嘶鸣着尖叫着拼命扇动着翅膀。

最后，融化在太阳的灼热里，化为无形……

我坐在天葬台上，像一只鹰鹫极目远望。赛马会已经结束，昨天还像雨后蘑菇一样遍布山川的无数帐篷，一夜之间消失得无影无踪。巴塘又恢复了它往日的空旷和宁静。

生活就是这样，繁华之后还要归于平静。

但是，灵魂呢？

我坐在天葬台上，像一只鹰鹫极目远望。生活就是这样，繁华之后还要归于平静。但是，灵魂呢？

40 我告诉"影子"不想再见他

从天葬台下来，阿宝局长带我到母恩洞旁边的那面相传有二十一尊自显度母像的崖壁前。阿宝局长像前次一样去给崖壁行触头礼，阿局知道我不信佛，便没有要求我敬拜。可他不知道，自从在文成公主庙受了洛卓尼玛活佛的雪山狮子圣水灌顶，我十分愿意拜佛了。——我依然不为自己求什么，但会替众生祈祷护佑。

我于是也像阿宝局长，到崖壁前双手扶住，虔诚地将头抵触上去，心里默念道："慈悲的观音菩萨及尊者圣救度母，请保佑热水沟老阿妈的亡灵获得一个好的转世，请保佑她的来生平安顺遂，没有痛苦。惟此，我愿以今生不懈的救助贫苦、慈悲行善作为报答，请助我心愿！"

许完愿，我再次向崖壁行了礼。阿宝局长意外地看着我，他一定从我刚才的举动中看出我不像以往照猫画虎有口无心，而是确有诚意的。我被阿宝局长看得不好意思，似乎对于我这样一直标榜现代时尚的内地人，如此虔诚地求佛的确是一件难为情的事。我冲阿局笑了笑，并没有解释什么，同他一起离开了。

走了几步，我再又回头去看那面崖壁。忽然，我在崖壁上分明真切地看到了二十一尊度母的显像！它们分列成三排，最上面一排最中央端坐着绿度母，祂是我认得的。我惊得叫了一声，整个人呆呆地僵住了。阿宝局长问我发生了什么事，我却只指着崖壁说不出话来。

片刻，等我的嘴巴能够活动，崖壁上二十一尊度母的自显像又

我忽然不能肯定，崖壁度母是不是单为我做瞬间的示现。

隐去了，代之以原来青色的石头。我忽然不能肯定，二十一尊度母是不是单单为我做瞬间的示现？要是那样，我应该守护这个秘密吗？我小心地询问阿局：

“请问，什么样的人可以看见这崖壁上的二十一尊度母？”

“心怀虔诚的人，”阿宝局长说，“还有，和佛有缘分的人。”

回到结古镇，我和阿宝局长道别。我回军分区收拾行李，阿宝局长回旅游局处理公务。我们约好，次日早晨六点启程，出发回西宁。

我的行李很简单，比来的时候少了一些红景天和一些钱，多了一条绿松石项链、一块羊脂玉玛尼石和几本书。

收拾停当，我出了军分区去风马藏餐吧。我要去向“影子”告别，同时向他致谢。从巴塘回来的路上，我满脑子一直浮现着崖壁上二十一尊度母清晰光亮的映象。我想，也许我的确有着一定的灵识和蕴身，但既有的身份和生活使我其实距离绿度母异常遥远。不过，我由此找到了我生命的意义和今后岁月里自律及自许的目标。这对于我，要比是否皈依更来得重要。

而这一切，是“影子”让我了解到的。或许如“影子”所说，他是刻意来到结古，来到我生命之旅的路上，以这样的方式开启我的心智，令我有所领悟。

因为感激，我专门到飞马集市上卖织制供奉物的店铺里，“请”了一条白色的哈达。这是我在藏地诚心请的第一条哈达。

我准备把它献给“影子”。

我对藏地和藏文化的认识在那个时候就形成了，它像一部埋藏于我内心深处的“伏藏品”，达到了惊奇的高度和成熟度。

可是，当我来到风马藏餐吧，老板娘却说“影子”已经离开结古镇了。卓玛的态度很不友好，好像我撵走了“影子”似的。

我听了十分难过，心里无以复加的空落，愧疚得不得了。

之前，赛马会刚开始时，“影子”不知从哪里得到一本我的旧作《我们的蜗居和飞鸟》。我去风马藏餐吧，“影子”很高兴地拿给我看。

《我们的蜗居和飞鸟》是我第一次去过西藏后完成的一个集子。我对藏地和藏文化的认识在那个时候就形成了，它像一部埋藏于我灵魂深处的“伏藏品”，令人惊奇地达到了相当的高度和成熟度。

“影子”看了书中我有关藏地的篇什非常赞赏，激动得直念赞美词。因为被夸奖，虚荣心让我把“影子”当成了深有默契的知音，觉得他是懂我的。可是，转天，当我兴高采烈地又来到藏餐吧，不料却被“影子”教训了一顿。

除了写藏地，我那本书里还收有一部分记述我在医学院时的文章，那多半也是关于生死的，和我在藏地的感受形成呼应。在一篇文章里，我说为了完成我的硕士论文，我一共使用了五百二十五只医用大白鼠。那篇文章并不是说老鼠的，我只是拿老鼠破题，我说的是猴子。没想到这么一个东西却惹到“影子”。“影子”说他也没有想到，我外表看似善良，居然还杀了那么多的生灵。

我跟“影子”解释，说我处死那些大白鼠是为了医学研究，而我的研究成果可以帮助更多的人免于疾病和痛苦。“影子”说那不是理由，“影子”说生命是没有分别的，我没有权力为了救治人类就杀死老鼠。

藏族人在不杀生的问题上很死心眼，我对此并不特别以为然。人要尊重自然没有错，但人也是生态网络中的一环，我们都是彼此为生的，只要适度就好，只要不存心坏就好不是吗。我试图说服"影子"，我说藏族人也不是绝对不杀生啊，你们不是也吃牛羊肉吗，也践踏青草和砍伐树木造房子啊。要说"万物有灵"，草木也是有生命的，连石头都有生命呢，你们总不能住在空中，喝西北风！

"——说不定风也有灵魂呢。"我抢白"影子"。

"影子"说宰杀牛羊本是不对的，但一般人只承担吃牛羊肉的罪过，而不承担宰杀它们的罪过，这是有区别的。我不高兴，说呵！你们这不是嫁祸于人吗，自己不杀生，却吃牛羊肉，这不是促使别人"犯罪"，让人家进地狱吗？

"再说了，"我不服气地狡辩，"我处死大白鼠也许还帮助了它们呢，就像'摩诃萨陀舍身饲虎'里讲的，老虎吃了王子，才成就了王子立地成佛！"

辩论进行到这儿，已经出现了不好的苗头，我和"影子"应该立即停止才对。但我们都没有，"影子"固执地说："不管怎么说，你杀了那么多条生命，罪孽深重。你应该像米拉日巴一样，刻苦修持，好好赎罪！"

这句话太重了！我没想到"影子"会有这样的思维，我难以接受，说："你怎么能把我跟米拉日巴相提并论呢？米拉日巴杀死三十五个亲戚，是为了报私仇；我杀老鼠根本不是为了我自己，我是为了别人啊，为了病人！"

"影子"欲要反驳，我打断他，非常严肃地说："你知道吗，我最讨厌别人说我'有罪'了。基督教说人生来就有罪，佛教也动不动就说人有罪，我不承认我有罪。即使我做了什么，做错了什么，那也都是应该做的和应该错的。人又不是上帝，又不是佛，凭什么给他那么高的要求？连菩萨都有七情六欲不是吗，不然观世音怎么会哭！"

那天的谈话不欢而散，我很败兴地离开风马藏餐吧回到住处。

第二天早晨，才六点多钟，我还在床上睡着，军分区门岗就打来电话，说有人找。我很困惑地出门，——真的是又"困"又"惑"，却看到"影子"站在军分区大门的外面。

我很讶异，问"影子"这么一大早有什么事。"影子"十分激动，一把抓住我，说："啊！我的绿度母！原来我错怪了你，你的确是菩萨心肠呢！"

我拂掉"影子"拽我的手，说："你在说什么呀？""影子"从藏袍怀里掏出我的那本《我们的蜗居和飞鸟》，翻到其中一页，递给我，眼睛里闪烁着热切的光芒。

我瞟了书一眼，脸色立马就沉了下来。

在《我们的蜗居和飞鸟》里，我有一篇文章叫"生命从指间消失"，讲的是我挽救一只濒临死亡的医用大白鼠的事。为了救活它，我不惜给它做了嘴对嘴人工呼吸。"影子"似乎很为这件事感动，他眼睛里泛着泪光，说：

"啊，我看得没有错，你的确是度母的化身。你的心像雪莲一样纯洁、善良！"

我忽然就火了。——真的，我一下子就火了。其实，昨天从风马藏餐吧回来，晚上我还好好责备了一番自己。我想我对"影子"的态度可能过分了点，我和"影子"的分歧是宗教

一个坐在阳光下打瞌睡的老喇嘛。

文化上的差异，而不是真的是非立场上的不同，我不应该对“影子”发脾气。入睡之前我还想，今天去藏餐吧向“影子”道个歉，承认杀生是罪过也没关系，只要“影子”觉得维护了他的宗教，他心里好受就行了。我自己对自己“量刑”时可以宽松一些，“内部掌握”。

可是，当“影子”不是来继续责备我，而是来夸奖我和向我道歉时，我却突然恼怒了。这种感觉要怎么说呢，就像说你可以接受敌人的攻击，可以接受无谓的人的毁谤，惟独受不了你看重的人对你的误解，那才是你最感伤害的，——尤其他前一天刚刚误解过你，批评了你；第二天一早你还没睡醒时，他又来告诉你他其实很欣赏你，一直看好你。

——你能不火吗?

我没好气地说:“你不是说我罪孽深重吗，怎么又心地善良啦?”“影子”说:“你心地是善良的，你挽救这一只大白鼠，就抵消了所有杀大白鼠的罪过。”

我讽刺说:“你是阎王爷啊，怎么我好不好、有没有罪都由你来定呢?”

“影子”热切地说:“你昨天应该告诉我你救这只大白鼠的事。”

“我为什么要告诉你!”我十分气愤，“你自己不会判断吗? 你看一个人，都要他告诉你他是什么样的，他说杀了一只老鼠你就说他不好，他说救了一只老鼠你就说他好，你自己的眼睛是干什么的? 你们佛家总讲‘慧眼’、‘慧眼’，你的‘慧眼’到哪儿去啦?”

我越说越气，劈手从“影子”手里夺过我的书。“影子”一怔，要往回取，我不给他，绝决地说:

“你这样的人根本就不配看我的书，你不配了解我的思想!”

人是这样的，对于欣赏你的人，看得到你的好的，你就愿意更努力，做得更好；要是对方看不到你的好，误解你、苛求你，你就会很烦，反而会故意把事情做坏，刺激他让他伤心。此刻，我就想狠狠刺一下“影子”。想到这儿，我反而没有了之前激烈的愤怒，冷冰冰地说:

“你回囊谦去吧，不用在这儿浪费时间了。我是不会答应做什么绿度母的，更不会接受

卓玛说，“影子”走的时候神情黯淡，非常伤心的样子。

你的灌顶。不过你放心，我有我自己的理念，有我自己的道德，我会继续帮助别人，帮助穷苦的人，但那不是因为我怕下地狱给自己积德，而是因为我愿意帮助需要帮助的人。”

“影子”还要说什么，我制止了他。我再也不想跟他说什么了，他忽然变得很陌生，让人厌烦。

卓玛说，“影子”从我这儿回去的当天就离开了结古镇。卓玛说“影子”走的时候神情黯淡，非常伤心的样子。

我记起“影子”离开军分区时，他的背影是很忧伤。

我想我伤害了“影子”。我不应该不接受“影子”的道歉，伤了他的心。道歉也是一种“赎罪”，“赎罪”能使人获得内心的宁静。我却不肯接受“影子”的忏悔，以此作为对他的惩罚。我是多么残忍啊，还一直说自己善良。

我忽然很想要见到“影子”，向他道歉，忏悔我的错。我问卓玛在哪里能找到“影子”，卓玛说不知道，她说“影子”走之前没有留下任何话，他们只知道他回了囊谦，也许也不一定。

一个有着神奇本领的藏族人，他可能去很多地方。

从风马藏餐吧出来，一路上我的心情低落到了极点。记不清我是怎样走回军分区的，回到招待所，永登在我的住处等我半天了。永登是来辞行的，他说他的领导休假回来了，明天他们将启程回囊谦。

我像第一次听说囊谦这个地方，说：“你们要回囊谦吗？”

永登说是的。停了一下，我说：“我跟你们去行吗？”

41 清晨遇到拾牛粪的吉兆

说起来世界真小。我和永登的领导、囊谦县武装部政委董德祥在军分区见面后，竟得知他早先在兰州军区政治部工作，我们有好几位共同认识的朋友，当年拍摄“朵朵”才仁巴吉的摄影师柳军就曾跟董政委是同事。因为热爱文学和写作，董政委在我向永登提出请求之前，就已经向郑参谋长表示希望邀请我去囊谦。

这是一个美妙的缘分，我在囊谦的经历是我一生最神奇的记忆。

结古镇到囊谦县城191公里，沿214国道路很好走。离开结古镇往南，路两边的植被越发好起来，山体上也更多了摩崖彩绘佛像和石刻经文，还有一些僧侣闭关修行用的小房子。

行程过了一半，公路开始与澜沧江伴行。澜沧江发源于玉树州杂多县杂青乡的果宗木查雪山，源头海拔5 388米，从西北向东南经杂多县城、囊谦县城，在娘拉乡附近流入西藏，从云南离开中国，进入越南改称“湄公河”。

囊谦县的县城在香达，一个非常好听的名字。我们还在州上时，董政委已经吩咐这边安排好了我的住处，是办公楼上的一间客房。到了香达后，董政委一再抱歉条件简陋，因为武装部一向都只有男官兵，楼里没女厕所，我需要和男兵共用。这一点对我不构成不便，我经常在西部旅行，遇到类似的情况很多。部队有他们接待人的诚意，房间打扫得很干净，被褥都是新洗的，茶几上也摆好了瓜果。

晚饭后，董政委亲自驾车带我感受香达。我们出了镇子往山里走，澜沧江在山路下面的河川里平缓地铺陈开，黄色的沙洲在清澈

傍晚，一些牦牛从山里回来打算过河。它们自觉排成队，一个跟着一个，从容不迫。我又想起藏地把每一座寺院都称作“洲”的故事，心里不觉感动。

的江水中凸现，河边、洲上是翠绿成林的树木，远处是藏地的蓝天。因为夕阳，那蓝色中有一层粉红。一些牦牛从山里回来打算过河，它们自觉排成队，一个跟着一个，从容不迫。我被这幅情景吸引，又想起藏地把每一座寺院都称作“洲”的故事，心里不觉感动。

在青海省，玉树是宗教氛围最浓厚的一个州；而在玉树，囊谦又是藏传佛教最有传统的一个县。囊谦县人口仅六万多，却有着寺院近七十座，人均比例是包括西藏在内藏区中最高的，且各个教派并存，很有历史感。我们在山里走着，碰巧遇到藏民在路口搭松柏门。搭松柏门又叫“搭龙门”，是一种古老的宗教仪式。相传文成公主进藏时路过玉树，当地山神龙王纷纷现形，亲自搭松柏门欢迎公主，后来成为传统。

我下车问藏民为什么搭龙门，他们说准备迎接一位从印度来的活佛。我问活佛什么时候到，藏民们虔诚地说：“大概就这两天吧，这要看活佛的旨意。”

在出来和回去的路上，我两次注意到远处山坳里耸立的一座寺院。我问了两次，以为它们是不同的寺院。寺院十分宏伟，背对着山体和夕阳，金顶和法轮仍然熠熠生辉，光彩夺目。我问路边的藏民，得知那是一位去印度朝圣回来的信徒新近刚修建成的寺院，为的是供养他敬奉的高僧活佛。

董政委看我流露向往之情，问我是不是想去看看。我本意是想的，但顾虑董政委一天路途劳顿，晚上还喝了酒，那寺院看着只隔一道川，走起来可能还不近，便迟疑地说：“改天吧，以后还有机会。”

我后来我又数次从这条路上走，每每都看到那座寺院，却始终没有机会去。现在想起来，眼前还是第一次见到它时的情景，在夕阳和山梁的背景下十分庄严、壮观，觉得没有去可能是一件值得遗憾的事。

走了那么远的路来，最后却只隔了一道山川。

这样想着，就又想到“影子”。心里很想念他，很想见到他。

这样的吊桥在藏区腹地还普遍存在。

我来玉树前就听说过嘎尔寺的名字。

朋友告诉我，在玉树囊谦原始森林深处有一座寺院，那里有许多珍贵的野生动物，它们和人生活在一起，朝夕相处，相伴为生。我问我可以多近看到它们，朋友说："你看得到它们的睫毛，你可以摸到它们。"

朋友神往地说："到了那里，你就真正能体会什么是'世外桃源，人间天堂'，什么是真正的'香巴拉国'了！"

到了玉树，在州旅游局印制的旅游手册上，我看到一幅奇妙的山景，上面有一群漂亮的岩羚，迷人之极。我问阿宝局长图片是在哪里拍的，阿局说出了嘎尔寺的名字。我这时才把嘎尔寺和之前朋友说的那个"世外桃源"联系到一起。

——你知道，刚到藏地，要一下记住这许多寺院的名字并不是一件容易的事。

到囊谦的第三天，董政委带车陪我去了嘎尔寺。永登任司机，武装部杨科长陪同。囊谦近来雨水较多，听说山里路不好走，董政委怕武装部的桑塔纳出问题，特地找到县委朱学义书记换了他的切诺基。朱书记是马有义马主席的学生，马主席之前听说我要来囊谦，给了我朱书记的电话，要我有事找他。董政委跟朱书记又恰恰是好朋友，几方说起来，大家都很亲切。

一早从武装部出来，天还没怎么亮透。嘎尔寺在香达南边85公里，中间要经过白扎乡和白扎林场。去嘎尔寺先走一段214国道,过了白扎乡之后有一个不起眼的岔路口,214国道往西南上到一个坡上,去白扎林场的路往东南下去,两相分开。

不久，拐向白扎林场的路上又出现了一个岔路。永登没走过这条路，董政委要他打听一下。路边山坡上有一个佛塔和一座经幡塔，晨雾中，有两位老人在转经。永登蛮有把握地说不用，他说他从来没有走错过路。

汽车又开了一会儿，永登挫败地发现，他也许真的走错了。

不得已，永登把车停到路边，下去向一位藏民打听，得到的回答果然是说我们应该在刚才那个岔路口往另一个方向走。重新上车后，永登遭到了大家的一致奚落。永登只嘿嘿地笑，也没话说。董政委用了一句谚语教育永登，大致是说人嘴上勤快点儿，腿上就会省力，但我忘了他原话是怎么说的，总之挺精彩。

在往回折返的路上，我们遇到两位背背篓拾牛粪的藏族妇女，董政委和杨科长一起叫起来，兴奋地连连说："啊，拾牛粪的！拾牛粪的！"我不明白他们为何如此高兴，问了才知道，原来在藏

在藏地，清晨起来遇到拾牛粪的人是特别吉祥的征兆，预示着一天都会有好运。

地，清晨起来遇到拾牛粪的人是特别吉祥的事，预示着一天都会有好运。

永登这时又得意起来，说他刚才绕了一段弯路，就是为了带我们来看这两个拾牛粪的。大家因为见到吉祥之兆，也就不追究永登的牵强，还帮他附会，一时间汽车里欢声笑语。

永登跟拾牛粪的藏族女人说话时，我给她们拍了两张照片，其中一张特别像米勒的名画《拾穗者》，是我这次玉树之旅中最喜欢的图片之一。但后来我对没有把刚才那两位转经的藏族老人摄进镜头而遗憾不已。

很奇怪，我对拍了的照片没有多少细致的影像记忆；反而对没拍下的画面印象深刻，脑海中时常浮现它们的图像，栩栩如生、异常清晰。

白扎林场风景超级美丽，路却极难。从白扎林场到嘎尔寺40公里，我们走了四个小时。林中的道路异常崎岖不平，差不多每一块石头都是一个角度，永登开着切诺基扭来扭去，像一个丰乳肥臀的非洲妇人绑了双脚在做“兔跳”。我在车里像一粒骰子被颠得东倒西歪，就不免感慨，说寺院选址也很重要啊，建在这个山里面，除非像我这样特别想去的人，一般的香客和游客找不到车，肯定也就不容易去。

——后来，我历经辛苦到了嘎尔寺，才知道自己有这样的想法是多么的浅薄和愚蠢。

中间，天又下起了大雨，路面变得非常泥泞，我们数度需要下车以卸载。在一条小溪上，一群民工正在抢修一处坍塌的涧桥。永登和董政委下车察看，发现我们的车难以通过。我一下很失望，不知该怎么办，以为会无功而返。

董政委与筑路的民工商量，请他们抓紧给抢修一下。民工很配合，几个人跳到泥泞的涧底，挥动铁锹镐头大干起来。他们搬来两块大石，堵在最狭窄的一个缺口上，用身体抵住石头，要永登将车开过去。我们自然都已经下车，但看到车轮几乎从民工的肩头压过去，还是让人十分揪心。永登的车技确实了得，他不知怎样搞的，经过那最薄弱的地方时，竟能将车倾斜起来，重心偏到一边，而不致对民工造成太大压力。

汽车安全度过难关，大家都情不自禁地鼓掌欢呼。董政委重重感谢了修路的民工，把车上还有多半瓶的口子窖酒慷慨送给民工，要他们暖暖身子。民工们没有见过这么高级的酒，自然很高兴。

继续上路后，董政委依然为刚才的情景感慨不已，赞叹民工们的朴实和乐于助人，说得很动情，眼睛都闪闪的。董政委特别叮嘱永登，要他还车时告诉朱书记的司机，就说那酒叫他给喝了，免得朱书记找司机麻烦。董政委开玩笑，说：

“朱学义这家伙可能会心疼！”

晚上，我们原路回来时，董政委又将车上所带的五香肉、烧鸡、火腿肠都给了栖息在路边窝棚里的民工。

之前过涧桥时，民工说要是我们昨天来肯定过不去，那时路坏得很厉害，他们修了一天都没修好。董政委听民工这样讲，反过来得意地对我说：

“你看我说的吧，凡事要随遇而安，不能太性急，欲速则不达。”

我对没有拍下的画面总是印象深刻，脑海中时常浮现出它们的图像，栩栩如生、异常清晰。

我不吭声，只是笑。我到囊谦的第二天就想来嘎尔寺，董政委因为刚休假回来武装部有许多事，便婉转建议我可以先在香达附近转转。我是客人，知道不能因为自己影响人家的工作，但心里的愿望没有达成，大约脸上多少带出些失望，现在想来很不应该。

林场越走越深，感觉快到嘎尔寺了。永登除了开车，还充当起导游的角色。永登提醒我们注意，说不久我们将路过一座山峰，山峰顶上有一个圆洞，据说是一个魔鬼为害百姓，当地护法与之较量将其打败，恶魔企图逃跑，被护法用矛钉在了山峰上。恶魔死后形体消融，就留下了这个矛洞。

永登说完没几分钟，我们便在汽车前行的左侧山上看到了那个洞。

过了一会儿，永登又说，前面路边有一块大石头，上面有一些小的脚印，传说是仙女在上面跳舞留下的。果然，我们也在路边看到了永登说的巨石，上面有一些浅坑的印记，最底下还比较像脚印，越往上脚印越小，感觉先是整个脚踩在石头上，后来是半个脚掌、再后来只是脚尖，最后飞升起来飘走了似的。石头上，每个脚印都被藏民抹了酥油，表示敬奉和供养。

我这会儿又疑惑了，问永登说："你不是说你没来过嘎尔寺吗？"永登说是的。我说那怎么这些东西你都知道？永登羞涩地笑，说："我听别人说的。"我说："可是，你怎么能把地点说得这么具体呢，好像你亲自走过一趟似的。"永登就又笑，谦虚而含糊地说："大概就在这附近吧，我也是猜的。"

前面又是一个岔路口，一条往左一条往右。永登减慢车速，犹豫着往哪边开才是正途。董政委、杨科长和我各有说法，莫衷一是。这时，右边那条道路林子里传来一阵清冽的鸟叫，永登当即向右打轮，说："是这条道！"

董政委谨慎，说还是找个人问问吧，不要又像早晨那样绕弯路。永登却有十足的信心，确切说："没错的，就是这条路！"

我问永登为什么这么有把握，永登神秘地说："***天上的鸟***告诉我的。"

天上的鸟：

藏族先民和其他民族的祖先一样，在长期的生产劳动实践中，逐渐发现、积累了一些认识事物的经验和知识。由于受当时认识水平的局限，许多现象人们一时无法解释，而这些现象又往往与人们的日常生活息息相关。藏地先民于是向神灵求助，企望得到启示，以求遇善则进、遇恶则退，祈福趋吉、禳灾祓祸。这种活动经过发展、演变，就成为藏地行之久远的占卜仪式。

在古老藏地，占卜的方法包括鸟卜、鼓卜、箭卜、线卜、骨卜、圆光卜和占星卜等等。鸟卜是藏地最早的占卜术之一，后来，用于占卜的鸟比较集中于乌鸦身上。藏族习俗中，乌鸦被认为是一种信使鸟，能够传递上天和人间的消息。藏族人相信，出门行路时，乌鸦若在人的背后叫，说明此行一定诸事顺遂、马到成功；乌鸦若在右前方，或堤坎、河岸、树林、峡谷及十字路口鸣叫，说明此行能够旅途平安；乌鸦若在正前方阻路大叫，则说明前面将有意外；乌鸦若啄啄出行者的头发，行者会有生命危险。

在囊谦，至今仍可看见许多有着原始崇拜色彩的图腾。

嘎尔寺的野生动物。来之前我问我可以多近看到它们，朋友说：“你看得到它们的睫毛。”

42 寺院里的希望小学

嘎尔寺坐落在嘎日念庆山上。上山的路上，最先来“欢迎”我的小动物不是我向往已久的岩羚或者麋鹿，而是一只胖乎乎憨态可掬的旱獭。

我们的车正在山路慢慢行驶，一只肥硕的旱獭身手矫健地蹦到路边一块岩石上。旱獭见到我们不害怕，也不躲避，而是好奇地打量我们一番，然后转头左顾右盼，继续它原先的瞭望。

尽管我预先作了充分的“思想准备”，知道会在嘎尔寺遇到许多野生动物，在路边岩石和树下看见第一只岩羚时，我还是禁不住惊叫起来。我叫永登停车，永登说还没到地方，前面有许多。永登加大油门又往前开了百十来米，他然后熄火停下，冲外面努努嘴，说：

“你下去吧，它们都在那儿呢。”

山路对面是一片开阔的缓坡，坡的上方竖着一杆经幢，经幢下面有大约二三十只岩羚。它们三三两两，或啃食青草，或悠然散步，或卧在地上享受阳光和母子亲情。我环顾四周，远处层林翠绿的山峰云烟缭绕，近旁有苍然屹立的青岩和恣意杂生的松柏，眼前的草

嘎尔寺希望小学。老师正领着孩子们读课文。

地上是这些神圣、美丽的动物，我真的有置身天堂的幻觉。

我慢慢朝小动物们走去——我怕太快了吓着它们；还有，这里是海拔4 500米的高山，要快也不行。岩羚们很友好，它们先是尽量允许我的靠近，假设我是善良的和没有危害的。等我走到距它们不足七八米的地方，小家伙们终于有些绷不住了。但它们还是照顾我的面子，没有一哄而散地逃掉，而是克制着，从容地、若无其事地慢慢走开。我跟过去，它们又慢慢地走开，使我们之间的距离基本保持在8~10米之间。永登说，若是嘎尔寺的喇嘛或是当地的藏民，岩羚熟悉他们的衣服和体味，就会允许他们靠得很近，和它们零距离亲密接触。但它们不熟悉来自都市的气味，所以有些紧张。

这样我已经很满足、很感激了，不敢奢求更多。我不再追逐美丽的岩羚，而是坐在草地上，和它们呆在一个视野里，和周围的山景自然呆在一个视野里。

我觉得很幸福，心像泡在糖水里一样。

永登说这里有很多野生动物，他扳着手指历数，岩羚、黄羊、麋鹿、狍子、梅花鹿、锦鸡、獐子、猞猁等等，此外还有二十多种禽鸟。永登说它们现在都进山里去了，晚上就会回来。

傍晚的时候，我们果然见到了大部分种类的动物。它们把嘎尔寺当成了家，而它们是游子。游子白天出去浪迹天涯，晚上回家。

我没想到嘎尔寺还有一所“希望小学”。

永登说他之前跟我说过，我想我那时可能一心惦记着来看动物，没有注意永登的话吧。董政委和我都有些遗憾，说要是事先知道，应该在镇上买一些铅笔本子之类的文具带来。

希望小学位于嘎尔寺最下面的一个院子里。院子正中央竖着一杆旗杆，顶端是一面红色国旗。离开北京以后，我还是头一次在户外见到国旗，忽然间有些感动，对着它看了半天。

学校是一座“L”型的两层楼房，有很响亮的读书声从二楼教室里传出来。我想这会儿该是暑假，怎么还有学生上课，后来得知这边的孩子春天要去挖虫草，冬天要躲避雪灾，夏天是一年中最好的季节，所以用来上学。

我循着声音上二楼，来到一个开着房门的教室。教室是一间4柱的房子，显得很陈旧。里面有大约二十多名学生，年龄都在七八岁上下，在一位女老师的带领下朗读课文。课本可能不够，也不像是新的，孩子们两两共用，小脑袋凑在一起，非常用力地大声喊着。女老师很年轻，瘦瘦小小的样子，猛一看跟电影《一个都不能少》中的魏敏芝差不多。

我将相机调到限制闪光档，从取景框中寻找着画面。坐在最靠近门口的男孩子最早注意到我，他看我端起相机，便很努力地冲我微笑。男孩同桌的女孩没有他活泼，小小的眼神里有一丝忧郁。她明显营养不良，头发和她年龄不相符地稀疏着，露出大大的额头。

我怕打扰学生们上课，离开教室门口到楼梯旁一间办公室样子的房子里。里面有二三个人，其中一个男人像是一级领导，但又不一定太大，我跟他说话时，他一直把手插在裤兜里，一副只视察不工作的“职业习惯”，直到我拿这个揶揄他，他才不好意思地把手从裤兜里拔出来，然后就不知道该放哪儿了。

男子介绍说，希望小学是嘎尔寺出全资修建的，费用包括建房、日常维持和教师的工资。我问这山里的孩子是否都能上学，男子说起初有的人家穷，或者路远，不愿意送孩子来上学，是活佛一家一家地去劝说。村里人都听活佛的，活佛叫他们让孩子读书，他们就把孩子送到学校来了。学校给家庭困难的孩子减免了学费，实在交不起学费的，学校还管他们吃住。我忽然想起，说：

“啊，这位活佛是不是春天去杂多县制止‘虫草事件’的那一位？”

我提出为代吉桑毛拍照，她羞怯地说：“我可不可以跟我的学生们一起照?”

男子很惊奇，说:“是啊，是啊，就是他。你怎么知道?”

玉树杂多县澜沧江源头流域的大山里出产藏地最好的虫草，当地各级政府部门各自捞钱，常常不符合规定乱开“准挖证”。我来玉树这一年春天，过多的外来人涌入杂多挖虫草，当地藏民与他们发生冲突，死伤多人。当地党政部门出面无效，动用了武装警察也没有用，眼看局势难以控制。据说政府迫不得已，请来地方最有威望的活佛，才劝服了愤怒的民众，平息掉一场后果严重的骚乱。

我也不知自己怎样将这两者联系到一起的，就是脑海中瞬间出现了这个想法。我立即对这位传说中的活佛心生敬意，转身问永登我们一会儿是否可以见到活佛。永登点头，说：“可以。”

永登说可以我就放心了。藏族人对活佛的行踪总是十分了解，至于他们怎样做到这一点，我丝毫不操心。

这时，课间时间到了，教室里的孩子都跑出来玩。我过去跟刚才那位女教师说话，女教师告诉我她叫代吉桑毛，意思是“幸福美好的女孩”。代吉桑毛二十一岁，玉树州师范学院毕业，来嘎尔寺希望小学才一年，带着一年级一个班，教他们汉语、藏语、数学、历史、地理等，好像还有英语。我提出给代吉桑毛拍照，她很羞怯，犹豫了一下，小心说:“我可不可以跟我的学生们一起照?”

我说当然可以，这是我应该想到的。代吉桑毛很高兴，转身招呼她的学生们到走廊上来。孩子们更是兴奋，唧唧喳喳地围在老师身边，挤作一团。我注意把每一个孩子都包括进来，也要力求捕捉他们每人最好的笑容。

拍照完，我给孩子们回看相机里的图片，用放大键让他们都看清楚自己。我向代吉桑毛要了她的通信地址，许诺将来把照片洗出来寄给他们。嘎尔寺没有直接投递点，代吉桑毛给了我县上农牧局一个朋友的地址。

来的路上，我的相机就提示电力不足，这会儿更是发出了警告。董政委自责事先没有考虑周到，应该在香达准备好。董政委说他这方面一向是细心的，这次居然有这么多纰漏——后来拜见活佛时，我们又发现忘了带哈达，出来看山景时又发现忘了带高倍望远镜。前一天，董政委光顾着吩咐准备野餐的东西了，带了一车吃的，够我们在山里住一个星期。

代吉桑毛说寺院有小卖部，那个坐在第一排有着一双大眼睛的男孩子自告奋勇愿意跑腿，我给了他一些钱，要他把小卖部所有的5号电池都买来。寺院地处偏僻，电池即使不是假的也很可能过期，能不能用还难说。

后来的事实证明，我的担心不是多余的。

我在走廊的栏杆前跟代吉桑毛聊天，问她一些个人的事：家在哪里，有没有男朋友，将来的打算怎样。代吉桑毛说她还没有男朋友，我说你们同来的教师里面有合适的吗？之前代吉桑毛说过，他们一共六位教师，只有她一个女生。代吉桑毛脸一红，说其他男老师都已经结婚成家了。我替她着急，说："那怎么办呐，你在这里不容易找吧？"代吉桑毛说只能等几年再说了。我问："等几年？"代吉桑毛说："五年吧。"

代吉桑毛的学生刚刚上完一年级，她想把他们带到小学毕业再离开这里。这大概是当初代吉桑毛和教育部门及希望小学之间的一个约定，也是代吉桑毛来到学校、接触了孩子们以后的愿望。我问代吉桑毛喜不喜欢她教的孩子们，她说她非常喜欢，她希望能够陪伴他们六年，把他们送上中学。

我在心里替代吉桑毛计算，到那时她将二十七岁了，再找对象会不会有些晚呢。

离开学校时，董政委给代吉桑毛留下了二百块钱，请她给她的学生们买一些文具。我把背包里装的预备路上吃的零食点心和多半瓶益达口香糖也留给了代吉桑毛，要她分给孩子们。

我不知道是否还有缘分再来嘎尔寺见到代吉桑毛和她的学生们。我希望以后能去到那里的朋友们，记得给"希望小学"的孩子们带一些小礼物，比如文具或是书什么的。

43 逆光中的活佛

嘎尔寺又叫“嘎日寺”，藏语全称为“嘎日念庆松却求楞”，意思是“嘎日念庆菩提法洲”。寺院据说有一千一百五十多年的历史，在吐蕃时代就已存在，明朝时成为一座周巴噶举派寺院。

寺院分上下两寺，最初修建下寺，称为“母寺”，坐落在嘎日念庆山腰下的平地上，原建有称为“文顶颇章”的大经堂，是一座四十八柱的宏伟建筑物，有上下两层。上寺有一座六柱的经堂，坐落在嘎日念庆山山顶石崖间，称为“僧格囊宗”，意思是“狮子天寨”。

寺院1958年关闭，“文革”中被毁，上世纪80年代重建。

嘎尔寺有嘎日念庆、嘎门吉、囊绕三个活佛系统。最大的活佛嘎日念庆仁波切常驻美国，现寺院住持是嘎门吉系统的明久活佛，他出生于1940年。

寺院管家桑丁朋措先陪我们参观了下寺。在大经堂后面的佛堂里，我意外地看到香港影星邱淑贞的照片。桑丁朋措说邱淑贞是寺院的供养人，曾布施修缮了佛堂。朋措管家还介绍了其他一些供养人，他们都有照片或是手迹在佛堂里。这些供养人大多来自港台东南亚地区，都是行业里的知名人物，同时对佛十分虔诚。

在朋措管家的陪同下，我们到大经堂上面活佛的禅房里拜见了令人敬仰的明久活佛。朋措管家为我准备了哈达，使我能够按照藏

阳光从窗外照到明久活佛的身上，使他像一个发光体。活佛还笑着，整个人发散出仁慈、神性的光芒。

族人的仪式对活佛表达敬意。

明久活佛非常慈祥、和善，让人感到亲切。明久活佛是我在玉树拜见过的年龄最大的活佛，他苍老、苍白，身材瘦弱，却是春天杂多县“虫草事件”中最起关键作用的角色。明久活佛当时正生着病，他不顾自己的身体，连夜从嘎尔寺出发，第二天一早就赶到了杂多，及时制止了事件的恶化。

我看着活佛现在安详地坐在禅座上的样子，想象着这样一个单薄消瘦的身躯，是怎样抵挡了众多失去理智的藏民的愤怒，将他们像迷失的羊群一样带回家乡的？我跟活佛谈起这件事，活佛并没有多言，只说了一句：

“百姓的日子很苦，政府应该爱护他们。”

明久活佛是解放前认证的活佛，建国后他受到极不公正的待遇，1958年后坐了二十年的牢。但我在明久活佛的脸上看不到一丝仇恨和怨尤，有的只是慈悲与智慧。

我提出为活佛拍照，活佛同意了。我趁活佛同管家说话的空档拍了一张，等我想跟活佛拍合影时，相机却显示“更换电池！”的字样，拒绝工作。我赶忙从包里取出新买的电池换上，但才一启动，机器又让更换电池。如此反复数次，所有的电池都不能带动相机。偏巧杨科长拿着的武装部的相机又没有带来闪光灯，屋里光线不足，那部相机死活按不下快门。

正在大家手忙脚乱时，我忽然像得到神示，幡然醒悟。这也许是天意，要教导我人生没有完满，愿望也不可能事事实现，我必须学会珍惜，然后接受遗憾。我请董政委他们停止忙碌，说我不拍了。我不想让明久活佛等候太久，那样对他不敬。我已经拜见了活佛，

高山密林深处。

对他表达了敬意，也接受了他的祝福，这就足够了。

——况且，我还拍了一张活佛的照片。

我们拜别活佛出来，上到二楼房顶突出的阳台上。站在这里，嘎尔寺的山色美景尽收眼底。这些年，我走的藏区算不少了，拜访过的寺院也很多，嘎尔寺却是我所到之处景色最美的一座寺院，让人有处身世外、置身天堂的感觉。来的途中，我还因为道路艰难而认为寺院选址不好、太过闭塞呢，现在倒是体会嘎尔寺所以美妙神幻，恰恰因为它藏在深山、路途遥远啊。

此刻能获得这样的美感，这一路的艰难非但值得，简直是必须的了。

远处的山坡上有一些动物在行走，太远看不清它们的眉目。董政委又遗憾起没带望远镜，并为之前电池的事再次向我道歉。我诚心要他不必介意，完美不一定是圆满，这趟旅行我觉得很完美，这就足够了，能不能留下“物证”不重要。

说着，我习惯性地拿起照相机，——可它居然又可以工作了。我嘀嘀笑起来，更加相信了这一切波折与顺遂都是神明给我的赐予，是神刻意送我的礼物。

这时，明久活佛也从屋里来到平台上，他很客气地要我们去接待室再享用些茶点。董政委见状，示意我再提出跟活佛合影，他指着杨科长胸前的照相机，意思是那家伙也能拍了。

我摇摇头，谢绝了政委的提醒，礼貌地“放走”了明久活佛，请他不必操心我们。活佛离开后，董政委问我为啥不跟活佛合影，我笑着说了一句挺迷信的话，我说：

“这是天意，我必须尊重。”

没有和活佛合影的缺憾，也许正像这一路上我错过的其他许多精彩画面，反而更让我记忆深刻，想起来心里还有种隐隐的疼。佛教讲“舍弃即是获得”，以前死活不懂，觉得获得

嘎尔寺的养老院。藏地寺院大多都建有类似养老院的地方，把从普通信众那里得来的供养和布施进行重新分配，让民众老有所养，有病能医，承担了内地政府救助部门和社会保险业的双重职能。

才是获得，攥在手里的才叫做有。此刻，我却悟到怎么样都是获得，包括舍弃和缺憾，它以“空”的形式成为你的所得。

没有“空”，怎么盛得下“有”和“情”呢。

我调出相机里之前给明久活佛拍的照片，发现它非常好。活佛背对窗户坐着，阳光从外面照到活佛的身上，使他像一个发光体。活佛还笑着，整个人发散出仁慈、神性的光芒。

那张照片也是我玉树之行中最喜爱的画面之一。

我们离开下寺，沿山路往上寺方向走。

途中，在一处向外生长的山崖前，依山建有一排非常简朴的房子。说起来，房子只能算“半排”，因为一半的墙壁就用的是山体，只在靠外面的一侧用木石垒砌起一面带窗户的房屋。我好奇，从山根儿底下一个不及一人高的洞口钻进去，却发现这是寺院的一个“养老院”。

养老院里被隔成许多低矮的小间，每一间只有两三张床那么大，也差不多摆了这么多，床很破败，上面堆着肮脏破败的、看不出眉目的被褥，里面蜷缩着一些面目极老极丑的人。他们瞪着奇怪的眼睛看着我，好像我是魔鬼，或是一块羊肉。我心里惊悚，硬着头皮走了两三间房子，还是撑不住，转身“逃”了出来。

我不是一个勇敢的人，对太残酷的事情缺乏勇气面对。我想叫来永登，陪我再进养老院里一趟，跟住在里面的人聊聊天，问问他们的生活，终究没有足够的冲动，还是放弃了。

从外面看，嘎尔寺的养老院是我见过的规模最大的一处，沿山崖一溜过去，上下两层，光窗户就有四五十扇。照这样推算，里面差不多容纳了近二百人。尽管我不怎么愿意深入进去，但知道这里是那些年老者或无家可归者可以得到的最好住所，心里还是感到安慰和感动。

44 我又“请”下了绿度母

上山的路还远，我们坐了一段车。桑丁朋措管家很胖，有气喘的毛病。他原是在路上走，我们请他上车来，他坐在我旁边，抱歉地说挤到了我。我跟他说没有，我很好。

距离上寺大约600米的时候，我们必须要步行了。这段路是上到山顶的最后阶段，坡度比较陡，有些地方还很险，只是用小截原木搭起的栈道，底下是半空的。但一路的风景超好，的确无限风光。

就在这风光无限的地方，我接下来做了一件事，惊心动魄，把我自己都吓倒了。

我们正走在一段相对平缓的山路上。道路一侧是壁立高山，一侧是陡直悬崖，灌木绿树给道路罩遮上重重的浓荫，靠山的一侧横向扯着许多经幡绳，将这段山路环绕成一个狭长阴凉的甬道，好像要通往另一个未知世界似的。我被这段道路感染，停下来欣赏。我给道路拍了一张片子，就在我按下快门的瞬间，一个冲动的想法忽然撞进我的脑海。

我当时走在一行人的中间，前面是桑丁朋措管家和董政委，后面是永登和杨科长。我侧身靠在山边，让永登和杨科长过去，说：“你们先往前走吧，我要拍两张照片。”

我确信他们拐过山路消失在我的视野之外后，——也就是我确信我躲避到他们的视野之外后，我眼睛盯上了挂在路边的一溜彩色经幡。

我想要“请”下它们。

通往上寺的山路。照完这张照片，我就干出一个把自己都吓了一跳的惊险举动。

这是我的一个迷信。在藏地，我崇信“旧物”。藏地有很多市场，可以买到各种各样的法器或是供奉物，但我对它们没有兴趣。我喜欢用过的东西，我觉得那里面包含了藏地人的信仰和虔诚，是被他们“加持”过的。

我不是一个贪婪物质的人，不多的藏地收藏品都有来历。我有一个骨质转经筒，外表非常普通，是我从拉萨八廓街上一位转经的藏族老阿妈手里换来的。我因为看老阿妈老，很慈祥，忽然有了眼缘，就想要她一件东西。我当街给老阿妈买了一个她中意的新转经筒，换得了她手里那柄很老的已经面目模糊的转经筒。老阿妈很高兴，祝福我“扎西德勒!”

我还有一块六字真言的玛尼石，是在拉萨玫瑰岭天葬台上“请”的。我的藏族朋友说天葬台上的东西不可以拿，否则会不吉利，况且那块玛尼石很简单粗糙，只是一块青石片而已。可是我就是想要。我在天葬台上转了半天，始终克制不住自己的想法，还是做了想做的事。然后，我就一直为兜里的石片而激动和忐忑不安着，直到我后来去了哲蚌寺，请铁棒喇嘛为它做了加持。

这些年，那块两指宽的青色石片一直跟随着我。我后来又得到过许多漂亮的玛尼石，我都送了人。之前玉树州旅游局赠的那块羊脂玉玛尼石，我在离开结古前也送给了卓玛。

这会儿呢，我想要的是悬挂在山体上的彩色经幡。

那些经幡也毫无特别之处。结古镇飞马集市上有好几处专门卖经幡的铺子，我之前买了一些小幅的，预备回北京后裱起来送朋友。但这里面没有给我自己的，我在等待一种怦然心跳的缘分。有时，我经过山巅垭口，那里的经幡凌空飘扬、猎猎作响，确实让人神往，但我对它们更多的是庄严的崇敬和审美。在其他一些地方，可以从容获得的，我反倒没有冲动非要怎样了。

看到眼前众多经幡中的那一溜四方的彩色经幡，我怦然心动，热血上撞，脑袋一下就大了。我后来回想，当时我就像被什么附体，意识完全不受自己控制。

我像一个贼一样，紧张地前后窥察了一番，确信附近没有旁人，便"噌"地蹿到山崖上，一手攀住石缝一手去揭经幡绳上的经幡。

可是，经幡居然没有被揭掉！

我跳到山石下的路上，缓了口气又上去揭。这回我一只手拽住绳子，另一只手上加了把力。"啪——"，经幡和绳子的轧缝间只裂开了一个针脚大的小口而已。

我再试。起手用力,经幡却毫无反应。

我歇下来，心脏"咚咚"地跳。我放过头一个，伸手去揭第二张经幡，费了很大劲儿，边缘被我搞得很乱，勉强只揭起了一厘米。我想这样不好，等我把整张经幡揭下来，它会破烂不堪的。我试了试第三张，还是不行。经幡跟经幡绳是用缝纫机轧在布带子上的，十分结实。

被我"请"下的绿度母经幡（局部）。从这个角度看，经幡仿佛拾阶而上的梯子，通往天堂的方向。

我像一个做错事的孩子，忽然感到了恐惧，我想这会不会是神明的警示。这时，前面传来董政委和杨科长的叫喊声，他们看我半天没跟上，担心我出了事。我连忙答应着，表示我还安全。

我必须赶紧离开。几秒钟之内我要是再不出现在他面前，永登一定会立即出现在我面前的。我跳到山路上，跺了跺脚，整理了一下装束，把自己调整到一个若无其事的状态，抬脚去追赶他们。

同时，我下意识地伸手扽了一下经幡绳上我不知道是第几张的一张经幡。

——"嗞啦"一声，那张绿颜色的经幡转眼就握在了我的手心里。

我吓了一大跳，给吓坏了！我这时已经不想要经幡了，我已经放弃了这个想法，可它却自己到了我的手里！我的脚一时停不下来，转眼就跑过了山路的拐弯，出现在他们的面前。

我来不及细想，慌忙将经幡揣进挎包，上前跟董政委他们打招呼，装作什么事都没发生一样，只是心脏嗵嗵跳了很久。

嘎尔寺上寺里供奉着一对镇寺之宝。相传文成公主进藏时带来的两只转经筒，据说，一千三百年来它们一直旋转着没有停息。

转经筒被供在经堂的二楼上。经堂狭小而显高耸，有许多锦缎的经幢筒从房顶垂下来，风格与文成公主庙类似。挑空的二楼上面，有一圈玻璃镶成窗户，从下面可以看到一排转经筒

山石下一只供奉的牛头。

在不停转动。

经朋措管家的指点，我们得知靠近左边的是那一对历史悠久的转经筒。转经筒已经很老旧了，颜色模糊，上面缠裹着哈达一类的东西。转经筒很奇怪，转得并不是匀速的，一会儿快一下，接着慢慢下来，到几乎就要停滞的时候，又忽地加快转起来。我心里疑惑，想它怎么会这样。

我问朋措管家从哪里可以上到二楼去。永登把我的话翻译过去，朋措管家面露难色，跟永登咕咕哝哝一通，还同时辅以手势。永登转身把朋措管家的话翻译给我，说寺院有规定不允许女性上楼。

我听了恼火，说："怎么又搞性别歧视！文成公主不是女性吗，要是文成公主的转世来看她自己的转经筒，你们能不让吗？"永登又把我的话翻译给朋措管家，他和朋措管家都对我表示抱歉。

我虽然不悦，也还要尊重寺院的规矩，没有再对朋措管家说什么。

我站在经堂底下，朝上面仔细观察，想搞清楚转经筒为什么一会儿转得快一会儿转得慢。我用数码相机上的镜头把转经筒拉过来，还是没看出名堂，只好就我的问题向朋措管家求教，我说："请问那转经筒是怎么转的？"

朋措管家被我问糊涂了，回答道："是人转的呀。"

我说："是人在上面转的吗？"朋措管家说："哦呀——！"

我说："那我怎么看不见他？"朋措管家说："他坐在后面的。"

"他坐在后面？"我惊讶地说，接着就自己笑起来。董政委和永登问我笑什么，我摇头不肯告诉他们。之前，我听说这两只转经筒，都讲它们自文成公主进藏时起就没有停止过转动，传得神乎其神。我就想当然地把它们神格化了，以为它们是一对自动的装置，像永动仪一样自己能转。因为有之前这个错误的思维定势，我刚才看转经筒转得时快时慢，反而更觉神奇，不可思议。

——所以啊，你看，连我这样受现代教育和有科学思维的人，面对藏地的种种传说都难免迷惑，何况土生土长、世代生活在这里的藏民们呢。我把我的照相机调好交给永登，要他到二楼去把上面的情形帮我拍下来。我指着相机玩笑地对朋措管家说：“它是我的‘慧眼’，我派我的‘慧眼’上去看一下总可以吧。”

朋措管家也笑了。他很和善，待人体贴，我后来知道他是一名天葬师。

我又问朋措管家，“文革”期间这两个转经筒是怎么保持转动的。朋措管家说当时有人将转经筒偷偷运出寺院，藏到了深山里。他们在一个隐蔽山洞中引来一股溪水，用溪水的流动推动转经筒，使它一直保持转动。

我一听又笑了，这回笑得更开心。——我之前的揣想终究没有全错啊，这一对转经筒果然曾经被制成过“永动仪”。藏族人很聪明、智慧，他们为了拜佛想尽了一切办法，动足了脑筋。在藏地一些有水的地方，你会看到他们把转经筒安在河里或是溪流里，让水流替他们转动经筒，永不停息。这就像把经幡挂在风口，让风替人们诵经一样。风不止，诵经不止。

离开经堂下山的时候，我偷偷从背包里取出刚才“不请自来”到我手里的那张经幡，看看它到底是咋回事。

我只瞄了一眼，就呆住了。那是一张《绿度母密咒经》的经幡，经幡的正中央端坐着一尊绿度母！

我不能多想，又把经幡赶紧塞回到背包里。

深夜，我们回到香达。我把之前从州上新华书店“请”下的绿度母图片和白天在嘎尔寺山上“请”来的绿度母经幡并排着摆到床上，盘腿坐在它们对面，认真地注视着它们，试图看透这两者之间深藏的玄妙机缘。

在藏地，我尽量自我把持，不让自己陷入无端迷信的泥淖，但在嘎尔寺的后山上，我轻而易举“请”下的绿度母经幡，不能不让我相信确有神明在向我示现。

我现在越来越喜欢绿度母，觉得她美丽而勇敢。绿度母的图片被我夹在手边常看的书里，常常被我拿出来看。我想，也许真的是绿度母刻意在那段山路上等候我，让我在认识了

一排刚刚被转过的红漆经筒。

代吉桑毛和明久活佛这些有为有德之人后，不只是停留在肤浅的感动，也要对自己有所要求吧。

我忽然觉得勇敢是那么美丽的一件事，就像绿度母像的图片上，永远呈少女的温柔与慈祥。代吉桑毛是勇敢的，她可能会为了二十几个藏族孩子能考上中学，一个人在寺院呆到二十七岁。明久活佛更是勇敢的，他在漫长的牢狱生活中，以他的坚韧和信仰证得了万千民众对他的崇信，这是最为殊胜的佛果。

而我呢，却因为不想做得更多、不想做得更好，残酷地拒绝了"影子"，伤害了他。如果绿度母真有办法把其灵识分一部分到我的心里，此刻，我想，我也愿意做绿度母！

可是，我到哪里去告诉"影子"呢。

"在那高高的山顶上，我竖起一柱经幡。……"

其实，我一直没有告诉"影子"，他最初给我讲解绿度母像的含义时，我对他所说的绿度母坐在莲花座上，一条腿卷曲、一条腿搭在座下，代表"随时准备起去救度众生"的细节尤为感动。绿度母因此又叫"迅速感应母"和"速勇母"，这是多么巨大的信赖啊。

被信赖也是一种幸福呢。

我又想起"影子"。我有很多话要对他讲，我有很多心迹要向他表白。可是，我再也见不到他了。

忽然，我想起之前"影子"送我的一首诗，也是他蘸着青稞酒写在风马藏餐吧的桌子上的——

在那高高的山顶上，
我竖起一柱经幡。
经幡虽小，
却八宝俱全。

哦！天啊！我的脑海划过一道光亮：原来"影子"在那时就预言了我将得到这样一张经幡呢。我在寺院的山路上撕扯下悬挂的经幡，绝不是一时的冲动，它是菩萨对我刻意的示显啊！

我从床上起来来到窗前。房间里昏黄的灯光把我的身影投射到外面星火阑珊的黑夜里，它随即被夜色消融。远处，不时传来一声两声的狗吠，不似吵闹、反而增添了高原之夜的寂寞和宁静。我面对着陌生的黑夜在心里祈祷，请神明也让"影子"示显在我的眼前。

在香达的那个夜晚，我因为惆怅，而悄悄地哭了。

45 我坐在天葬台中央

我们从上寺出来往山下走。路上，永登和桑丁朋措管家用藏语在交谈。过了一会儿，永登到我跟前来问我愿不愿意去看天葬台。

“哦！当然愿意！”我欣喜地叫道。

我才知道，桑丁朋措原来是一位天葬师。

经过一道山梁，我们随朋措管家来到一座山峰的顶上。山顶是一块空旷平整的草地，四周间隔插着一些经杆，经杆上面绑着经幡，经杆之间也扯着经幡绳，将山顶围绕成一个圆圈。经幡有的很旧了，颜色被阳光吸走，纤维也被风撕开；有的还很新鲜，色彩艳丽，迎风飘扬，像过节一样。

嘎尔寺的天葬台是我见过的天葬台中最高拔、奇绝的一座，像天堂里的一座祭台。山顶周围，隔着深渊的是其他的山峰，云雾始终缭绕，亦幻亦仙，让人想起香港83版《射雕英雄传》里梅超风练九阴白骨爪的那座孤绝雪山。

朋措管家带我们到剖尸台前。剖尸台是一处石板铺成的洼地，上面有固定尸体的石头和木桩，散放着用来分解尸体的长刀、斧头和锤子。石板的一些地方，被鲜血洇成暗红的颜色，像玛瑙一样闪着宝石的光芒。董政委和杨科长不习惯这么近距离地接触死亡，他们大概看了一眼就走到远处，留我和朋措管家单独在剖尸台前。

我问朋措管家：“您敢坐在天葬台上吗？”

朋措管家说：“敢啊。”

我指着剖尸台说：“那您坐给我看。”

朋措管家便走到剖尸台中央，盘腿坐下，合掌念了一段《超度经》。

天葬台上的祭台，上面放着三颗预备作法器的人的颅骨骷髅。

朋措管家便走去到剖尸台中央，盘腿坐下，合掌念了一段《超度经》。朋措管家起来，说坐在这里念经会得到幸运和祝福。我说："那我能坐一下吗？"朋措管家说："可以啊。"

这是我由来已久的愿望。十几年前我第一次去拉萨玫瑰岭天葬台时，带我去的藏族朋友加措就坐在天葬台上念了一段经。我当时很想尝试，又有些怕，终于没有。后来很后悔，遗憾失去了一次感受生死、接受亡灵祝福的机会。

再后来，我去到其他地方的天葬台，总觉得多了些烟尘气，没有拉萨天葬台那样的庄严感和仪式感。而此刻站在嘎尔寺的天葬台上，那种感觉又出现了。

我小心地坐到剖尸台的中央，合掌闭上眼睛。剖尸台有一个弧形的洼度，像藏地常见的太阳能接收器，而我恰巧就在这接收装置的焦点上。

意念中，我将自己身体里血液和精气慢慢从尾骶触地的地方放掉。几分钟以后，我变成了一个透明的躯壳。我默默祈祷，请天地神明注入进我的灵识，叫我获得智慧；祝愿三界亡灵妥善宁静，众生平安顺遂。

我然后静静地等待。不一会儿，我感觉有许多光像磁针一样从四面八方汇聚到我心脏的位置，由那里进入到我的身体。我的身体慢慢变热、膨胀，具有形态。

当身体已经充盈完整，我放开骶尾椎骨处的穴门，之前流走的血液和精髓猛地又回到我的身体里。它们像喷泉一样冲上头顶时，我全身为之一震，身心仿佛被重新归置、重新有了秩序。

法　器:

藏传佛教所用器物，主要分息、增、怀、诛四法。“息”为息灾；“增”为增益；“怀”为怀爱，也就是敬爱；“诛”为诛魔，又称降服，也就是调伏。按此四种法门，所用法器也各有所别。息灾法多用白色，如银质之件；增益法多用黄色，用金质之品；怀爱法多用红色，如铜器之类；调伏法多用黑色，如铁制法器。按照功用分，藏传佛教法器又有敬礼类、称颂类、供养类、持验类、护分类、劝导类等六类。

我长长地吸纳了一口气，慢慢吐出，感觉自己成了一个轻松的、干净的，获得了新生的生命。新生的感觉真好。它又疲倦又清爽，又饱满又透明，安泰舒适，宁静空灵，我都有了长眠不醒的冲动。

但我克制了这一欲望，静处了片刻，作了一次深长的呼吸，将自己唤醒。

我睁开眼睛，眼前一片光明。太阳无分别地将它的光芒普照下来，天空如洗般蔚蓝，不着一丝云彩，群峰也褪去了所有云雾，像莲花瓣一样护立，周围草地上鲜花盛开，而我如在蕊中。

我从剖尸台上站起身，朋措管家满面诧异地看着我。朋措管家告诉我，我在剖尸台上静坐了半个小时，我却感觉只有五分钟而已。朋措管家由此对我十分恭敬，以为我是一位修法有道的高人。我笑说我不是，我说我就是一个普通人，连皈依都还没有呢。

“不过，我的感觉很敏锐。”我诚恳地承认。

离剖尸台不远的地方，有一个石块和石片垒起的祭台，上面居然有三颗人颅骨骷髅。我惊奇地跑过去，切近地观察它们。我问朋措管家这里怎么会有骷髅，它们是敬神的吗？朋措管家说不是，是预备作法器的，密宗修法时需要人颅骨做的碗盛放圣水。我问做***法器***的人是否需要选择，比如生前没有作过错事什么的？

朋措管家说是的，不同的法器有不同的来源，每一种都有讲究。

我又凑到近前去看。骷髅还没有风干太好，有的地方还有残存的骨膜和胶原质。我注意到骷髅前面的供台上放着一块白石，乳酪一样凝纯、圆润。我轻轻用手指触摸了一下，上面果然敷了酥油，想必是献给这几颗骷髅的，感念它们为佛法做出的贡献。

我和朋措管家来到天葬台的边缘，背靠经幢面临悬崖席地而坐。藏族人习惯了坐在草地上和卡垫上，身体的柔韧性比内地人好很多，

朋措管家身躯很胖，却也盘得了腿。我跟朋措管家讲我一个内地朋友还没有他这么胖，坐在椅子上都不能翘二郎腿。我的话让朋措管家感觉受恭维，惹得他开心地笑。

我问朋措管家的经历，他怎样当上的天葬师和天葬师都是怎样工作的。朋措管家说他的父亲和父亲的上两辈都是天葬师，按照藏地的风俗，朋措也应该是一个"背尸体的"。

但是，朋措想改变自己的命运，做一名诵经的喇嘛。

十五岁那年，朋措违背父亲的意愿，到寺院出家做了一名喇嘛。朋措在寺院里呆了四年，他很刻苦，已经学了许多经。接着，"文化大革命"开始了，寺院被拆毁，僧人一律撵回家里。"文革"时期，天葬在藏地是不被允许的，藏族人为了让亲人的亡灵得到安宁顺利转世，偷偷请朋措来为亲人做超度法事。朋措因为父亲是天葬师，他自己又曾是一名喇嘛，会念《超度经》，所以深得乡亲们的信赖。

命运就是这样，要改变很不容易。

上世纪80年代，藏地恢复宗教政策，朋措正式做起了一名天葬师。因为这时的朋措已经不能再做一名诵经喇嘛了，他已经娶妻生子，破了戒。

我问朋措是不是感到沮丧，原本想做一名诵经喇嘛，最终还是做了一个"背尸体的人"。朋措摇摇头，说没有，他说他现在很愿意做天葬师，这是一个功德无量的职业。我问他的儿子是否愿意做天葬师，朋措管家摇头，说："他不愿意。"我问他愿意做什么？朋措说："他愿意做一名诵经的喇嘛。"

我就笑，说："那不跟您年轻时一样吗？"

朋措也笑，脸上露出历经世事的温存与忧虑。

我问朋措管家有没有遇到过亡灵。朋措说有，遇到过很多。我说您跟亡灵有交流吗？朋措说有。我说："您跟他们都说些什么？"朋措说："很多。生前的事，放心不下的事，转世以后的事，都有。"我很好奇，说您都什么时候遇到，做梦的时候吗？朋措说不是的，他说有时为死者做***祈愿回向***时会遇到；有时自己在天葬台独坐也会遇到；还有时，隔了很久，亡灵一直没有转世，也会回来找他。

一次，朋措为一名男子作了天葬后，男子的亡灵来找他，告诉他夏天转场时他曾捕猎过一只狍子埋在一个隐蔽的地方，没有告诉老婆，预备冬天偷偷去挖了换酒喝，亡灵要朋措

我请朋措管家帮我看看热水沟老阿妈的亡灵是否得到了超度，朋措管家抱歉地对我说，中间隔着巴颜喀拉山脉，他过不去。

转告他的老婆，去把那只狍子挖出来卖了，补贴家用。朋措就去告诉了死者的家人，他们果然在亡灵说的那个地方挖出了一只风干的狍子。

另一次，一位孕妇难产死了，朋措被请去占吉，推算出殡的时间。朋措怎么算都算不出来，卦象上没有显示哪一天出殡才合适。朋措很奇怪，这样的事以前从没有发生过。朋措于是在地上画了一个坛城，入定去与孕妇的亡灵会面。

结果令所有人都大吃一惊，亡灵说她的肉身虽然死了，但肚子里的孩子还活着，要人们将她的肚子剖开取出婴儿。

亡灵托朋措说这件事时，孕妇已经死了两天了，谁都不相信这事儿会是真的。可是朋措说得很肯定，他说亡灵就是这么说的。人们将信将疑，请朋措将亡妇的肚子剖开，果然从里面抱出一个活着的婴儿。

三年后，这名婴孩被西藏一座寺院认定为他们的活佛转世，迎请去了那里。因为这件事，朋措也被附近乡亲视为神奇，相信他能帮助灵魂有一个好的转世。

祈愿回向：

是为亡灵超度，祈愿他早日往生的一种仪式。“中阴得度”理论认为，死者亡灵要得到成功投生，喇嘛的作用非常重要而奇特。喇嘛掌握着一种密乘殊法，可以帮助死者的灵魂摆脱对过往在世时亲朋好友以及浮生财物的依恋之情，顺利从头颅上端的“梵穴”出窍，前往西方阿弥陀佛界，或是顺利地投生于人天界，获得上乘因缘。

朋措管家这样说着，我忽然想起热水沟的老阿妈。我急切地询问朋措管家能否替我了解老阿妈的灵魂是否顺利转世。朋措管家说老婆婆是安多地方的人，离康区遥远，恐怕不在他的法力范围之内。我请求朋措管家试一试，我真的非常想知道老婆婆灵魂的去处。

在我的恳请下，朋措管家答应尝试。朋措管家结跏趺先诵了一段经，然后入了禅定。我离开朋措管家到远一点的地方看着，以免干扰了他。

过了大约十分钟，朋措管家睁开眼睛出了禅定。朋措管家抱歉地对我说他没有能够遇到热水沟老婆婆的亡灵，他说：“中间隔着巴颜喀拉山，我过不去。”

我很失望，想老婆婆的灵魂可能依然幽闭在阴暗湿冷的土里不得超脱。朋措管家看我难过的样子，安慰我说有一位印度活佛据说法力甚深，他最近会来囊谦，我如果想知道老婆婆的往生，可以去拜见他。

我含混地答应了，想这事根本渺茫，心里不免忧伤。

46 久美老师的理论

从嘎尔寺回来，第二天上午我在房间里狠狠睡了一觉。中午吃过午饭，永登带我去拜访了他的舅舅久美老师。

永登的舅舅久美老师原先是囊谦县委宣传部长，上世纪80年代退休后，先是在家钻研佛教理论，后来跟随在一位活佛身边，为他做翻译工作。

久美老师给我解释，说佛陀在世时一直反对神鬼崇拜，佛陀都不妄称自己是神，只承认是导师而已，引领众生按照自己的业行和愿心决定来世的去处，从来不敢强求。至于藏地寺院供奉的神佛菩萨，就像天安门城楼上悬挂毛主席像，或是普通人家里摆放亲人的照片一样，不是迷信而是敬重。久美老师最后说：

“佛教思想和共产主义的理想某种层面是一致的，都希望人民有更好的生活。佛教也和共产主义一样，号召人要发挥自己的主观能动性，《国际歌》里不是唱‘世上没有救世主，我们只有靠自己’吗，佛教也提倡自我救赎，‘业力说’的核心就是这个意思。”

久美老师一席话听得我目瞪口呆。以前我从没有听谁对佛教和共产主义作过这样的“比较学研究”。但仔细想一想，这样的论点也确实深有道理，令人豁然开朗。

久美老师说，佛教思想和共产主义的理想某种层面是一致的。

可见，只要有“慧眼”，世间一切事物的实相都是相通的啊。

久美老师快七十岁了，但头脑非常清晰，思维缜密，逻辑严谨，说话特别讲究分寸。我不知道这是他之前从事党的宣传工作的积累，还是这些年学经理佛培养的气质。永登告诉久美老师我是一位作家，打算写一本关于藏地的书，要久美老师多给我帮助。——永登总是很认真，我的事儿他特别当回事儿。

久美老师就问我，是要写一本关于整个藏地的书，还是只有关玉树的。我说希望用玉树这个地方作为平台，把整个藏地传统文化展示出来。久美老师追问：

“你到底是要写玉树，还是写整个藏地?”

我被久美老师这样盘问，不知道他什么意思，反而不敢回答了。我那时人还在旅途，每天有很多见闻和感受，脑子里有很多想法，具体要怎样结构这本书，心中并没有明确的概念。久美老师很敏锐，看出我的迷惘，解释说：

“我这样问你是有道理的。你要是光写玉树，是一种情况；你要是写整个藏地，各地又有各地的不同。比如西藏，很多事情和康区就不一样。”

我不解，说:“是吗？”

久美老师说是的。他说:“最简单的一个例子。解放前，西藏的社会制度是封建奴隶制，有奴隶主和奴隶；但玉树就没有奴隶主，也没有奴隶。”

我以前多感兴趣于藏地文化，对藏区的社会形态并不太注意，头脑中有印象的只是小时候看过的一部反映西藏农奴翻身得解放的电影，里面大约有割舌头、剥人皮、点天灯等等酷刑，就觉得藏地是一个特别落后和残酷的地方。当然，后来渐渐知道，那时的资讯里有许多政治宣传的诉求，所以也就不再介意了。

静谧。静谧得仿佛是在另一个世界。

久美老师说，包括西藏在内，解放前是有一些酷刑，但大多数还是为了惩罚做了坏事、恶事的人，平民老百姓不会无缘无故就受到惩罚。藏地确实有过人皮、人胫骨这样的东西，但那是死去了的人的，是做法器用的(这一点，我刚刚亲自证实)。把活人皮剥了的事，至少他没听说过。久美老师对内地普通人对藏地的一些常识性误解或偏见表示了不满，他说：

"剥削阶级是需要打倒，但藏地没有那么野蛮、落后！"

解放前，玉树地区长期存在的是一种类似"原始共产主义"后期的社会形态。明清以后，中央政府为稳定边陲，对这里的千户百户等头人多有封赐，使大批土地归入他们手中，但其他土地仍然由部落全体人共同所有。

玉树有一个千户长和二十五个百户长，千户对百户没有直接的统治权，只有召集权和协调权。依此类推，百户长对下面的十户长具有同样的角色作用。部落里重要的事，一般由千户长召集十户长以上的头人开会集体决议。

玉树是农牧区，以牧为主，草场需要轮休养护，所以每年春秋两季部落都要召开会议，重新分配草场。我之前看到一些有关青海和康区土地制度的文章，基本论述还算公正，不过都强调千户百户头人总是把最好的草场留给自己云云。这一点久美老师不否认，但他同时也说：

“现在的藏地，城镇里最好的地段和房子不也都是‘公家’的吗?”按久美老师的意思，在哪个社会里，头人或类似头人的阶层都会占据最好的利益。这是不足为怪的事。

我感兴趣的，倒是久美老师描述的这种原始部落社会的过程细节。久美老师说，过去头人对下面的人还是比较好的，像真正的“父母官”。有的人家在外面惹了纠纷或是官司，头人有责任为牧民去出头作主；有的牧民很穷，实在交不起赋税，头人也会给免掉；有的生了病没有钱，头人会掏钱请医生替他看病。

值得一提的是，在过去的部落制度里，不同贫富水准的人家承担的赋税是不一样的，富人承担得多，穷人承担得少。比如部落之间发生战争，富人家里要出钱、枪支、人丁等，穷人家可能只要出一点点粮食就可以了。久美老师举了一个“扫把税”的例子，说内地有人听说藏地有一种“扫把税”，以为藏地头人如何剥削老百姓，连买一把扫把都要交税。实际情况不是这样，而是这些穷人如果家里实在太穷，交不出任何财物，你可以在头人家过节或操办大事时，拿着扫把去给人家扫扫院子，也权当充税了。但这些事你得事先跟头人说，求得他的恩赐。

藏族是一个很讲尊严的民族，他们的头人更是要面子，你必须非常尊敬才行。久美老师说，过去部落发生过牧民跟头人脾气不合，跑到别的部落的事。按照草原生存法则，这是非常严重的事故，捉回来是要受到严厉惩罚的。但有的爱面子讲义气的头人，也会携带贵重礼物去见逃跑牧人原来的头人，恳请他允许自己“照顾”这个牧人。

一般情况下，如果没有特别的过节和怨恨，这边的头人最终会答应对方的请求。这样，两家的头人都不失尊严，也都有了面子。

久美老师讲的这些故事，我没有在官方宣传或学术领域内找到文字佐证。但我有一个深切的体会，如果你想了解藏地最真实的生活，是非亲自到那里去体验、调查不可的，单靠主流说法或流行资讯还是不够的，容易受到蒙蔽。

过去，我们急于推行新的社会制度，把一些旧有传统说得太过不堪；现在，一切时过境迁、心平气和了，我们还是应该回过头来尽量从历史中寻找一些可资吸收的东西。一个社会模式存在了千年、运作了千年，想必还是有它有效和有利的一面。

千百年来，雪域大地上斗转星移、春夏秋冬的生活，那一天一天里、一夜一夜间的故事，才最是生动有趣得很呢。

千百年来，雪域大地上斗转星移、春夏秋冬的生活，才最是生动有趣的很呢。

47 美国喇嘛和北京喇嘛

又过了一日，我们去了采久寺。

从结古刚到香达那晚，董政委问我在囊谦的打算，计划去哪里、想做些什么、有什么要求等等，说好有安排和保障。部队的干部就是这样，做事总有提前量，考虑周到。我当时提了两个地方，一个是嘎尔寺，一个是采久寺。

采久寺是囊谦千户的家寺，在玉树声名远播。

解放前很长一个历史阶段里，玉树由二十五个部族组成，外面人称呼玉树，也习惯叫“玉树二十五族”。这二十五个部族由一个千户长管理，他的家在囊谦，被尊称为“囊谦千户”。

藏语里，“囊谦”是“官邸”的意思，指的就是这位千户的家园，足见其家族历史悠久，威权之高。

去采久寺那天早晨，我们刚出门就遇上一件“倒霉事”。

清晨，天刚蒙蒙亮，我们的车离开武装部，街上还没有人。可是，没走出多远，前面岔路口上忽然拐出一位妇女，肩上挑着一对水桶，冲我们迎面直走过来。董政委“哎呀”一声，脸色顿时沉了下来，神情肃穆。我不知发生了什么事，车里突然变得寂静，没人说话。

大约半分钟后，女人挑着桶从我们车旁过去，杨科长兴奋地叫

因为这个缘故，活佛说他所受的苦难都是值得的，是将罪孽化为善缘必然要付出的代价。

道:“满桶子！满桶子！”董政委急问:“是满桶子吗？”杨科长连说是的。董政委这才如释重负，高兴地说:“啊,满桶子!”

我听不懂他们的话，问到底怎么回事。董政委给我解释，原来在藏地人们出远门时忌讳遇上拿空袋、空桶和空篓子的人，这预示着路上将有灾难，所以刚才董政委脸色很难看。但若是桶里装了水，或是袋子、篓子里装了东西，则被认为是一种禳解。

我笑董政委迷信，说你又不是藏族人。但后来的事实证明，这个征兆还真的很灵验，神奇得很。

采久寺在香达西面约180公里的囊谦喀。囊谦喀也称“巴吉雍钦喀”，意思是“招徕吉祥之地”。和去嘎尔寺时在原始森林中穿行不同，去采久寺的路一直在山脊上走，不断地攀山和翻山，超过海拔4 000米的山峰就有四五座。

在山上看周围景色，脚下是如织的静谧草地，牛羊如黑色的玉石和白色的珍珠，可见牛毛帐篷里冒出的炊烟；远处云蒸霞蔚，朝霞满天，你觉得就是在天庭里了。

路程走了将近四分之三，我们到了一座山顶。这里风景别致，山谷中青石、松柏和薄雾连绵不绝，像极了一幅波澜壮阔的长轴中国山水。我们不忍前行，停下车来观看和拍照。可惜我的相机太不专业，我眼睛看到的它看不全，取景框怎么比划都不够，只能截取壮观山景的一小部分，气势就差得远。

我遗憾地拍了两张，想世间的事不就是这样吗，有什么不是稍纵即逝、过眼云烟呢，即使我现在用最大的广角拍下来，他日别人看到照片也无法想象我眼前的景色——便是我

自己过后再看，也不会如此时这般的感动了。我还是现在尽量多看一看吧。

人的心田是这世界惟一的底片，肉眼有时也是“慧眼”啊，所以要珍惜。

这时，从后面赶上来一辆三菱越野，超过我们在前面不远处停下。车上下来几个外国人，大约他们受到我们的感染，也注意到这难得一见的山景，在那里三三两两地拍照。

我们随即上车，继续赶路。不一会儿，刚才那辆越野车又赶了上来，超过我们，转了两个山湾就不见了。这是我们进山后遇到的惟一一辆车，董政委不禁赞叹三菱重工的优良品质，说要是他的武装部也配一辆这样的车就好了。

囊谦千户亲凿的玛尼石刻。斯人已逝，朝代也早已更迭，那陌生人留下的意志却依然挺立，如滴水穿石般凿穿时间，叫你我可以在今天看见。

翻过山岭来到山脚，永登说就快到囊谦千户家了。不久，路边山上出现一大片青崖，其上是一幅巨大的六字真言。永登说这

面对如画的风景，我却不能将所见全拍下来。世间的事不就是这样吗，有什么不是稍纵即逝、过眼云烟呢。

是囊谦最后一代千户扎西才旺多杰本人亲手雕凿上去的。

我们下车观看，石刻约长30米，宽10米，阳文凿刻，青崖石质斑驳，斧锥凿痕点点，粗朴浑然，神圣凝重，果然呈现不言自威兀自庄严的一种气势。

我想斯人已逝，朝代也早已更迭，那陌生人留下的意志却依然挺立，如滴水穿石般凿穿时间，叫我可以在今天看见。千户大人的灵识若已转世，他会在哪儿呢？

拜谒过石刻，我们登车继续前行。没走多远，刚拐过一个弯道，永登忽然踩了刹车，似乎进退两难，甚为犹豫。与此同时，董政委突然“哎呀”一声大叫，以手遮眼，情状十分惊慌。杨科长坐在董政委后面，也尴尬地苦笑。

我被撞到永登的座位靠背上，不知发生了什么事，探身询问，却看到前面七八米处，之前那辆三菱越野停在路上，车上的外国人在附近小解，有两位女士竟就在车尾的道路中央方便。我看到时，她们正把裤子提起来，屁股冲着我们。

我料想车上男士是因为撞见这情景感觉尴尬，却不想董政委的反应十分强烈，一直用手捂着眼睛，连说倒霉。永登把车退回到山路转弯的后面，叫我们看不到前面的人。我问到底发生了什么，以致董政委这样。杨科长代为解释，说藏地忌俗中讲，男人出门看到女人的屁股是很不吉利的事，尤其不能见到女人拉屎撒尿，那更是极品凶兆！

我得知原委，觉得好笑，说一车的人偏偏我没有看到，也笑外国人就是放得开，行事不知避讳。董政委和杨科长联想到早晨，说原来一早出门时遇到挑水桶的女人，果然是一个不吉之兆，现在应到了这件事上。

我安慰了董政委一会儿，永登发动车子继续前行。董政委对刚才的一幕十分在意，接下来行程中他一直郁郁寡欢提不起精神。

采久寺在一片红土沃野的一个山坳中，周围很是空阔。寺院前的场地上，也有一座庞大的玛尼石堆，上面插满经幢和经幡，规模虽逊于嘉那玛尼城，也堪称壮观，尤其在这种偏远人稀的地方。

永登找来寺院管家，他引我们到二楼的接待室。在这里，我们又见到之前那一车外国人，此外还有四五个外国人。其中有一个年轻的外国帅哥，竟头剃僧发、身披袈裟，和刚才在公路上撒尿的两位外国女人亲密地挤坐在一起。

我好奇，用英语和外国帅哥攀谈，得知他叫史密斯，来自美国，已经皈依了佛教出家为僧，这次跟随上师采久寺活佛回玉树。他的母亲、妹妹及一些爱好佛教的朋友也一同前来，他们中一部分人住在寺院，另一部分人住在香达，今晨乘三菱越野过来的。

近年，藏传佛教在西方传播日盛，格鲁派、噶举派、宁玛派等教派纷纷在美欧和东南亚等地创立寺院、道场，弘扬佛法，颇有建树。今见到史密斯，惊奇之中倒也心生自豪，想佛教乃我东方文明的基石支柱之一，藏传佛教更为我藏地独有，如今如地蔓葛茎传布于西方，在基督教世界中生根开花广结善果，实在是芸芸众生的一个殊胜难得的福报。

史密斯是一个美国小伙子，已经追随采久寺活佛皈依了佛教，出家为僧。

之前，我和嘎尔寺的明久活佛曾谈到这个话题。建国后，明久活佛曾遭错误对待，被投诸监狱达二十年，我问他在狱中的生活，又问他心中是否有过怨恨——我总是拿这个问题问我认识的藏族人，我并非期望得到什么意外的答案。藏族是一个不善仇恨的民族，他们因此甚至有丧失立场之虞，这恰恰是我一再询问藏族同胞这个问题的原因。我希望了解他们消化痛苦仇恨的细节，细节是要用生命去完成的，最具有力量感。我将这些温柔的力量储藏在心里，预备将来拿来作为自己面对苦难怨仇的勇气。

人的一生，或迟或早、或多或少总会遇到这些的。

和大多数藏族人以佛教思想为根本、以忍辱波罗蜜多为修持的态度不同，明久活佛对此有更深入独到的见地。活佛提到吐蕃历史上藏传佛教的两次法难事件，它们在当时都使佛教遭受灭顶之灾。然而，也正缘于此，佛法随后得到空前发展，先在藏地植根，后又完成了藏传佛教的确立和复兴。

半世纪前发生在雪域藏地的那场逆佛运动，与历史也惊人地相似。藏传佛教现在在海外备受瞩目，不能不说是拜其所“赐”，令佛法不灭的星火在残酷的摧毁与破坏中砰然四溅，散落到世界各地，成为那里人们照耀心灵路程的闪

采久寺的年轻喇嘛。

烁烛光，成为这个越来越扭曲、越来越沉沦的现代社会最后的救赎之神。

因了这个缘故，明久活佛说，他所受的苦难都是值得的，是将罪孽化为善缘必然要付出的代价，是弘扬佛法推动甚巨法轮转动不止的坚韧使命。

明久活佛这样讲，我原本替他难过的心情也好了许多。活佛有如此信念，想必当年的那些苦，于他也就不觉得那么苦了。

因为之前撞见史密斯母亲和妹妹的尴尬事，也因为语言不通和兴趣不在，董政委只在接待室呆了片刻，便领着杨科长和永登离开，到寺院其他殿堂参观，我独自留下与史密斯等人聊天。这样说着，我忽然对房间另一端的一位喇嘛产生了兴趣。

他很年轻，大约三十岁上下，面孔白皙，长相气质与周围的藏族喇嘛颇为不同。他操一口流利的藏语，但与人言谈时偶尔说的汉语却是明显的北京腔。我过去问他是哪儿的人，果然对方回答是北京人，家住朝阳区某某地方。我大为惊讶，没想到在这么远的地方竟见到一个“北京喇嘛”。

“北京喇嘛”叫李洋，已经在采久寺出家十年了。我问李洋为什么出家和为什么选择这个寺院，在我看，从北京到玉树囊谦这么遥远的地方出家是需要特别理由的。李洋说他没有特别理由，只是一个机缘下受到上师的感染决定出家，而师父在采久寺，所以就来了。

因为都来自北京，我对李洋自然感到亲切，询问了他关于采久寺的问题。采久寺藏语全称“仲顿囊谢舟群科楞”，意为“竹巴讲修显密法轮洲”，属竹巴噶举派寺院。采久寺的创建与今天囊谦县吉曲乡的池秀寺有着密切联系。池秀寺的池秀活佛一世赤列嘉措原本是一名猎户，后弃猎信佛，潜心修学，佛学造诣精深，成为池秀寺活佛。

后经二世三世四世，第五世巴丹晋美才旺赤列转世在囊谦千户的家里。活佛的母亲心疼儿子，嫌池秀太远朝拜不便，在自家府邸旁建了一间经堂供儿子念经。以后，经堂逐渐扩建成为一座家寺，即后来的采久寺。

五世池秀活佛巴丹晋美才旺赤列成年后，学识渊博，佛法深厚，被尊称为学富五明的“班智达”。一次，巴丹晋美去拉萨朝圣，在布达拉宫前遇到当时掌管蒙古佛教事务的国师章嘉呼图克图。章嘉呼图克图以他超凡的法眼看到巴丹晋美竟修成了殊胜难得的“琉璃体”，不禁惊为天人。“琉璃体”即身体透明无碍，阳光可以照过的一种法体，要修持到极高境界才可以实现。章嘉呼图克图遂与巴丹晋美相识，两人过从甚密、彼此敬佩。

经章嘉呼图克图的引荐，巴丹晋美与达赖喇嘛及青海蒙古王公贵族建立了密切关系，清政府于道光年间正式册封囊谦千户以亲王爵位，赐给蒙古王爷服饰，册封池秀五世活佛巴丹晋美为“诺们汗呼图克图”。采久寺的地位因此陡升，成为千户府所辖各寺院之首，池秀寺也由母寺变为子寺，五世池秀活佛出任该寺第一任寺主。

五世池秀活佛多才多艺，尤其擅长诗歌和藏族文学，深得章嘉呼图克图赏识，之前曾亲昵地称他“阿德”。自此，“阿德”一名成为该活佛系统的佛号。

后来，五世阿德不幸盛年去世。他的母亲十分悲痛，整日哭泣。五世阿德的灵识怜悯母亲，就又入胎到自己母亲体中，转世为六世阿德尼敦丹布文措。五世阿德的母亲早已过了生育期，却老年怀孕，且又诞下活佛，在康区传为神奇。

李洋说，关于阿德活佛的生平，北京雍和宫和故宫中都有卷文记载，他计划有空回京时去仔细查询。

采久寺现有两位活佛，八世阿德活佛法名仲却，现任玉树州政协副主席。另有一位土登囊江活佛，即李洋的上师。该寺还有一位活佛措尼智吾定居国外，之前带了史密斯和一群美国人回来。我问能否拜见活佛，李洋说几位活佛当下都不在寺院。阿德活佛在州上，土登活佛在自己家里，他哥哥刚刚去世了，他去处理后事，美国活佛也前往土登活佛家吊唁。

我问美国活佛什么时候回来，李洋说大约两个小时。——但李洋提醒我，对藏族人的时间观念不要抱太大期待。他们说的两个小时，有可能是两天。

我于是先离开接待室到寺院其他地方，说好一会儿再回来，希望可以有幸见到活佛。

48 管家托我给李姑娘捎句话

我独自在大经堂里转悠，来到二楼一间佛堂。这间佛堂面积不大，分左右两厢，呈一字长条形，里面供了十余尊欢喜双修佛的彩绘造像。佛像与真人大小，男女相向而拥，呈交媾状。男者取立姿，头戴骷髅冠，罩火焰光环，手持金刚杵或法铃，面目狰狞，表情痛苦，欲罢不能；女者双腿盘附在对方腰间，双手绕其脖颈，丰乳细腰肥臀，姿态极力逢迎配合，表情苦中带醉，渴望不已。

欢喜佛下面是被降服的厉鬼妖魔，再有虎豹之皮，最下面是莲花宝座。整体下来，有一人半高。

我走过的藏地寺院中，欢喜双修佛的壁画时常可见，这样集中而多样的双修佛造像却不常有。采久寺虽属噶举派竹巴支系，但其地处康巴腹地，这里自古是宁玛派的传播区域，甚至跟古印度也有着千丝万缕的联系——采久寺的护法神毗那夜迦，就是古代印度一位著名的神祇，他象头人身，性格仁慈和善，但打起仗来十分骁勇，集大象的勇猛和人的智慧于一身。

囊谦千户家历代也与四川甘孜德格地区关系密切，末代囊谦千户娶的妻子就是德格千户的女儿，而德格是全藏区宁玛派寺院最多的地方，这些因素加起来，在采久寺出现这样一座专供密宗欢喜双修佛的殿堂，倒也是不奇怪的事。

印度佛教后期，佛陀涅槃后原有的婆罗门教等教派兴起，当时的佛教大德由于在辩论或比试法力上不能折服外道，经常发生道场被毁、信徒改信的情形，佛教需要和重修持的印度教一较长短，仅靠理论不行，非得拿出实修取证的法门，这就促成了佛教密宗的勃然兴起。

般 若:

大致上说，般若即“大智慧”。古代翻译佛经的原则是观念不完全相同的字不翻，宁可译音再加以注解。当时般若并没有就译成大智慧，也是这个原因。所谓般若智慧不是普通的智慧，是指能够了解道、悟道、修证、了脱生死、超凡入圣的智慧。这不是普通的聪明，这是属于道体上根本的智慧。所谓“根本的智慧”，也是一个佛教名称，即超越一般聪明与普通的智慧，而了解到形而上生命的本源与本性。这不是用思想得到的，而是身心两方面整个投入求证到的智慧。这个智慧才是般若。所以“智慧”两个字，不能代表般若的整个含义。

对于一般人，密宗是藏传佛教里最神奇富有特色的部分。就密宗而言，那种有着直观生动表象的所谓“欢喜双修”法，更是这神奇中的最奇。如我这样的红尘中人，贪求爱欲缠绵，岂不是此生最大的欢喜？

密宗梵文“tantra”的词根“tan-”，原义就是生殖、繁衍的意思。一如本教之于藏传佛教，藏密在其形成和发展过程中，也引进了印度本土宗教的许多思想和修法。性力派是印度教中一种依靠性体验寻求解脱的教派，它特别重视性能量的挖掘和性信仰仪式，认为性是最大的创造性能源，通过性交可以使人的灵魂和肉体中的创造性能源激扬起来，与宇宙灵魂的大能合流，达到最高的精神境界。为此，性力派直接把性交本身作为一种宗教仪式，在性交中使男女通神，这种仪式被称为“轮宝供养”。

藏传佛教中女神的形象众多，与汉地佛教中几乎没有女性神形成了鲜明的对比，这也是受到性力派思想的影响。在密宗修习仪轨中，彼岸的超验智慧“***般若***”代表女性的创造活力，另一种修炼方式“方便”代表男性的创造活力，分别以女阴的变形莲花和男根的变形***金刚杵***为象征，通过对阴阳交媾的观想和真实男女交欢的瑜珈方式，亲证“智慧”与“方便”的双运，彼此互利，融为一体，迅速达到极乐的涅槃境界。此即“欢喜双修佛”的宗教寓意。

毗那袒迦神。一如本教之于藏传佛教，藏密在其形成和发展过程中，也引进了印度本土宗教的许多思想和修法。

——不过，此上只是一说。“欢喜双

修”是藏传佛教密宗里极高级别的一道修行法门，其深邃内涵绝非常人所能想象。密宗之“密”，即“秘密而行，不示外人”的意思。以往千年，藏密传承都是在极为隐秘严格的条件下进行的。只是近代，因为战争离乱、政治运动以及时下兴起的旅游经济等的破坏或驱动，化外之人才得见密宗的隐约面貌，尤其那绘形绘神、迷离又恐怖的欢喜双修佛，更给芸芸声色犬马众生以俗世偷欢的蠢蠢遐想。

然而，流传于坊间的有关密宗的说法，大多是妄自揣想、随意附会或以讹传讹，真实者少有。藏传佛教特别注重形式仪轨和修行次第，没有皈依和不经过灌顶不能传授教法，没有完成初低级修行也不能进入高级法门，这一规矩在密宗里尤甚。所以，真正了解并有资格讲说“欢喜双修”法门的人少之又少，且他们根本不会随便讲说。对于各种流言杂语，藏密修习者们虽然痛惜于心，却也不会就跳将出来，将实情道出以正视听。藏民族是一个温和忍耐的民族，佛教也劝人忍辱，即使有人谤法乱言，他们也不会像有的宗教民族气急败坏，对其下全球“追杀令”，这也致使关于“欢喜双修”的讲述多而混乱。

金刚杵：

梵名叫“伐折罗”，原是古印度的兵器，后被佛教密教吸收为法器，代表坚固锋利之智，可断除烦恼、恶魔，因此其代表佛智、空性、真如、智慧等。金刚杵是莲花生大师的标志性法器，也是藏传佛教密宗的标志性法器，欢喜双修佛像中的男神都会手持一柄。

我后来到囊谦苏莽乡的苏莽寺，在嘎文活佛座前有过几日聆听。期间，我曾斗胆向活佛询问“欢喜双修”的事，活佛开示强调，对于藏传佛教密宗的“欢喜双修”，不应以世间不清净的分别念去妄加揣度，它们根本就不是男欢女爱的象征，也绝非在鼓动众生的无明与贪爱。双身修法的修行路径在密法中被称为“方便道”，除此之外的万千法门大致可归纳为“解脱道”。密宗中的双身修法绝对不是让修行者去执著自身的生理感受，空乐无别才是它应该达到的目标。

活佛说，学密法的人尤其要有正心、正见，对资质和福慧的要求很高。因为密宗是即身成佛的法门，里面有很多咒语，要观想，心无正见无定，容易入魔障。当一个人的贪心强烈且又难以认清贪欲的本性时，最保险的修行法门还是依止解脱道，否则很有可能出偏差。

活佛给了一个现代的比喻，说就如普通人私驾火箭，其实很危险！

我正在欢喜佛堂津津有味地观看，永登过来找我，说董政委那边叫我过去。

我随永登来到三楼一间尚在修建的佛堂，佛堂正中央有一个玻璃房子，里面供着一千尊半尺高的铜佛像。董政委喊我到一面墙壁前，指着钉在墙上的一帧像框里的女人，问我知不知道她是谁。

照片是一对男女的合影，女的靠在男的身上，一手从前揽住男

在密宗修习仪轨中，欢喜双修的意义在于通过对阴阳交媾的观想和真实的男女交欢的瑜珈方式，亲证“智慧”与“方便”的双运，彼此互利，融为一体，迅速达到极乐的涅槃境界。

人的头，状极亲密，仿佛一对情侣。我猛一看，觉得两人十分面熟，只是一时想不起来。寺院管家说，这位女施主是香港人，捐了钱给千佛殿，所以挂了照片在这里。

管家这样讲，我忽然认出照片上的女人原来是香港凤凰卫视的一名李姓女主持人，她旁边的男人是他们的老板。经我提醒，董政委也恍然称是。香达武装部收得到凤凰台（居然!），董政委是以对李主持有印象。

董政委问我认不认识李主持、能不能跟她说上话。我在北京时参加过凤凰卫视的一个酒会，和李姑娘有过一面之缘，我不知道董政委问话何意，客气地说如果有事，我可以拐弯联系到他们。董政委遂把寺院管家推到我面前，告诉我他有事要找我帮忙。

管家喇嘛颇显为难，窘迫地支吾了半天，最后还是通过永登翻译出他的意思。管家喇嘛说，李主持为寺院做了布施，寺院对她表示感谢；但寺院毕竟是清净圣洁的修法之地，李施主把与男人亲热的照片拿来悬挂在佛堂里，怎么说都是不恰当的，寺院一直希望能有人代为通融，让施主换一张照片。

我听了也感到尴尬，不知该怎样安慰管家喇嘛。我可以想象寺院喇嘛和来朝拜的信徒们看到这照片时的感受，虽然采久寺里有专门供奉欢喜双修佛的佛堂，那也不是香客或游客可以放肆的理由。不管多么阔绰的施主，也不能因为金钱的缘故就凌驾于宗教基本禁忌礼俗之上，否则是会引来恶果的。

不过，我无法向管家喇嘛保证完成他的请托。这样的事，怎么说得出口呢?

49 我没有带走那只藏獒

从寺院出来，我们来到囊谦家宅的遗址。遗址上没有太多的新建建筑，只有一座佛堂和几间平房院落而已。囊谦千户的后代有的转居国外，有的去了州上，这块土地上已经没什么人了。佛堂里面主供着释迦牟尼像，佛像旁边的案台上供奉着最后一任囊谦千户的照片。照片年代久远，颜色褪了很多，质地也不再光滑。囊谦千户端庄地坐在照片里，嘴角紧闭，显得有些固执。

我看着他，想他的嘴唇要是开启，将会有怎样隐秘而曲折的故事说出来呢?

佛像前，照片旁边另外供着一只康式木雕的匣子。匣子一看便是老旧的东西，估计是千户时代用过的，不知怎地躲过了“浩劫”，现在成为宝物。

我转身离开时，看见佛堂角落坐着一位值守的喇嘛。他一边对照经文，一边掐指算着什么。我没有打扰他。

千户家遗址外面，我注意到院落前草坪上矗立着一道半人高十来米长的土墙。我相信这就是“传说中的”囊谦千户家原址遗留下的那一截残垣断壁。一问，果然说是的。

土墙原来的外层已经没有了，不知是当年被铲掉的还是自然风化了，剩下里面的土芯。因雨水常年冲刷，色泽倒还新鲜，几乎看不出旧物的样子，像是一截新墙。我一个人在这遗址上来回走，没有什么目的。

忽然，一只黑色的小藏獒从远处跑过来，到我身边围着我转来转去，形状十分可爱。我弯腰抱起小藏獒，它偎依在我怀里，兴奋地用舌头舔我的脸，还冲我做出喜悦的笑容，令人忍俊不禁。——我忍俊不禁，还因为小藏獒舔得我脸湿乎乎的，暖暖得非常痒痒。

我正痒痒地笑，猛然感觉怀里一阵暖湿。我低头一看，糟了，原来是被小藏獒当胸尿了一泡。我多少有些惊慌，又难为情又感觉好笑，忙撒了手把小藏獒放到地上。

小藏獒不知道自己闯了“祸”，依然围着我脚边转，我来回跳着躲避，它却一直粘着不放。这时，寺院的管家喇嘛快步过来。他抖开袈裟，上前冲我施了一个很重的礼。我被吓到，忙制止管家喇嘛。管家喇嘛向我致谢，说这只小藏獒终于等到了它的主人。

原来，小藏獒是一只降生在朝圣路上的生灵。之前，它的主人举家去拉萨朝圣，路上小藏獒的母亲生下了它。因为太小不能随行，将它留在了寺院。藏族人不杀生，藏地到处是狗。寺院周围也有许多狗，寺院给它们很多布施，但按规矩却是不能真正豢养的。管家喇嘛原想把小藏獒送人，寺院住持仲却活佛却说不要。

活佛开示，小藏獒很快将等来它的主人，他们会自己相认的。

管家喇嘛说小藏獒在寺院已经养了一个月，一直性情沉默，不像它这个年龄的小狗应有的活泼。刚才，小藏獒忽然活蹦乱跳，老远就自己跑过来。管家纳闷地跟在后面，看到小藏獒和我亲昵的一幕。当小藏獒把它热乎乎的“童子尿”撒在我身上，管家喇嘛便确信活佛预言的小藏獒的命里真人出现了。

管家喇嘛说，藏獒是一种十分骄傲和有尊严的犬类，从不随地便溺，而藏獒冲人撒尿则是一种“认证”，表示它已认同对方为其主人，确立了依赖

囊谦最后一代千户。照片年代久远，颜色褪了很多，千户端庄地坐在照片里，嘴角紧闭，显得有些固执。

一个藏族小女孩。

关系。我听后既惊喜又惶恐。一路来在藏地遇到的种种神奇，让我不能不信服管家喇嘛的话。可是，我生活在内地，在北京，我的居住环境不允许我养一只小藏獒啊。

藏獒是一千多万年前由喜马拉雅巨型古鬣犬演变而来的高原犬种，曾是青藏高原横行四方的野兽，直到六千多年前，才被人类驯化，开始了和人类相依为命的生活。藏獒是世界上惟一不怕野兽的犬种，《马可·波罗游记》中有对藏獒的描述，称其“头大毛长，颇狞猛，其力可敌狮”。

随喜毛绒绒的十分可爱，笑眯眯的脸上似乎有着忍俊不禁的表情。

在藏族人的传说中，藏獒是活佛的座驾，是雪域众生的保护神。

玉树出产藏地最优良的藏獒，之前一次藏獒拍卖会上，叫出二千二百万元天价的一只纯种藏獒，就来自玉树。一般的藏獒，市场价格也在万元至百万元之间。在玉树，流传着无数有关藏獒的神奇动人的传说。

然而，近年来，随着藏獒在内地宠物市场上的售价飙升，这种尊贵凶猛的高原犬却开始了它们噩梦般的命运。早些年，要是有狗贩子问藏民：“你家的獒卖不卖?”藏民会反问：“你家的孩子卖不卖?”以前，藏族人十分看重他们的藏獒，把它们当作家庭成员对待。可是现在，每年有数百只藏獒从青藏高原转运到内地。它们经过艰难的长途颠簸，最后像一件商品一样被卖掉。

内地许多人以藏獒为难得的宠物，却没有真正从藏獒的物种和个体生命上去爱惜它们。千万年来，藏獒的心肺已经适应了在含氧量只有50%、平均气温零下十几度、辽远广袤的青藏高原上生存，到了内地身体会非常不适，普遍情绪不好，烦躁、郁闷、记忆力衰退，死亡率比在藏地高出许多，风采更是不再。

藏獒的优秀品质，除了遗传和血统，更重要的是环境的铸造和打磨，是它们在艰难的自然条件中顽强雕塑起来的特殊的生命质量。据说传统的藏獒饲养方法是将刚出生的小藏獒确认了主人，在主人家喂养到断奶后，便将其驱赶到大山里或无人区里，让它们独自谋生，和野狼猛兽为伴，在严酷的环境中成长。几年后，藏獒长大成人（獒），自己会再跑回到主人家里。这时的藏獒才算真正成熟，它们凶猛无比，任何野兽都不惧怕，至死不会背叛主人。

但在多次的被转运和买卖过程中，面对像走马灯一样变换的主人，藏獒也难以寻觅真正的主人。在空旷干净的青藏高原，藏獒可以嗅出几百米之外主人的气息。真正优秀的藏獒不会轻易咆哮和对人攻击，它们会非常敏锐地观察、思考，根据主人的细微情绪决定行止。

但在拥挤混乱的城市，藏獒的嗅觉系统中冲撞进无数不堪的气味，来自四面八方的粗砺声响也常令藏獒激惹，主人又往往制止藏獒本能和正常的反应。藏獒性情凶猛惨烈，它们有时会因此发疯。

藏獒只属于青藏高原，它的风骨只能在高原凛冽的风霜中磨砺张扬，离开了这块冻土大陆，藏獒就不成其为“藏獒”了。

我怎么能让这样的事在“我的”小藏獒身上发生呢。

可随喜终究是一只纯种的藏獒呢，一转眼，它就露出威武、凶猛的模样。

我最终没有带走小藏獒，而是以“主人”的身份把它送去了董政委那儿“服兵役”。董政委是一个十足的爱狗人士，他的武装部里就养着好几条颇有血统的猛狗，属于编入实力的军犬，声名远播。董政委也一眼就看上小藏獒，对它喜爱有加。

我请寺院管家先为小藏獒寻找一户牧民家庭代为抚养，一年后再送到武装部。就是小藏獒不能离开藏地，不能离开玉树。如果哪天董政委离开香达了，那么小藏獒要被送回草原牧区。我说：

“即使‘山无陵，江水为竭，冬雷阵阵夏雨雪’，这只小藏獒都必须呆在这里。”

它必须死在这里，必须以一只藏獒的身份死在青藏高原。

董政委十分爽快地答应，认真作了保证。董政委阴霾了一天的心情终于放了晴，他说：“原来早晨看到挑水的‘满桶子’还是一个吉兆啊，应在了这里。”

这样一说，大家都很高兴，喜上眉梢。我于是给小藏獒起了一个名字，叫“随喜”。

在藏地，纵使我见过万千座经幡，也不能不为下一座而感动。它们真的很漂亮，庄严、高贵、感人。

50 活佛尊前，我请求皈依

我又在囊谦住了一阵儿。

我还是没有找到“影子”，没有他的任何线索。我有一种朦胧的感觉，相信“影子”就在我身边，与我不即不离，可我无法知道他在哪里。有一天，我忽然想明白，我这样找他，他是不会出现的。

恰巧这时，我在香达街上遇见了布才哇。布才哇是一位年轻的藏族艺术家，玉树本地人，之前我们在州赛马会上相识。布才哇有一个“玉树藏文化传播公司”，他制作了一套介绍玉树风情的系列电视片，立志要将藏文化介绍到更广泛的地区，这一次他是来补拍镜头的。

期间，我随布才哇去了一趟达那寺。达那寺是一座有着神秘而浓郁本教风格的藏传佛教寺院，相传那里埋葬着格萨尔王和他的三十大将，供奉有他们的灵塔。达那寺几乎是囊谦最远的一座寺院，从香达走单程都要三天，中间一多半还没有公路，要骑马和徒步。

从达那寺回到香达，我就准备离开了。布才哇将去囊谦苏莽乡和江西林场拍摄，然后从那里回结古，我说好搭他的车。

董政委在武装部设宴为我饯行。因为惜别，饭桌上我们彼此都说了许多客气话。我感谢董政委这些天对我的照顾，董政委则赞赏我的造访给他们的部队生活带来了“新鲜的学习风气”。永登说他这段时间给我做翻译，不但汉语水平大幅度提高，对本民族的传统文化也加深了了解，增强了民族自豪感和历史使命感。

永登的话让我很不好意思，觉得事情并没有那么严重。但永登是一个诚实的人，他如果承认我对他有所作用，我还是乐意接受的。

我回到北京后，永登经常发短信或打电话问候我。永登很有礼貌，总是问:“老师,您还好吗？”我回答很好,然后问候他的老婆,我说:“你老婆生了没？”永登说还没有,然后问:“您有事吗？”

我在这边就笑,心想我找一孕妇能有什么事。我告诉永登我没有事,只是觉得他老婆该生了。永登也期盼,说:“我等得头发都白了。”我觉得这句话很诗意。

永登的老婆怀孕十一个月后产下一名男婴。这个妊娠期是我学医经历和日常见闻中时间最长的，简直有些难以相信。我对永登说：

“你老婆是不是生了一个转世灵童啊?”永登说:“我希望是。”

永登长得很像佛，我猜想他的儿子八成是一个活佛。

苏莽寺位于香达东南170公里苏莽乡，是噶玛噶举派苏莽支系的主寺。苏莽寺原来是玉树地区著名的政教合一寺院，创建者帐玛

群山深处的苏莽寺，它的建筑特点有着明显的印度风格。

法会上，等待接受灌顶的年轻喇嘛们。

赛·罗舟仁钦的历辈转世称“嘎文”活佛，既是寺主又是当地苏莽部落的百户，下辖五名百户长，管辖千余户人口。该寺最盛时有寺僧千余人，属寺众多，分布在青海囊谦、玉树两县和西藏的昌都地区。

从香达去苏莽乡，中间要翻越好几座山，垭口海拔都在4 500米以上。路全是土路，窄而且泥泞，又有雾，能见度很不好。在山顶，大雾完全锁住了视线，只留下色彩鲜艳的经幡塔独自兀立。

我们下车，布才哇和司机到迎风的地方撒风马，我转过经幡也撒了一些风马。在藏地，即使我见过万千座经幡，也不能不为下一座而感动。它们真的很漂亮，庄严、感人。

快到苏莽寺时，远远看到一座明显有印度风格的多角多层塔型佛阁，矗立在草原上的山坳里。这样形式和色彩的佛教殿堂，我以往在藏区还没有见过，感到十分新奇。布才哇说苏莽寺这一世的嘎文活佛转世到了印度，一直在那里生活，我想这样的建筑风格应该与此有关。布才哇说活佛之前刚从印度回来，现在在寺院里。

我高兴地说：“是吗，一位‘印度活佛’啊。”

我这样说时，并没有预见到我和嘎文活佛将发生怎样的关系。

我们抵达苏莽寺时，寺院正在举行法会。寺院面前的草坪上搭起了阔大的法帐，缀着黄色绸缎的法帐里，高高的法台上坐着三位活佛。活佛旁边是手擎法号、法鼓等法器的喇嘛，气势庄严。台下坐着一百多名喇嘛，其中有三分之一是十岁上下的小喇嘛，样子纯真、可爱。喇嘛周围是前来听法和等待活佛摩顶的信众，他们或坐或跪，大约有四五百人，把山坳挤得满满当当。

这样的场面令人兴奋。布才哇找到寺院管家，得到允许后忙着选角度拍摄。我在一处角落观察了一会儿，拍了几张片子，然后就坐下静静地看着这场面。活佛结束了说法，开始为信众摩顶祝福。因为人多，信众不需一一跪下，而是向活佛鞠躬接受摩顶，一个跟着一个，鱼贯而行。

嘎文活佛的庄严法相。活佛对我说："你不是还有事情要问我吗?"

三位活佛中，我注意到坐在中央最高法座上的一位，他四十岁左右，高戴法帽，身穿法衣，法相安详庄严、仁慈而智慧，令人心仪。我问布才哇活佛的法号，布才哇说他就是刚从印度回来的嘎文活佛，这次法会也是他主持召开的，旨在为众生传法祈福。

我想起之前在结古镇，和阿宝局长一行去通天河时，看到路边堆起煨桑台，阿局说这是为一位即将回来的印度活佛准备的。另一次，永登载我去一座寺院，路上与一队迎接活佛的车队迎面而过，永登说车里是一位从印度回来的活佛。后来到了香达，在山里看见藏民搭松柏门，藏民也说是迎接一位从印度回来的活佛。我当时对这些话都未多想，此一刻，它们瞬间在我脑海中串联到了一起。原来，他们说的都是一个活佛，我跟这位活佛一直有着隐约而有迹的法缘呢。

我远远看着活佛，觉得这是一件奇特的事，心里感到欣慰。

摩顶还在继续。布才哇结束了他的拍摄，拿来六条哈达，给了我三条，要我一起去敬拜活佛。我跟在布才哇后面来到活佛法座前。布才哇将三条哈达分别献给三位活佛，他们接过后又还赠给布才哇，嘎文活佛为他做了摩顶祈祷。

之后，轮到我。我先将两条哈达献给嘎文活佛左右的两位活佛，最后来到嘎文活佛面前。我献上哈达，自然而然跪在了活佛面前。嘎文活佛俯身将哈达戴在我的脖子上，

去达那寺的道路非常难走。晚上，在一户藏民家借宿，征得主人的同意后，我将被雨水打湿的鞋子脱下来放在炉火上烤（按照藏地的传统习俗，这样做是不合适的）。

手掌抚住我的头顶，捻动一串圆润的象牙佛珠，为我诵了一段祈祷经。

完后，我依然跪在地上，怔怔地看着活佛忘了起来。后面的藏族信徒已经走了过来，我才恍然惊醒，慌忙起身。这时，嘎文活佛微笑地问我：

“你不是还有东西要拿给我吗？”

我一时愕然。除了布才哇为我准备的哈达，我并没有特别的贡品要献给活佛啊。活佛的话让我不知所措，尴尬地站立着，进退两难。——但是，只一瞬间，直觉立即让我明白了活佛的所指。我诚惶诚恐，再次跪下，从背包里拿出之前在嘎尔寺山上“请”下的绿度母经幡，将它双手捧给嘎文活佛。我说：

“活佛，请您为它加持。”

嘎文活佛会意一笑，接过经幡，合掌在手里拜了一下，然后一手持着经幡一手摇动法铃，念了一段莲花生消灾经，又念了一段度母经，最后在经幡上撒上一小撮大米，结束了仪式。

嘎文活佛隔着法案将经幡递还给我。我难抑惊诧与激动，从活佛手里接过受过加持的度母经幡，向活佛深深拜谢。

我起身要离开，活佛又开口，说：“你不是还有事情要问我吗？”

我愣在活佛面前，看着活佛足足有五秒钟。这五秒钟里，我的眼前回闪出在嘎尔寺天葬台上，我请求朋措管家替我入定去看看热水沟老婆婆的亡灵，朋措管家说他的法力不逮，但有一位印度活佛功德殊胜，神通三界，可以满足我的愿望。

有时候，信任和臣服也是一种勇气，是一种勇敢的力量。

我这样想着，泪水就流了下来。我已经没有力量再跪下，我甚至没有了向活佛再行礼的力气。我就那样站着，哽咽地对嘎文活佛说：

“活佛，我想知道一个人的往生。”

嘎文活佛手持佛珠冲我还了一个礼，说：“你可以下来找我。”

我跟布才哇说我不跟他的车走了，我要留下。布才哇问发生了什么，我一时无法解释。我不知道嘎文活佛具有怎样的法眼，能够洞悉我的秘密。他知道我偷偷“请”了绿度母经幡，知道我想了解热水沟老婆婆的来世，他还知道我什么呢？我被一种巨大的神秘力量震慑，像掉在牛乳里的一小块奶酪。

布才哇问我：“那你在这儿要住多久？”我说不知道，也许长一点，也许短一点。布才哇问：“那你怎么回结古呢？”

我说：“再看吧，也许回去，也许就不回去了。”

我说这句话时并不是认真的，但后来我确实这么想了。

送走布才哇，晚上，我由寺院管家领着来到嘎文活佛的禅房。

我又忘了带哈达，看来这种洁白吉祥的礼物不是我表达敬意的方式，但是我向嘎文活佛跪下了，身体不自主。我捧起活佛垂在膝前的袈裟触在额头，向他行最虔诚的敬礼。活佛坐在他的禅座上，象牙佛珠流水一样在活佛手里流淌。活佛仁慈地看着我，不待我开口，便说：

"'她'已经有了很好的转世，你可以放心了。"

"真的吗？"我再也不怀疑活佛的神通与法力，只是想确认，"'她'死得很痛苦，是土葬。"我不用向活佛述说热水沟老婆婆的身世，相信一切活佛全都了然，但我还是担心死于非命的人灵魂受到惊吓，常常找不到离开肉身的出路，再被埋在土里，阴冷黑暗，湿气沉重，更不容易解脱。

"她生前有很好的修行，你也为她做了祈福，她的灵魂已经超度了。"活佛说。

"真的吗，我也曾经有用过吗？"我想起之前在巴塘看到的二十一度母自显像，相信了那是菩萨对我善心的褒奖。

"那么，她的灵魂到哪里了呢？"我追问。

"她转世到理塘一户人家，那家世代崇佛，有很好的福报，她这一世不会再受苦了。"我回想第一次见到老婆婆，她可怜地蜷缩在地窝子外面的情形，心里又难过又欣慰，眼泪不禁又流了下来。我问活佛：

"我可以去看她吗？"我很想再见一见老婆婆，——即使是她的转世。

嘎文活佛略一沉吟，说："有时候，我们要学会'放下'，'破执'也是一种修行。"

我听了难为情，想活佛真是慧眼啊，我就是凡事放不下，爱牵肠挂肚，让自己受了很多苦。我跪在活佛面前，又感受到那种像奶酪掉在牛乳中一样的感觉，被巨大力量包裹，我觉得我就要化掉了。

在化掉之前，我毅然做出了一个决定。

之前去达那寺，有很长一段路需要骑马。那是一段上山的路，海拔提升幅度很大，有的地方道路极窄，似乎根本难以通过。马驮着我们，一声不吭，只闷头在走，深一脚浅一脚，跌跌撞撞的。

布才哇骑在马背上，不时欠身歪过脑袋看马的脸。我问他看什么，布才哇说看看马的眼睛是不是瞎了，要不然它怎么好像专往没有路的地方踩！我笑说："你放心，马的眼睛是睁着的。走山路马比我们聪明，它们认得之前的马留下的蹄印，虽然坑洼却很坚实，所以不用怕。"

话虽这样讲，我心里其实很怕，怕得不得了。但我坚持没有发出惊叫，并且坚持在最危险的路段让自己留在马背上。我这样做是需要勇气的。这勇气就是充分地放弃自我，放弃自信，相信一匹素昧平生的马，把自己交付给它。

骑在颠簸不止前仰后合的马背上，我不禁感慨，想以前我是多么的不肯将自己交付啊，我那时还以为那是勇气呢。而有时，信任和臣服也是一种勇气，是一种勇敢的力量。

我在最危险的时刻将自己交付给一匹陌生的马，因此获得了安全。以往我就是太不肯放下自我了，“破执”的第一要义就是“破我执”，我必须先把“我”放下，才可能获得更大的护佑和力量。

我于是，决定把自己交出去，交给嘎文活佛。

藏传佛教强调敬信“三宝”，我以前不理解，觉得“佛”和“法”诚然是佛教的核心与根本，“僧”就有些含糊。此刻，我忽然领悟“僧”是“佛”与“法”的人间体现，是引领众生走上脱度之路的导师，是我们最触手可及的“宝贝”。

“僧宝”不是我们随处见到的袈裟僧人，而是某一刻契合于你内心的那一位智者。从上午我看到嘎文活佛的第一眼，我就觉得和他有缘，他像一块蜜蜡温润柔韧，闪着智慧与坚毅的光芒，令人向往。

以往在藏地，我拜见过许多活佛。我对他们很尊重，也很敬服，但就是没有联结于内心的依附感和归属感，没有想彻底地放下与交付。这一刻，我却有了这样的感觉。它非常强烈，而且明晰，像巴塘天葬台上引领灵魂升天的羊毛绳子，也像通天河上细纱架起的“经桥”，被冬天的阳光照耀，然后融化成文。

我想，我必须听从灵魂的召唤，依顺它的指引，我于是再向活佛行礼，说：

“活佛，我想要皈依。”

嘎文活佛向我还了礼，赞许说：“你有着不一般的蕴身，你会为众生造福的。”

“那么，您接纳我吧。”我又向活佛行礼。活佛停了片刻，摇头说：

“啊，现在还不是时候。你和一个人还有一段**余缘**未了，等你结了再说吧。”

听了这话，我吃惊地跌坐在活佛座前，脸“腾”地红了，羞愧得无地自容。

本　教：

佛教传入藏地后，本教在漫长的历史岁月中也有着它自己的发展与流变，其主要分为三个流派：“笃本”、“恰本”、“觉本”。
“笃本”是本教最古老、最有传统的教派，从本教产生之初即存在。笃本信徒们始终坚持自己本教的教义宗旨，与佛教十分对立。“恰本”是本教的第二个发展阶段，大致产生于止贡赞普时期，吸收了部分印度佛教义理和克什米尔等地的巫术成分。“觉本”可以说是佛教化了的本教。早期，觉本以挖掘本教伏藏为主，后来致力于将佛教经典改写为本教经典，并立各种不同的名相和注释，以标示其与佛教不同。例如，佛教有“六字真言”，本教有“八字真经”；佛教顺时针转经，本教则逆时针转经。
——所以，如果你去藏地，在一些神山转经道上看到三三两两拄着拐杖、风尘仆仆的僧侣或信徒，在以与众人相反的方向朝拜、转经，你不要以为他们不懂规矩走错了路，那是他们的宗教。
有时想想，在一个几乎全民都极度热忱地信奉佛教，佛教在社会生活中占有绝对统治地位的土地上，依然有一些信徒坚持以本教这种原始的、古老的、曾经是佛教的统领、敌人及手下败将的宗教为他们的信仰。
这样的人，还是挺令人敬佩的。

51 那些生命里的明王

嘎文活佛说的和我还有未了情缘的人，指的是“影子”。

我没想会在玉树和“影子”陷入爱情，但我确实陷入了。我曾经认为“影子”最初给我写的那首《绿松石》是一首爱情诗，“影子”说不是。“影子”承认他后来写给我的另外一首是真正的情诗——：

打坐观想的佛容，
未能清楚显现；
不曾期许的汉娜，
却时时浮现眼前。

“影子”一样将这首诗用青稞酒写在风马藏餐吧里他总坐的那张桌子上，所以，藏餐吧的老板娘卓玛比我先知道“影子”爱上了我。

——所有的藏族人都熟悉《仓央嘉措情歌》，这首诗恰恰模仿了仓央最著名的一首情歌，卓玛因此在后来一直给我脸色，明白表示不欢迎我。

我才知道，原来卓玛一直暗恋着“影子”。卓玛说，像“影子”那样的男人，藏区所有的女人都会爱上他。卓玛说这话时，是在我撵走了“影子”，又去餐吧找他的那一次。

这一生里我遇到过许多男人，有过许多爱情。我感激他们中的每一个人和他们给我的每一份爱。有时我想，他们就如古老藏密双修法中的明王，舍身在助我修行。这大概就是我认识世界、获得证悟的法门吧——不断地恋爱，不断地离开。所以，当“影子”说我是绿度母，要给我灌顶时，我那样强烈地反对和不肯接受。我当时问“影子”：

“那么，绿度母可以有情人吗？”这是我认为重要的问题。

“影子”很为难，说恐怕不行。可是，他却转身成了我的情人。

像“影子”那样的男人，藏区所有的女人都会爱上他。

佛门有法，以戒为律。我曾暗自对照过，像做智商测试题，看我有多少规矩可以遵守，有多少做不到。沙弥戒十条，比丘戒二百五十条，比丘尼戒三百四十八条。——你看，同样是出家人，女尼却要比男僧活活多出九十八条戒律！大乘佛教更有“十重戒”、“四十八轻戒”之说，这些都先不谈，都无所谓。我最做不到的，却是最初级的居士戒。

居士有五戒。不杀生，不邪淫，不偷盗，不妄语，不饮酒。

我做不到不“邪淫”。

我需要爱情，我需要持续不断的爱情。我时常检点我的情爱观，相较于内心，我坚持认为自己是贞洁的。贞洁在我跟和多少个男人发生了关系没有关系，倘若这每一次的性都发自内心和忠于灵魂。

但我不想为这个和佛辩解。佛法在先，我若做不到就要尊重，敬而远之。所以我一直不肯答应“影子”，做他期待的绿度母。

然而，当此刻我决定了皈依，我就要同时做出决断。我是要情人还是要佛陀？我是要情欲还是要佛法？我是要情爱还是要佛僧？

一句话，我是要肉身可感的欢愉，还是心中蕴藏的“三宝”。

——我很惊讶我想到了“三宝”。之前，我总觉得那是藏族人的信仰，并不关己；此刻，它们却变得异常真切和亲切，触手可及，真实可感。我以前的“修

人们通常把六世达赖看作是一位“情圣”，但活佛以其甚深法力获得的证悟，却不是常人可以想象的。

约束是自由，自由也是自由。灵魂的盒子已经打开，肉身的欲望算什么障碍呢。

行”都是由外而内的，先要有感官才能抵达内心；现在，融化于内心的那个佛性兀然凸现了出来，像从牛乳里打出的酥油，圆润光滑，香浓致密，使得之前那么胶着的问题，那么难以割舍的选择，顿然消失得不复存在了。

舍弃真的是一种自由呢。约束是自由，自由也是自由。

灵魂的盒子已经打开，肉身的欲望算什么障碍呢。

第二天下午，嘎文活佛约我到他的禅房喝茶。嘎文活佛出生在印度，习惯了英国式的生活，喜欢喝下午茶和吃芝士甜饼。

我告诉了活佛我的证悟，我说:“我的身体已经清空了，腾出了地方供佛。”

嘎文活佛很仔细地听我讲述，待我说完，他给我添了一杯新茶，然后讲了一则《佛经》上的故事。活佛说：

“以前有一位藏密修行者，他年轻、俊美，仪表堂堂。很多女人涌到他座前，说是他命里的明妃。修行者恐遇魔障，加上也无欲，金刚志坚，便一概拒绝。一日，修行者见一女子，仪态端庄，很有修行。上师告诉修行者，此女助缘，命里明妃，不可错过。但修行者心志已坚，还是不要。助缘不要即是违缘，结果，修行者后来的修行道路磨难甚多。”

我没听明白，愣愣地看着活佛。活佛一笑，开示说：

“该欢喜处不欢喜，也不对！”

活佛把我说糊涂了！前一天活佛还怪我情事未了，不肯收我。我下了一晚上决心，发誓斩断情丝，专心求法，可今天活佛又说该欢喜时就欢喜，他到底什么意思啊。

“方便即是解脱，就看有没有悟。”活佛优雅地呷了一小口茶，问我：

“你知道六世达赖仓央嘉措吗？”我说我知道。“那么，你应该读过《仓央嘉措情歌》？”活佛问。

我点头说读过，仓央是我最敬仰的藏地人物之一，他的《情歌》中好些诗篇我都可以背诵。活佛说：

“人们通常把六世达赖看作是一位‘情圣’。”

“他不是吗？”我问，“他写了那么多至真至爱的情诗。”

“那本集子中或许有达赖喇嘛的作品，也可能有伪托之作，重点不在这里。”

“那么，重点在哪里？”我追问。

“达赖喇嘛是一位法力甚深的藏密大师，他的证悟不是常人可以想象的。”

“您是说，达赖喇嘛写那些诗歌是另有深意？”我说。

嘎文活佛没有回答我，而是问：“你最喜欢其中的哪一首呢？”

“当然是第一首，”我背诵道——：

从那东方山顶，
升起皎洁月亮。
未嫁少女面容，
浮现在我心上。

这是《仓央嘉措情歌》的开篇，也是最著名的一首。对于它的解读，多年来一直有着不同的声音。一般人将它看作一首情歌，也有人认为这是仓央嘉措修持密宗时观想到自己本尊的描述，是一首隐秘而精妙的宗教诗。

“真是一首好诗啊！”嘎文活佛也默念了一遍，意味深长地感慨道。

青稞、湖水，和一只放生羊。为了寻求皈依，我在苏莽寺住了下来。

52 给我一双慧眼吧

为了寻求皈依，我在苏莽寺住了下来。

活佛却一直说不急。活佛说佛度有缘人，你要相信自己的缘分。但活佛又说，缘分是要结的，不然就是有缘无分了。

我不知道这个缘分要怎样“结”，我该做什么呢？嘎文活佛并没有向我明示，他要我自己想，自己证悟。

我在寺院的日子很简单。上午是寺院诵经的时间，嘎文活佛会给喇嘛和信众讲经开示。我不是信徒，按规矩不能在场，活佛特许我可以旁听。我其实也听不懂，他们用的是藏文和梵文。但我喜欢那种氛围，所以每天都去，坐在角落里。

下午，嘎文活佛通常要会见来访客人。嘎文活佛难得回苏莽寺一次，远近八乡来拜见他的信徒很多。忙完了这些，活佛会邀我喝一杯茶，聊聊天。因为还没有皈依，我和活佛反倒什么都可以聊，

晚上，我就着蜡烛读了一些佛经，遗憾的是我毫无心得。

没有禁忌。一次，我问起活佛的神通和法力，我说：

“您是怎样知道周遭万物的事象的？”

活佛淡淡一笑，说：“不要执着入了迷象，只要清净心显现，这些都是人身本来具备的。”

我听了默然，遂不再问，而以为信。

我请活佛给我一些佛经来读。要想求法，功课总得做。嘎文活佛生活在印度，精通藏语、英语、法语，但是不懂汉语。苏莽寺地处偏僻，寺院里也没有汉语的经书。嘎文活佛吩咐寺院管家，专门出去给我找了来。

但是，我读不下去。我读是读了，可没有心得，我的心像蒙了一层羊皮纸，一个字也渗不进去。我很惭愧，如实跟嘎文活佛讲了。活佛并没有责怪我，反而安慰说：“也行！都是修行！”

我惟一学会的经文是绿度母密咒，只十个字——

绿度母密咒，它的读法是“嗡达热　迪达热　迪热梭哈”。

嗡达热　迪达热　迪热梭哈

这是“影子”之前一直要传给我，而我一直拒绝的。念诵它的时候，我确实感到周身经络在流动，心口发热，绿度母的形象栩栩如生。

他果然是我的本尊啊，我想。

一日三餐，我和寺院里的喇嘛们一起进行，活佛允许我坐在他旁边的座位上。喇嘛们吃饭很有规矩，默默无声，态度虔诚。跟他们同桌，我也学得仔细，一口饭闷在嘴里半天，细嚼慢咽。寺院里食物简单，做法也不多样，神奇的是我却于静心咀嚼中，感受得到粗粮食里原本的香甜醇厚、回味绵长。而这，是我之前在内地山珍海味放肆饕餮时所不能体会的。

食物也是有功德的啊，一米一粟都有它奉献的诚意，都是珍馐宝贝。

一次，我吃完饭拿着钵碗往外走。寺院堪布喇嘛也结束就餐往外走，他忽然停下，弯腰拈起掉落在地板上的一颗饭粒，小心地放到嘴里，遂继续离开。

我站在堪布身后，看着他这个自自然然的举动，心里滑过一阵暖意。

那一刻，那粒青稞在我眼里变成了一粒珍贵的松石，一块佛宝。

我后来跟嘎文活佛谈起这件事，活佛夸奖我的悟性，说佛原本就说世间法皆是佛法，是法平等，无有高下。学佛的人，如果有心，一天任何时候都可以作观念佛，观自己、观他人、观花草、观天气，有修行的人连做梦时都可以作观，所谓“无时不醒觉”。

活佛这样讲，我像被一颗金刚钻的光芒映照，无所遁形地心神舒畅。

我对嘎文活佛越来越信服，越来越依赖。许多佛法事理，我原本懵懂的，或是模模糊糊，心里似有没有，经活佛几句点拨，就如醍醐灌顶，顷刻真淳。

然而，嘎文活佛却要我多用心开发自己的智慧，不要事事指望别人。活佛说，佛教的魅力固然在通过一个正信

一个趴在寺院顶上向远眺望的喇嘛。

持戒、智慧精严的上师，帮助人发现原本驻藏于内心的自在佛性，但所有用力的外求都要回归内心，这个过程一定经由自己完成，别人不能代替，哪怕是最有法力和智慧的上师。活佛说：

“你要想，有一天你离开这里了怎么办?”活佛的意思是，有一天我若离开了他怎么办。

我说:“怎么办?”

这竟是我没有想过的问题。这些天，我在寺院住着，靠近着佛和活佛，时间与空间在我这儿已经没有了界限，我忘记了离开苏莽，离开囊谦，离开玉树，离开藏地，那外面还有一个纷繁熙攘的世界。我以为我可以永远呆在这儿，永远呆在活佛身边，永远这样清净、清凉呢。

但活佛率先“抛弃”了我。那是我到寺院的第七天。

那天晚上，我的“天眼”开了。

在寺院，晚上我习惯去大经堂。嘎文活佛晚上要禅修，不好打扰；其他喇嘛也都有功课，各在各的房间。白天大经堂里人来人往，到了晚上才安静，只有值班的添灯喇嘛在。再有就是我。

我每次拿一个氆氇卡垫放在大经堂正中释迦牟尼像前，结一个跏趺姿势坐下，与佛面对着面。大经堂里点着几百盏酥油灯，它们把经堂照得光彩又朦胧，迷离如同天界。

我看着佛的眼睛，全神贯注。

佛的眼睛很神奇。无论你从哪个角度看他，都会发现他正俯瞰着你，你整个在他的目光之中、视野之内，在他的注视之下。佛的目光像一只巨大而温暖的手掌，抚摩着你的头顶，给你一种温柔的压力和加持力。

一直以来，东方绘画与雕塑艺术给人的感觉，似乎不及西方传统美术中透视法的运用所呈现得那样绘形和逼真，而显得简单化和程式化。西方美术史上，宗教题材造就出无数艺术家。仅意大利文艺复兴时期，就产生了波提切利、达·芬奇、拉斐尔、米开朗琪罗、伦勃朗这样的杰出人物，他们像天上的星斗一样璀璨多彩，令人眩目。

相比而言，藏地的宗教画师们似乎完全臣服在佛的威仪之下，淹没在对他的神圣崇拜之中，失去了自我和创造性。藏地佛教艺术史上没有青史留名的大画家、大雕塑家，只有虔诚的画师和工匠。他们创造出来的佛菩萨也都千篇一律，没有个性，毫无特点。

——这是我多年以前的看法。

后来，在藏地走的多了，看的、听的、见的、亲身经历的多了，我慢慢领会：东方艺术和它的宗教及哲学有着相同的起源，讲究的是传神而非绘形。而这传“神”之“神”，恰恰需要比具象更精妙高深的功力和对事物的洞彻力。单单藏地寺院中这佛像的目光与眼神，便是宗教艺术上最伟大的结晶。它的画法的提炼、凝纯与固定下来，一定是经历了漫长年代无数潜心虔诚之人对佛之真谛的一遍遍体味与了悟，才获得的殊胜证果。它精妙无比，无可更改，无可发挥，不能再造。

佛眼很神奇，无论你从哪个角度看，都会发现他正俯瞰着你，你整个在他的目光之中、视野之内，在他的注视之下。

虽然西方科学家们至今也没弄明白人的大脑到底是怎样运作的，仪器却已证实思维过程的确存在着物质活动，即有脑电波产生。如果仔细体察，你会发现当你专注于某件事情时，你的意识会汇拢一起，纠集成束，然后像目光一样投射到你正在思考的问题上。而这个意识之流、思维之束离开大脑的位置，正是佛教造像中佛脑门正中央的那一只眼睛，俗称“天目”、“天眼”。

也叫“智慧眼”。

“天眼”是真实存在的，未来的科学会予以证实。神奇的是佛教绘画在几千年前就发现了这一点，并把它具象和确定了下来。从这个意义上讲，佛家文化传统似乎要比西方基督教一类更高一筹，需要修习者具足慧眼才可以参透。而这“慧眼”，又绝不仅仅是对现实三维关系的“透视法”，它是人智慧的获得和境界提升后的心态。

早些年，每每从藏地回来，我会觉得自己变得和以前不一样，看什么都是温和的，心情特别宁静，心态从容，心怀悲悯。这让我联想到藏地寺院里的佛，和他那慈悲与了然的目光。我觉得我像是"天目"开了，有一道光从那里射出。虽然它只比我的双眼高出一个眉弓的位置，却给了我一个特别的角度，令我仿佛站在一个高处俯瞰世界，让我超然和有善意。

只是，这样的情形一般只持续大约三四个月。之后，慢慢地，那道目光会越来越微弱，越来越没有力量，一点点往回退缩。最后，它全部隐藏回我的大脑深处，我脑门上的那个"天目"又会闭上。

这是一件遗憾的事。所以，隔一段时间我就会再想来藏地，来开"天眼"。

藏地是一个适合开启"天眼"的地方。所以如此，大概因为它的远离尘世和接近天堂吧。来的次数多了，慢慢地，我发现我的"天目"开启的时间逐渐在延长，由三四个月到半年十个月，再到一年，或者更长。"天目"射出来的光也越来越稳定，越来越坚韧，并且纯粹。

我的生活在这样的目光观照下也变得越来越清凉。

这一次来玉树，我感觉"天眼"又要开了，头脑中一直有一团气在流动。后来，在巴塘天葬台下面的崖壁前，我虔心祈祷后竟看到了自显的二十一尊度母像。据说，那只是有慧根和慧眼的人才能看到的神迹。

那以后，我每天晚上到大经堂来。我并不特别做什么，只是和佛的目光对视，观想。

我一点儿也不怀疑我拥有非凡的法缘，但我不刻意追求它，也不急。我的“慧眼”不是时时都开着，大多数时候我还是像常人，只有一双肉眼，对看到的一切感到困惑或惊奇。

到了囊谦之后，我发现天灵上“慧眼”的那个地方时常感到发热，隐隐的还有些痛。我开始以为是高原反应，也没有在意，心想睡一觉就好了。后来，它持续的时间越来越长，热感和痛感也越来越明显，状况并不像单纯的高原反应。

一天，我晚上来大经堂打坐，正和释迦牟尼的佛眼对望，忽然想到：啊，是不是我的“天目”要彻底地开了？

藏密法门中说，“天眼”修成时，那里会有异常的疼痛。

那以后，我天天晚上都到大经堂来。我并不特别做什么。我不会经文，也不懂密法，连跏趺坐姿都不规范，我只做一件事，就是和佛的目光对视，观想。

我可以感受到佛的目光的存在。我的眼睛像一架灵敏的光学透镜组件，它不断地变换光圈和焦距，将神奇的佛光吸收进我的身体，呈现在我的视网膜上，再转投到大脑的核团区，集结成束，向下折射到我的内心，在那儿又化开，像融着酥油的牛乳，滋润进我的心田。

一股温存绵韧的情愫油然而起，像煨桑的轻烟，笔直地升入我的颅腔，在那里氤氲、聚积，凝露为霜，弥漫我的整个大脑。这时我开始有了疼痛感，像被液氮冻住的那种疼。片刻，白霜又汽化，变为灼热的蒸汽，在我的脑袋里游荡翻腾。我脑内的压力骤然增加，之前冰霜的疼痛被烧灼感置换。疼痛像一束高频率的激光，聚焦在我颅骨内侧“天目”的地方，像是要把那里钻开。

这样，过了七天。

第七天晚上，我依旧在大经堂禅坐，这种体验异常明显。我能感觉到那束光就要突破我的脑袋，只差一层骨膜的厚度。我于是收摄住自己，闭上眼睛，意念完全交付给脑内那一道光束，随着它一下一下冲创着我的身体。

我觉得我就要成了，我的身体不由自主地前后摇晃起来，像迎合体内的那一股力量。突然，那束力量以最后一击的猛烈突破我的头颅，一道耀眼的光芒洞然而出，与前方佛的目光砰然交汇，撞出满天璀璨的火花。

霎时，我被疼痛从未有过地击中。

我大叫一声，“噗通”扑倒在地板上。我觉得我的脑浆和脑脊液从“天目”的孔洞流泻了出来，流得满脸都是。我像一只潮虫蜷缩在一起，在地板上挣扎。我完全不能描述当时经历的那种疼痛，那是一种超出我的经验和知识的疼痛，比我在唐古拉山顶经受的头痛还惨烈一万倍，是一种绝对的地狱之痛，像被一千万只水蛭咬噬，万箭钻心，撕心裂肺。

我无以为计，竟本能地在心里念起绿度母经咒来，希望他快来保护我。

我的叫声引来了添灯喇嘛。添灯喇嘛被我吓得不轻，他手忙脚乱地要扶起我，却不能够，便叫喊寺院管家的名字。

添灯喇嘛提醒了我。我想起观音菩萨当初因违背誓言首裂千瓣，是他的上师阿弥陀佛救了他。我于是挣扎着用手抱住脑袋冲出大经堂外，向后山上嘎文活佛的禅房踉跄跑去。

管家喇嘛正站在活佛禅院的门口。我顾不上行礼，痛苦地请管家向活佛通禀。管家喇嘛口称抱歉，回说活佛正在禅修，不方便接待。我说我的头裂开了，我快要死了，我说：

“请活佛救我！”

管家喇嘛仍说活佛在修持密法，不能被打断。寺院管家对嘎文活佛极为恭敬，一点不敢违反和违拗，所以无视我此刻的痛苦，对我“见死不救”。可我疼得实在受不了了，我推开管家，要自己进去。

嘎文活佛对我一直很关照，我现在这个样子，他不会不帮我的。

管家喇嘛却固执，用身体抵挡住我，竟将我很大力地推了出去。我被推倒，滑跌在一个积了雨水的泥坑里。

管家喇嘛见状，忙又过来扶我说：“啊呀，对不起，你没事吧。”

我的胳膊被喇嘛的手捏得生疼，头痛却骤然缓解。一下，我就瘫在喇嘛怀里，非常委屈地哭起来。管家喇嘛搀扶起我，我才发现他手里攥着嘎文活佛的那串象牙念珠，刚才是它硌疼了我。——我认识这串念珠，之前在寺院法会上见到它的第一眼时就喜欢上它。当时，我心里自以为已经修炼得消除了的那种对物质的贪欲又涌上来，想说要是我能有这样一串佛珠该多好。

管家喇嘛将象牙念珠双手递给我，说：“这个，是活佛送给你的。”

我难以置信，问：“是给我的？”管家喇嘛说是的，他在这儿等我半天了，活佛吩咐他把念珠给我，却强调不要放我进去。

我接过念珠，头痛又减轻了一层。原来，刚才头痛的减轻，是我接触了管家喇嘛手里活佛的念珠。念珠是活佛随身不离的法物，终日被活佛捻动加持和祈祷称颂，一定拥有神奇的法力。这么说，活佛知道我会来找他，他也知道我的“天眼”将在今晚开启——他同样知道，我早就对这串佛珠起了贪念啊。

我将佛珠护在胸口，对着活佛亮着酥油灯的禅房深深行了一个礼，在管家喇嘛和添灯喇嘛的搀扶下，慢慢走回住处。

53 原来，我一直误解了

第二天，我接近中午才醒来。

昨天夜里，我把嘎文活佛的象牙佛珠缠绕在脖子上，头痛减轻了许多。但还是疼着，脑袋像被子弹打了一个洞，有涓涓的液体流出。

我勉强起来穿好衣服，刚推开房门出来，却见寺院管家候立在门口，像是一直在等我。管家喇嘛告诉我，送我回结古的车已经预备好了，我随时可以启程。

我十分意外，说："我并没有要走啊。"管家喇嘛说："这是嘎文活佛的意思，他已经做了安排。"我更不解，问管家喇嘛："活佛在哪儿，请带我去见他。"

管家喇嘛说："活佛开始了闭关，他不能见你了。"

"什么！"我叫道，"活佛闭关了？昨天他怎么没有告诉我？"

昨天下午，我还和嘎文活佛一起喝茶。晚上，我的"天眼"开了，过来找活佛，活佛禅房里还亮着灯光，显然没有闭关，他怎会今天突然闭关。我拿这个问题追问管家喇嘛，管家喇嘛谦卑地说：

"活佛的行止自有他的道理，我等不便多问。"

我怀疑管家喇嘛在骗我。可是，信佛的人不是不能骗人吗？

我走得很匆忙，嘎文活佛的车在门口等着，我只来得及简单收拾了一下东西，没有时间向寺院里的人一一道别。管家喇嘛陪同我

我对管家喇嘛说："您就告诉活佛，我离开时吃了一块糌粑。"

离开，他给我带了糌粑、曲拉（一种奶酪制品）和炒青稞，预备我路上吃。

我像一个偷渡客，糊里糊涂地被遣送出了境。

汽车快走出山坳时，我忽然清醒，要司机停下再转回寺院。管家喇嘛很慌张，说这样不可以。我很执拗，说："没什么不可以！"

我要司机把车开到嘎文活佛的禅房外面。我下了车，管家喇嘛也跟着下了车，他紧紧跟着我，神情紧张，随时准备阻止我。我不理管家喇嘛，径自到活佛禅房的台阶前跪下，对着活佛的窗户深深行了一个大礼。

——我知道活佛在里面，我的"天眼"看得见。

我然后起身，带着活佛赐予的象牙念珠，离开了苏莽寺。

管家喇嘛送我到山外大路上。在路口，他下车和我告别，自己徒步走回寺院。我向管家喇嘛致谢，感谢他这些天对我的照顾。管家喇嘛是一个慈善的人，面对我几乎要哭了。我安慰他，跟他认真做了一个拥抱，我然后问管家喇嘛：

"那么，您预备怎样回复活佛呢？"

管家喇嘛忽然支吾，似乎还没有想好这件事。我笑着对管家喇嘛说：

"您就告诉活佛，我离开时吃了一块糌粑。"说着，我掰下一小块糌粑放进了嘴里。管家喇嘛冲我鞠躬，恭敬地说："哦呀！"

我上了车，吩咐司机我们走吧。

远远地，我见一道彩虹升起在草原上，美丽而壮观。

回到结古镇，已经是接近傍晚的时候。

我之前与军分区郑参谋长联系，请求他为我提供住处。参谋长说军区正有一个工作组在州上，我前次住的高级套房已经满了，只能在仓库为我找一间房子。

我说好的。

放下行李，我略微洗漱了一下，出了军分区营院来到街上。

离开结古才半个多月，我却已恍若隔世，不习惯了街上的尘土飞扬。我需要一个过渡，好叫我熟悉现实的生活，以及以后将要有的现实。

我往飞马广场的方向走。路过州府时，看到一家新开的外贸服装店，装潢颇有风格，是我喜欢的那种，我折进去，随便挑着衣服，和老板说着话。老板是一个女孩子，从西宁上来。玉树明年要举行康巴艺术节，到时候会有很多人，她所以先来占一块地方，好培育市场。

我选了一件近乎美式军服的棉布衬衫，当即穿上，出门继续走。

和服装店隔着几个门面是一家叫“雪域高原”的音像店。我之前在这儿买了不少藏族歌曲的碟，跟老板和伙计都很熟。店里的人以为我已经离开玉树了，又见到我意外地高兴。我说：“我又回来了。”口气很像胡汉三。

再往集市上走，我在路边碰到丹玛·莫盖。莫盖正准备收摊子，往一架拉车上装他的草药。我跟莫盖打招呼，莫盖黑着脸，冲我不苟言笑地挥了挥手。快走到飞马塑像时，我远远看见珍珠。珍珠坐在滑轮板上，低头在数乞讨缸子里的钱。珍珠穿了一件嫩黄色的衣服，在夕阳的映照下显得很温暖。

看着珍珠，我忽然想到了另一个女孩。她的身影和珍珠重叠在一起，在我眼前放大、闪现。

啊！那个“影子”不是别人，正是朵朵！

这时，之前已经缓解的头痛猛又加剧，而我突然间明白了一个玄机：嘎文活佛不肯收我为徒，说我和一个人还有“未了之缘”。这个人不是“影子”，而是朵朵啊。

原来，我一直误解了。

之前，我去结隆乡看望朵朵。朵朵说她的愿望是想继续上学，对此我表现出了犹豫。我对于读书在多大程度上能改变朵朵的命运很持悲观态度，依朵朵现在的年龄，再从五六年级读起似乎是太晚了。即使勉强读到初中高中又能怎样呢，我沮丧地想，如果朵朵不能离开这块土地，还要在这里生活，读书只能让她更有能力了解自己的悲剧命运，别的什么忙也帮不上。

马主席提议，说他有一位亲戚是西宁一所艺术学校的校长，他可以为朵朵联系去那里上学。对此我同样不热心。我自己在艺术学院工作，了解这个圈子，我怕朵朵在这样的环境中学坏了。我的脑海中立即联想到老板的二奶、歌舞厅的小姐、发廊里的洗头妹，我像一个担惊受怕的母亲，想的都是不好的事。

马主席说还有一个办法，我可以把朵朵的故事通过媒体传达出去，寻求社会力量的帮助。但我也为难。这么多年来，我习惯了独自行走和独自感受，想到我要为这件事去跟媒体唠叨，或是上网不停地发帖子，用各种办法博取关注、同情，我挺不愿意的。

所以，我最后只给朵朵留下了几百块钱就离开了，没有再许愿帮她。

看来，我这样做是不对的。

难怪在苏莽寺时，我向嘎文活佛承诺为了求法我将戒绝一切“邪淫”之欲，活佛反而告诉我仓央嘉措的故事，开示“方便即是解脱”。而他后来一再要我体察内心，从生活中悟道，原来喻指的就是朵朵这件事。我当时没有领会，却先开了“天眼”，活佛所以“撵”我离开，要我践行“救难度母”的誓言，以此作为皈依的条件。

刚才，嘎文活佛以他的至深法力在珍珠的身上化现出朵朵的影子，使我顿然了悟。我心里一阵感激，将戴在脖子上的活佛的象牙佛珠捧到唇上亲吻，像亲吻活佛的衣裙。

一个愁苦的父亲和他两个失学的孩子。乡下干部不辞劳苦到草原牧民家劝学，但这一家人实在太穷了，拿不出多余的一分钱让孩子上学。他们的牛毛帐篷十分破旧，几乎只剩下一条条的绳子，难以遮风挡雨。

54 我成了一个“乞士”

我决定帮助朵朵实现她的心愿：重回课堂，重新读书。

第二天，和军区首长们一起吃早饭时，我说起朵朵的事。郑参谋长告诉我，军分区的官兵跟玉树民众有着深厚的感情，多年来一直在各方面援助当地藏民的生活，现在还资助着三十九名孤儿读书，捐款的战士干部有的自己家里也很穷。

参谋长的话给了我很大鼓励。吃完饭我出了军分区，向州府走去。我需要先解决朵朵的生活问题，不能让她再继续流浪。有人告诉我，这事儿应该去找民政局。玉树州政府跟军分区在一条街上，离得不远，但民政局在四楼。州府办公楼正在装修，楼里办公的人不多。我按门口挂的牌子找到民政局的房间，里面有两三个人围着一个炉子在烤火。

我开门见山，拿出我的证件和几次给朵朵拍的照片，把朵朵的故事与我和朵朵的故事讲给在座的人听。一位藏族男子听完，拿过朵朵的照片看了看，又跟同屋另外两个人用藏语咕噜了一通，又问了我许多，——看起来我刚才的叙述他听得很不仔细。

我把要点重复了一遍。待我讲完，男子又同屋里人叽咕了一阵儿，然后告诉我这件事不归他们管。我应该去找玉树县民政局，因为结隆乡归玉树县管辖。

出到州府外，我去了另一条街上的玉树县民政局。在县民政局，我得到的回答与州民政局类似，他们说这事儿他们管不着，我应该

绿度母像。成佛的确不易，做菩萨也不易，做度母也不易，什么都不易。什么都不做也不易，良心会不安。所以，还是要做。

去找结隆乡民政科，因为那孩子现在在乡上。

我没法去结隆乡，那需要车。而且，从之前在州上和县上得到的回答，我可以想象在乡上会有怎样的对待。在中国，越往基层办事越不容易，越走程序越办不成事。

一天下来，无功而返。

晚上回到军分区，我很泄气，也很生气，想做一件好事怎么这么难。

晚饭后在房间，我拿出之前从嘎尔寺山上“请”下的绿度母经幡放在枕上，自己盘腿坐在它面前，试图禅定。绿度母让我平静了下来，她平和宁静、善良仁爱的样子像一面镜子，映照进我疲累消沉的内心。

《佛经》上说，劫初之时，多光世界里，有一个国王的公主名叫益西达娃，意思是“本智月亮”。月亮公主对佛法十分敬信，长时不懈地陈设难以胜计的珍宝供品供养诸佛菩萨。众比丘劝促公主，说以她积造如此善根，应该发愿祈祷来世获得男身而作宏法利生之事。公主不以为然，说：

“很多人认为男身者易证菩提，而以女身能利益众生者甚少。那么我发愿，从此直至轮回未空之间，我将惟以女身来作救度众生之事！”

于是，公主在百千俱胝数量的岁月中观修三摩地，获得法忍，修成度尽一切众生之三摩地，救度无数众生，被百姓爱戴，鼓音如来授记说：

“从今乃至证得无上菩提之间，皆称您为‘***尊者圣救度母***’。”

这是有关绿度母来历的另一个传说，是我更喜爱也更“世间”的一个故事。成佛的确不易，做菩萨也不易，做度母也不易，什么都不易。

什么都不做也不易，良心会不安。所以，还是要做。

结束禅定，我心情好多了，洗漱后躺下，很快睡了过去。

但是，没多久，老鼠又把我搞醒了。

我住的地方原是仓库的一间库房，楼下是厨房。大约以前这房子里堆了不少杂物，养着老鼠，老鼠平时到厨房去吃东西，吃饱了回来睡觉。库房和厨房间有一根水管连通着，管子周围的砖墙被老鼠掏出一圈空隙，成为它的"胡志明小道"。

回到结古的第一天深夜，睡梦中我感觉有东西在我的胳膊和脸上爬。我糊里糊涂地醒来，猛然看见一只大老鼠，吓得我一下从床上"腾"地坐起。老鼠也被我吓了一跳，"嗖"地从我身上窜下，逃到屋角的柜子底下。

这一惊非同小可，简直毛骨悚然。我已经很久没有在房间里看到老鼠了，这个老鼠如此嚣张，居然爬到了我的脸上！我想象着老鼠可能携带的病毒和细菌，心里翻江倒海一阵阵恶心。

那晚的后半夜，我一直开着床头灯，枕头也调了个头，担心老鼠走原路又走到我脸上。

第二天，我向仓库的人"报案"。指导员处理得草率，吩咐手下用一些报纸堵住了洞口。结果，是夜，老鼠被报纸挡住进不来，十分生气，咬了一个晚上，弄出的动静之响，嘁哧咔嚓，就像在我的脑袋里开采花岗岩。

次日，我又找教导员帮忙，但他很忙，直到我离开结古的前一天才让人用灰浆水泥把洞口堵上。之前那些夜晚，我几乎夜不能寐。

再有就是头疼。从苏莽寺回到结古后，我的头一直疼。这种疼痛不是之前开"天眼"时的那种疼痛，开"天眼"的疼痛在我戴上活佛送的象牙念珠后就消失了。这种疼痛是纯粹的高原反应，与我第一次在唐古拉山口时的感受一样，只是程度没那么严重，但也很疼。

之前来玉树时西宁的朋友送我的氧气袋，在我从拉布寺宾馆搬来军分区时就被我放掉了。这么多年在藏地行走，我一直保持着不吸氧的记录。这几乎是我的迷信，也是我很以为自豪的一件事。我

尊者圣救度母：

简称"度母"，梵音译作"达热"。意思是以慈母般之悲心视一切众生为爱子，把众生从诸灾难怖畏中救度出来的佛母。尊者圣救度母在法身境界中化现为普贤佛母；在报身境界中化现为金刚亥母；在化身境界中化现为圣救度母或金刚妙音天女，或大吉祥天女等。圣救度母是诸佛之化身，其功德不可思议，又依身色、标帜、姿态和作用各异而分二十一尊度母。其中，绿度母是二十一度母之首。

比　丘：

即"出家人"，翻译成中文意思是"乞士"，即"讨饭的"。讨什么饭呢？不是讨一口饭吃的饭，而是为终生讨一份永远不生不灭的精神食粮。比丘的道理，也含有破除一切烦恼，了一切生死，而能有所成就，能证果的意思。

我想，这也许是上天刻意要我体验当年观音菩萨救度众生时经历的痛苦，以获得特殊的法忍和功力吧。

不想破这个“戒”。

我的身体一直很好，在藏地爬高上低都没有问题。但这次回到结古，走路稍微快一些都不行，会气喘和胸闷，心脏咚咚咚地跳，像要心绞痛发作。我后来为朵朵的事去找各个部门，像一个重病缠身又求告无门的上访者，非常辛苦和疲累。

我想，这也许是上天刻意给我出的一道题，要我体验当年观音菩萨救度众生时经历的痛苦，以获得特殊的法忍和功力吧。

最让我烦恼的还不在这些，而是来自我自己。

为了向人们叙述和说明问题，我发现我迅速变成了一个“祥林嫂”。这让我很不高兴。我不是一个爱唠叨的人，家长里短是我不擅长的；可为了朵朵，我却低三下四，成了一个没说话先点头，小心看人脸色，时不时被晾在一边不受搭理的乞求者。

我成了一个“乞士”，一个“***比丘***”！

这是我多么不愿意的事啊。我宁愿出钱，养朵朵到十八岁到二十岁，到她出嫁。可我又必须这样做，我必须找到一家正规的机构，由他们保证负责朵朵的生活和学习，帮助她重塑一个未来。

这些，单靠钱是做不到的。必须有人情，必须有人来做。

我只好用莲花生大师来说服自己。我想，莲花生大师是多么心高气傲的人啊，他比我要傲慢一千倍，比我法力强一千万倍；可为了雪域众生的福祉，莲师竟毅然作了“天下第一乞士”，上乞法于神佛，下求和于妖魔，以他无与伦比的智慧与神勇，无与伦比的仁慈与悲悯，为雪域众生万千有情讨来了一个令精神永不坠落的佛宝，一个叫灵魂展翅高飞的法门。

和莲师相比，我的这些烦恼也应该不算是烦恼吧。

和莲师相比，我的这些烦恼也应该不算是烦恼吧。

55 “玉树少年”的礼物

事情在几天后现出了曙光。这一天，我外出路过玉树州州委的门口。我往里瞅了一眼，看到一栋楼门口挂着玉树州团委的牌子。我心里一动，想我怎么没有想到找共青团的人试试呢。

我以前参加过团中央的几次活动，感觉他们是一个热情洋溢和充满活力的团队，且富于传统。几年前帮我找到朵朵下落的就是青海团省委的工作人员，我于是拐进大院，进了那栋大楼——好在，团委办公室在一楼。

我话说从头，把朵朵的故事跟办公室的几个人又讲了一遍。正说着，屋外进来一位官员模样的中年男子，后面还跟了几个随从。来人跟屋里的人寒暄握手表示着亲切。旁边人小声告诉我，说这位是青海团省委书记钱桂仑，此次下来视察工作。

我说是吗？不知哪儿来的勇气，我上去打断了钱书记，说我正有事儿找他。

原本，钱书记要在楼上会议室做报告的，这是开始之前的例行慰问，结果被我打扰。我第n+1次地讲述朵朵的故事时，钱书记表现出了极好的修养和耐心。他的随从几次看表试图中止我，都被钱书记制止了。

待我讲完，钱书记作了“开示”。他说一个生活在北京大城市里的人，离青海这么远，离玉树这么远，这么多年来却还一直关心着一个藏族孩子，他首先要替这个孩子感谢我。

我不好意思，说这倒不必，青海和藏地也给了我很多东西，那些是我在内地都市寻找不到的。钱书记然后说：“你放心吧，这件事我们团省委管了。你有什么要求和想法尽管说，我们负责把它落实。”

因为要开会，州委的领导都已在楼上就座，钱书记抱歉说不能跟我细聊了。钱书记在一张纸上写下他的电话号码交给我，说他还将在基层考察一段时间，如果我回西宁后能和他碰上，再仔细讨论。

见钱书记如此，州团委的干部也表态，说会帮助完成朵朵上学的心愿。

出到外面街上，我心情很轻松，神清气爽，之前一直的头疼都好多了。我终于给朵朵找到了保障，虽然没有立即实现，但一定会的，朵朵会再次回到课堂。

我买了一把烤洋芋坐在路边的台阶上吃。烤洋芋非常好吃，吃得我齿颊生香。吃了一会儿，我想钱书记固然答应了会负责朵朵的上学，但她的日常生活仍然是一个问题。而这个说到底还是要民政局管，团委干预起来恐怕会不方便。

这样想着，我心里说是不是应该再去找找民政局。

可一想到要爬四楼，要再面对那些烤着火把我打发了的人，我还是有些不情愿，觉得抬

之前在苏莽寺，向嘎文活佛请教“菩萨行”的修法，活佛开示说它们之间是深有联系的。布施能消除贫穷；戒律能得到清凉；忍辱能忍受嗔恚；精进能作胜行；禅定能持于内心；智慧能认识胜义实相。因为慷慨布施，所以对一切享用无有贪著之心，故能守持戒律；因为能守戒律，所以能做到忍辱；因为有忍耐之力，所以能勇往精进；因为能够精进，所以能够入定；因为能够入定等持，所以会拥有智慧，最终认识实相。六度波罗蜜多听起来简单，真要一一做到了，便就能度己度人，渡到彼岸了。活佛的话，现在想起来，居然就明白了，像清凉甘泉一样。

当我抑制着剧烈的心脏绞痛，一步一步挪上四楼民政局，我想我可以解释什么叫“努力不懈，决不退转”了。

不动腿。我一口一口吃着烤土豆，每吃一口我都在想：

“去，还是不去？这是一个问题。”

等我把最后一块土豆吃完，我想我还是应该去。我从那么远的地方来，走了那么多的路，经过了那么多年，如果仅仅止步于四层楼梯之下，我将来一定会后悔的。我了解我自己。

我从地上起来，拍掉裤子上的灰尘，再次来到州府大院。我以前以为，佛教只能教人忍辱和顺从，那个“精进波罗蜜多”就不知从何而来，在哪里体现。而当我抑制着剧烈的心脏绞痛，一步一步挪上四楼民政局，我想我可以解释什么叫“努力不懈，决不退转”了。

但我要找的人不在。

这一回，我直接找民政局局长。办公室里之前见过的人说局长不在，我说那么告诉我，在哪儿可以找到局长。大约我的脸色被心脏搞得很不好看，对方揣测了一下我的决心，然后给我写了一个地址，说办公楼装修，局长在家呢。

寇永泉局长没有因为我贸然闯到他家而不高兴。当然，我又把朵朵的故事讲了一遍。我现在再说朵朵的故事，已经越来越娴熟，越来越声情并茂了。我不再把它当作一件需要叙述的事，而是从我心中流淌出来的情感。

寇局长也向我介绍了玉树类似朵朵的情况。因为藏地严酷的自然条件，以及特有的宗教信仰和婚姻习俗，藏地有不少孤儿、单亲孩子、非婚子、被父母遗弃或自己出走的孩子，他们的境遇都不好，特别需要帮助。政府的财力和能力有限，没法把工作做得那么细，还是有很多令人忧虑的遗憾。

寇局长答应过问一下朵朵的事，他说：“也难为你有这样一份爱心。”

和寇局长的交谈中，他提到玉树一个叫“酥油灯慈善协会”的组织，说他们的救助对象就是以妇女儿童为主。真是凑巧，这个协会的发起者不是别人，正是罗松活佛。我随即给罗松活佛打电话，罗松活佛这时已在海外，他非常好心地吩咐协会的工作人员与我联系，承诺一定会帮助我完成心愿。

“酥油灯慈善协会”是一个完全民间的慈善组织。协会取名酥油灯有两层含义。一，酥油是青藏高原最基本而不可或缺的生活资料；二，酥油灯象征着光明和信仰，代表了藏族人心灵皈依的所在。在慈善协会，我了解到罗松活佛他们从事慈善活动的组织结构和运作模式。协会中的许多捐助人都是海外慈善家或慈善人士，他们是一些“成熟的”捐助者，不只是一次性拿出钱来就完了，而是会提出自己明确的救助设想或对象，同时关注捐款的使用和结果。

慈善协会也不是把钱募集上来、转身再发下去那么简单，它需要周详的考虑、科学的设计、严密的组织，需要各方协调，认真执行，收集反馈信息，考虑可持续发展等等。这些事，必须要当作事业来做才可以。

也是在这个时候，我认识了青海省农牧厅常务副厅长阿旺·建措。阿旺厅长来玉树考察工作，我在西宁的朋友诗人翼人知道我还在玉树，介绍了我们认识。

阿旺厅长是玉树歇午镇人，早年在曲麻莱县黄河源区工作了十几年。曲麻莱是玉树最艰苦的一个县，有“曲麻莱、曲麻莱，进去出不来！”的描述。阿旺厅长常年在农牧区工作，有丰富的基层工作经验，了解牧区藏民的疾苦和愿望。阿旺厅长这次来玉树的目的之一，是考虑筹建一个“黄河源发展基金会”，其中主要的一部分项目，就是要发展牧区教育，切实提高民众的素质和文化水平。

我和阿旺厅长谈得投机，阿旺厅长邀请我参与基金会的活动。我没有犹豫，立即答应了下来。但我对阿旺厅长提出一个“条件”，那就是如果我再来青海、再来三江源，我必须有一个正式的

我很为这个想法激动，我甚至已经给这个援助机构想好了名字：就叫“玉树少年”。

汽车座位，而不能再坐折叠座。

阿旺说：“这个我可以保证，绝对没有问题！”

在和阿旺厅长的交流中，一个想法在我脑海中形成。我希望成立一个援助组织，为玉树牧民家庭中完成了小学教育但没有继续上学的孩子，提供一些与他们日常生活相关的技能培训，比如加工奶制品手艺、制作皮革工艺、兽医、草场维护技术、裁缝、厨师等等。这些技能有助于牧民子弟在他们生存的土地上获得更好的生活，同时也将传统的草原文化接续下去。

我设想得很具体。我想可以跟内地相关的大学联系，邀请他们的学生到三江源地区来实习、考察，把他们在课堂上学到的知识传授给这里的牧民，让知识活起来，有用起来。大学生们也会从中获得学识上的验证和技能上的提高，可谓相得益彰，互惠双赢。

我很为这个想法激动，我甚至已经给这个援助机构想好了名字，就叫“玉树少年”。我是从英语“teenage”中获得的灵感。英文“teenage”代表的是年龄在13~19岁之间的孩子。在现行中国，人们建“希望小学”的热情很高，但是对接下来的中学教育则关注不多。大部分老少边穷地区的孩子，在勉强读完了小学之后还得重新回到土地，如果政府或有关部门能够用更为灵活、变通，更为经济、实用的方法，为这些孩子提供继续再教育，那样才有可能从根本上改变他们的命运。

有了明确的想法，我的热情高涨起来，努力也有了目标。我打越洋电话给罗松活佛，告诉我的想法。罗松活佛很感兴趣，表示愿意将这个设想纳入他们慈善协会下一步的发展计划中。

阿旺厅长也说我这个思路有创意，弄得好能够成为很有价值的模式。

在玉树，我还做了一件事。将“玉树少年”这个名字注册申请了网络域名。它是我为玉树准备的一份礼物，将来有一天会用得到。

56 劈开化现的度母

从囊谦回到结古后，我再没有去过寺院。因为每天都忙着，疲累却很充实。我不再是游客，而成了一个当地人，实实在在地生活。

我更加相信了，生活本身就是我的道场，皈不皈依倒不是很要紧。

奇怪的是，走在街上，我常常被人注意。我开始不察觉，走着走着，总发现有喇嘛远远地朝我看，有的还小声议论，好像我穿错了什么似的。一次，我和两位喇嘛迎面走过，我们已经错身而过，其中一位上了年纪的老喇嘛在后面叫住我。他恭敬地向我鞠了一个躬，问可不可以向我的象牙佛珠行礼。

我诧异老喇嘛的要求，愣了片刻，还是应许了他。我想他们可能认得这串佛珠是嘎文活佛的，所以想向活佛行礼吧。我从脖子上取下佛珠递给老喇嘛，老喇嘛激动地趋步上前，双手捧着接过佛珠，举起贴在额头上行触头礼，又吻它行亲吻礼，最后放在胸口做心拜。

喇嘛行的是很大的一个礼，虽然是站立的也相当于叩长头。老喇嘛做完，他身边年轻的喇嘛也同样，向佛珠行了大礼。完后，老喇嘛把佛珠恭恭敬敬地还给我，说谢谢，并祝我吉祥。然后撩起袈裟重新披在肩上，两人逶迤而去。

我把佛珠戴回脖子上，觉得很荣耀，想我果然有"法眼" 啊，当初就看出这佛珠是一件宝贝。苏莽寺法会时，嘎文活佛手拿着佛珠给信徒摩顶，我远远观望着活佛，焦点却时时落在这串珠子上。这是一串“熟透”了的佛珠，即使是象牙做的，原本就珠圆玉润。你也可以看出它曾被以非常大的诚心亲近过，被无数遍地念诵，得到无数加持。佛珠用纤细绵韧的细羊毛绳串起，十分柔软、随形，结节处配以精制的绿松石和玛瑙装饰，异常典雅、尊贵。

后来，我戴着佛珠出门，有更多的喇嘛向我要求行礼。他们像得到什么秘密的消息，口耳相传。有两次，喇嘛甚至等候在军分区门口，专门为了向佛珠行礼。对于喇嘛们的请求，我当然一一都应许，但心里不免狐疑，想他们有的并不是噶举派的喇嘛啊，怎么都对嘎文活佛和他的法物这么恭敬呢？

要不，就是这串佛珠有什么特别之处？我的脑子里曾这么闪了一下，我这样问行礼的喇嘛，他们却不肯回答我。他们什么都不说，只是对我表示恭敬，对佛珠更加恭敬。

藏族人这样，我感觉我不是我自己了，而成了一个佛台。

朵朵的事情在我回到结古后的第七天得到解决。

这一天，玉树州民政局的窦局长给我来电话，说他之前请玉树县民政局协调结隆乡民政科，把朵朵先安排到乡里的敬老院。敬老院给朵朵提供食宿，她同时帮敬老院做些活，慢慢再行打算。窦局长告诉我，他刚刚得到结隆乡民政科的回复，说已经安排妥当。我听了很高兴，感谢窦局长。

窦局长问我要不要敬老院的电话，可以跟朵朵直接通话。我想了一下，说：“算了，不用了。”回到结古后，我为朵朵的事找了很多机构，并没有跟她本人联系。我想我可能不想再见朵朵了，——我是说，刻意非跑去见

街上的喇嘛。他们看见我常常叫住我，问可不可以向我的象牙佛珠行礼。

的那种。

我尽我的能力帮助朵朵实现她的愿望，同时也在完成着我的愿望，积攒我的福德。有大愿便会有大行，有大行便有大福报，有了大福报而不驻其中，那才是更大的福报与功德，不是吗。

同在这一天，“酥油灯慈善协会”的工作人员也通知我，他们为朵朵联系到一位捐助者，对方愿意无底线地资助朵朵重回学校。这个“无底线”，意思是只要朵朵愿意和能够，对方承诺会一直资助她完成学业。

我喜出望外，打电话向罗松活佛表示致谢。虽然我不打算以恩人的身份再见朵朵，却唠唠叨叨问了一大堆关于朵朵资助人的情况，心里非常感激这位好心人。

晚上，州上请阿旺厅长吃饭，我受邀出席。席间，阿旺厅长说我建议的针对牧区青少年的实用技能培训设想得到了省上领导的认可，逐步会付诸行动。大约阿旺厅长受了青稞酒的刺激，他一改之前沉稳、周密的作风，变得很动情。阿旺厅长说他是从玉树走出来的，一定要为家乡人民多做些事，阿旺厅长攥着拳头说：

“这辈子，我剩下的时间什么都不干了，说什么也要帮我们的父老乡亲过上好日子！”

也是在饭桌上，我得知玉树州申请多年的飞机场建设方案终于获批，2008年就能实现通航。飞机场的选址在巴塘草原，那里最早是一个军用机场，我之前去巴塘天葬台时看到过它。阿旺厅长说：

“这样，下次你再来玉树可以乘飞机，就不必坐汽车受苦了。”

可我又觉得，坐汽车其实也没什么不好。一路颠簸着，切实感觉着大地海拔的提升，感觉着自然之神的存在，也是一种福德。

那晚，我破例喝了酒。奇怪的是，几天来一直的头疼反而好了，就不疼了。

辞别阿旺厅长回到军分区，指导员和一群战士正在仓库院子里开小灶。指导员说白天他帮我把那个老鼠洞用水泥堵上了，这下老鼠再也不会来烦我了。

我谢了指导员上楼，回房间休息了一会儿，然后起来略微收拾了我的背囊。我差不多该离开玉树了，这一次出来了不短的时间，现在闲下来，忽然就感觉到了累，感觉到一种沉甸甸的空虚。

我思念起我的母亲，非常想念她。我用手机拨通家里的电话，母亲问我一切都还好吗，我说一切都好。我的母亲是世界上最好的母亲，她很糊涂，分不大清新疆和西藏的区别，但每次我出来旅行她都支持，无论我走出多远。母亲小心隐藏着她的担心，告诉我如果我愿意，我可以再在外面呆下去，不用着急回来。

因为有爱，我就想：做一个菩萨或是一个度母也不错，说起来比成佛还要好些。

我说我就要回来了。我说:“我明天就离开这里了。”

我妈说:“真的吗?”我说:“真的。”

小战士为我打来了开水，我到楼道尽头的卫生间冲了一个澡。卫生间原本只是男战士使用，因为我来住，小战士特地新买了香波和沐浴露放在里面。

洗漱停当，我拿出绿度母的经幡上床，盘腿坐着开始观修。因为头不疼了，又洗了澡，身心清爽，我很快就入了定。我眼前出现绿度母的形象，她今天特别美丽，温柔中带妩媚，像一个羞涩的怀春少女。度母松石一样光滑的身体闪着莹莹绿光，腰身婀娜；裸露、高耸的被华丽瓔珞装饰的双乳也格外挺拔、俏丽。

我想起最早我问“影子”绿度母可不可以有情人，“影子”说不可以，现在想他或许错了。如果没有爱情，度母哪会有这样曼妙姣好的身材呢。

爱情是这世间最好的一样东西，最值得存在。这爱不一定是情欲之爱，也可以是情欲之爱，总之是要“爱”。

因为有爱，我就想，做一个菩萨或是度母也不错，说起来比成佛还要好些。成佛有什么好呢，固然脱度了生死，脱离了轮回，但一切“有情”也都没有了，亲情、友情、爱情，欢喜、妒忌、惆怅，什么都没了，那样的日子漫无终结，过起来怕也会寂寞。

我在心里发愿：倘若我的灵识果真获得了度母的化现伫留，我要像劫初之时的益西达哇公主，坚持拥有人间的女身！

轮回就轮回吧，我想，只要努力，积攒福报，求得一个好的蕴身也很好。如果再有了佛心和慧眼，以出世的情怀行入世的俗事，自在、清净、平和、安宁，这样的人生就是幸福的。

这样想着，我感觉身体变得轻松，像一朵月光下盛开的睡莲，每一片叶片都打开，异常舒展。这时，我看到了我心中的上师，他在九天之外美妙的观音刹土。他像我第一次见他时，庄严而慈祥地俯视着我。周围有许多天神童子和天女，他们手捧鲜花篮，将无数花瓣抛撒下来。九天上响起阵阵法号，悠远悠长，响彻云霄。上师抬手一挥，将手中的一柄金色的金刚杵抛掷下来。

金刚杵翻滚着个儿，由天际向我而来。

冥冥之中，我知道金刚杵将要到那里。这是我期待已久的仪式，是最神圣、庄严的时刻。金刚杵在天上凌空飞转着，优雅而奇妙，四周鲜花飘舞，缤纷如雨。我仰头望天，内心里充满想象和期待，不禁颤栗。

在花雨的伴随下，金刚杵越降越低，越来越大，我看得见它上面精制的金雕花纹。接着，在一阵眩晕的刺激中，金刚杵猛然进入我的身体，将我大力顶起，令我像一朵过于开放的花，飞向了天空。

我被这一力量冲击，猛然惊醒，“轰”地从床上坐起，浑身大汗淋漓。

窗外，太阳已经升起。晨光透过纱帘照在我身体上，像牛乳一样安静。

原来，我做的是一个梦。

我又躺回到床上，仰面朝天怔怔发呆。我回想起刚才的梦，感到了难为情。——一直以来，我一直欺骗了自己，而刚才的梦却揭露了这个秘密。

之前在苏莽寺，活佛在我的“天眼”开启后突然“撵走”了我，我虽然困惑和难以接受，

结果，我如愿以偿……

心里却隐约猜得到原因。我只是假装"鸵鸟"，不愿意正视罢了。活佛法眼烛照，他看得到我背包里藏匿的度母经幡，看得到我牵挂老婆婆的亡灵，看得到我在持与戒之间的犹豫与彷徨，——他同样能看到，我心中渐起的难以自制的依恋。

它由心而生，却落在佛法之外，沾染了红尘。虽然那只是恍惚间的动念，却说明我依然是一个俗人，贪恋世间的欢爱，贪恋可感的存在。一朝一夕。

可是，我真的错了吗？这样不可以吗？非不这样才可以吗？我不知道。

回到结古镇，我以我少有的毅力承受着头痛的折磨，为朵朵的事奔波。我想这或许是活佛对我的惩罚吧，谁叫我心生"邪"念来着。然而，我在心里想，倘若我的灵识果真获得了度母的化现伫留，我愿意尽我所能利益众生，但我同时有一个"条件"（你看，我做事总是有"条件"的，可见还不能完全放下"我执"啊）——

这条件就是：我要像劫初之时的益西达哇公主，坚持拥有人间的女身！

是的，我必须是一个女人，一个凡俗的女人。这是我对自己的允诺。

如同当初尊者圣救度母不屑周遭劝她发愿获得男身，我其实很不爽诸多宗教都将后来的圣者传说成感受神光或梦见圣物而结胎，以致有无孕分娩的处女圣母，甚或从母亲肋间生出的无稽怪谈，好像男女交媾是污秽可耻的事，而母亲的产道也为不洁。圣者自有其神圣之处，如同星辰自有其光辉，既化现于人间，何须连凡俗的生活都不敢承担呢。

所以，在之前的梦中，我暗暗做了"手脚"。当金刚杵向我抛下的刹那，我以意念关闭了全身所有的经脉，只留下头顶的梵天穴和身下的地藏穴两个秘门。我在心里发愿，如果我的意愿没有错，就让我以女身可感的方式获得加持。否则，我宁愿神圣法器自天穴灌入，让我像当初的观音"首裂千瓣"！

结果，我如愿以偿。

这真是神奇的梦境啊！我想，包括我的玉树之旅，整个都像是一场梦，美妙迷离，亦幻亦真。我接着在床上赖了一会儿，发了一会儿呆，翻身起来。

我必须起来了，我要赶中午回西宁的班车，再晚就来不及了。

我下床喝了一杯凉水，拿出一套干净衣服换上。我去水房盥洗完毕，回来将所有行李装入背囊中。我一一佩带身上的挂件——手表、手镯、镶银戒指、松石项链、MP3、指北针，可当最后我准备拿起佛珠时，竟骇在原地，惊得张大了嘴巴！

茶几上，活佛送我的那串象牙佛珠一夜间全部裂开了，每一粒珠子都从中间裂开，分为两瓣！我急忙捧起佛珠，却更为惊讶！在我手上，每一颗劈开的佛珠里面，竟都显现着一尊端庄的度母像！

108颗佛珠，108尊度母！

00 结语　那一世，……

我去长途汽车站买了回西宁的票，是卧铺。

离发车还有一段时间，我来到结古街上，无所事事，左右观望。忽然，一只金丝雀从我眼前飞过，我竟就想起一句诗——：

如果乌巴花献于佛台的话，那蜜蜂我也愿进入佛堂。

这也是“影子”之前送给我的，他沾着青稞酒把它写在了风马藏餐吧的原木桌上。

我的脑海里猝忽一亮，突然心有所感，“啊！原来，这首诗是

不为超度，只为途中与你相见……

这个意思啊！原来……！”

我背起背包，以尽可能的速度向飞马集市跑去。我跑过那尊有着火焰身的紫玉宝马雕像，一口气冲上风马藏餐吧。我很久没有来藏餐吧了，从囊谦回来以后我就没有来过。

我在二楼餐吧门口站住，大口大口喘着气。我停了很久，好让自己突跳的心脏平息下来。然后，我深深吸了一口气，伸手撩起藏餐吧缝着吉祥八宝的蓝白色棉布门帘。

高原明丽的阳光穿过雕刻精美的窗棂，将一个人影重重压在了我的身上。

…… ……

我忽然想起一句诗：“如果乌巴花献于佛台的话，那蜜蜂我也愿进入佛堂。”

汽车终于离开了结古镇。它接着离开了通天河，离开了歇午镇，离开了清水河，一路驶上巴颜喀拉山。

经过山巅垭口时，司机熄火下了车。我也从卧铺上爬起来到车下。司机去给玛尼堆上石头，我则坐在路边一块倒伏的界桩上，试图最后看一眼眼前的所见。

我想起多年前我曾深深爱过的、那个从没有来过藏地却一直为藏地迷惑的人曾告诉我的一首诗，他说那是他一生中读过的最好的诗，是六世达赖仓央嘉措写的。可我在《仓央嘉措情歌》中并没有查到，也许是遗漏了，也许原本就不是，但它确是一首好诗。诗的题目叫**《那一天》**，它是这样的——：

那一刻，
我念诵真言。
不为修行，
只为幻想你的双眼。

那一天，
我摇动经筒。
不为祈愿，
只为触摸你的指尖。

那一年，
我长跪圣殿。
不为超度，
只为体贴你的温暖。

那一世，
我转遍神山。
不为轮回，
只为途中与你相见。

《那一天》：

后来查证，这首诗果然不是仓央嘉措写的。它原本是一首歌词，名叫《信徒》，作者为创作了《阿姐鼓》的当代音乐人何训田先生，后被人修改成诗。然而，长久以来，人们还是一厢情愿地将这首情歌归入六世达赖的名下并广为传颂。一件仅仅几年前的事实就已被如此执着的神化，在藏地，还有什么事不可能发生的呢？因为，那是在藏地啊。

“不为轮回，只为途中与你相见。”一句多么好的诗啊，真是一句好诗！

我心里默念着，慢慢跪下，像一个真正的藏族信徒那样，将身体扑向了大地。